U0726702

劳动修养

栗献忠　吕士胜　姜世健　**编　著**

全国百佳图书出版单位
吉林出版集团股份有限公司

图书在版编目（CIP）数据

劳动修养 / 栗献忠，吕士胜，姜世健编著 . —长春：
吉林出版集团股份有限公司，2022.6
ISBN 978-7-5731-0231-7

Ⅰ. ①劳… Ⅱ. ①栗… ②吕… ③姜… Ⅲ. ①劳动
教育—青少年读物 Ⅳ. ①G40-015

中国版本图书馆 CIP 数据核字（2021）第 151557 号

劳动修养

LAODONG XIUYANG

编　　著	栗献忠　吕士胜　姜世健
责任编辑	蔡宏浩　米庆丰
装帧设计	意·装帧设计
开　　本	787mm×1092mm　1/16
印　　张	12.5
字　　数	240 千字
版　　次	2022 年 6 月第 1 版
印　　次	2022 年 6 月第 1 次印刷
出　　版	吉林出版集团股份有限公司
发　　行	吉林音像出版社有限责任公司
	（吉林省长春市南关区福祉大路 5788 号）
电　　话	0431-81629674
印　　刷	三河市嵩川印刷有限公司
标准书号	ISBN 978-7-5731-0231-7
定　　价	35.00 元

如发现印装质量问题，影响阅读，请与出版社联系调换。

前　言

党的十八大以来，习近平总书记对劳动和劳动教育多次做出重要论述，特别是在 2018 年召开的全国教育大会上，习近平总书记提出要"构建德智体美劳全面培养的教育体系""在学生中弘扬劳动精神，教育引导学生崇尚劳动、尊重劳动，懂得劳动最光荣、劳动最崇高、劳动最伟大、劳动最美丽的道理，长大后能够辛勤劳动、诚实劳动、创造性劳动""培养德智体美劳全面发展的社会主义建设者和接班人"。习近平总书记关于劳动和劳动教育的一系列重要论述，为新时代加强劳动教育提供了根本遵循。

劳动教育是国民教育体系的重要内容，是培养学生树立正确的劳动观念、具备必要的劳动能力、养成良好的劳动习惯和品质、培育积极的劳动精神的重要途径。近年来，各级各类学校在积极探索劳动育人、实践育人渠道方面取得了一定实效。但不可回避的是，劳动教育树德、增智、强体、育美的综合育人价值在一些学校被忽视，劳动教育在一定程度上被淡化、弱化、边缘化，在一些青少年中出现了不珍惜劳动成果、不想劳动、不会劳动的现象。这种情况的存在，引起党和国家的高度重视。

2020 年 3 月 20 日，中共中央、国务院发布《关于全面加强新时代大中小学劳动教育的意见》（以下简称《意见》），从充分认识新时代培养社会主义建设者和接班人对加强劳动教育的新要求、全面构建体现时代特征的劳动教育体系、广泛开展劳动教育实践活动、着力提升劳动教育支撑保障能力、切实加强劳动教育的组织实施五方面，对新时代大中小学劳动教育做出了系统设计和规划。2020 年 7 月 7 日，教育部印发了《大中小学劳动教育指导纲要（试行）》（以下简称《纲要》），进一步明确了劳动教育的性质和基本理念、劳动教育的目标和内容、劳动教育途径和关键环节及评价、学校劳动教育的规划与实施、劳动教育条件保障与专业支持等。

高校是青年学子明确奋斗目标、学习科学文化知识、练就过硬本领、锤炼劳动品质的重要场所，是广大青年学子走向社会、奔赴劳动岗位，为祖国建功立业的加油站。《意见》和《纲要》两份重要文件为高校开展劳动教育、着力培养提升大学生的劳动素质指明了方向。同时，这两份文件也对高校的劳动教育提出了具体要求，即设立不少于32学时的劳动教育必修课程，明确劳动教育主要依托课程，其他课程也要结合学科、专业特点，有机融入劳动教育内容，设立劳动周，等等。

高校的劳动教育课如何上？这是所有高校都要面临和正视的问题。山东政法学院自2019年开始启动劳动教育课程的探索，将劳动教育课程定名为"劳动修养"，设置为2学分，32学时，并纳入人才培养方案中。经过两年的实践探索，基本形成了"学思践悟"的课程教学模式。在总结两年来教学实践的基础上，我们编著了本书。为体现知行合一、理论与实践相结合的理念，本书理论教学部分共有8章内容，另外，还设置了多个校内校外、课上课下、线上线下的劳动实践项目，可供开展劳动实践选用。

本书在编写过程中，我们查阅借鉴了大量的文献资料，尽可能地吸取了近年来理论界的一些新的科研成果，在此表示诚挚的谢意。但由于时间仓促，作者水平有限，书中缺点与疏漏在所难免，恳请广大师生提出宝贵意见和建议，以便我们在今后的教学实践中不断完善与提高。

编　者

目　录

绪　论

2020 年 3 月 20 日，中共中央、国务院印发了《关于全面加强新时代大中小学劳动教育的意见》（以下简称《意见》）。《意见》明确提出，"劳动教育是中国特色社会主义教育制度的重要内容，直接决定社会主义建设者和接班人的劳动精神面貌、劳动价值取向和劳动技能水平"，要"以习近平新时代中国特色社会主义思想为指导，全面贯彻党的教育方针，落实全国教育大会精神，坚持立德树人，坚持培育和践行社会主义核心价值观，把劳动教育纳入人才培养全过程"，"在大中小学设立劳动教育必修课程，系统加强劳动教育"。普通高等学校要明确劳动教育主要依托课程，其中本科阶段不少于 32 学时。如何根据中央精神，开发开设高校的劳动教育课程？劳动教育课怎么上？上什么？除了劳动教育必修课程外，其他课程如何结合学科、专业的特点，有机融入劳动教育内容呢?

第一节　"劳动修养"课的性质、特色和目标

一、课程性质

"劳动修养"是门劳动教育课。一听"劳动修养"中有劳动，与劳动有关，很多同学都会猜到这是一门劳动教育课。的确，"劳动修养"就是劳动教育课。课程之所以定名为"劳动修养"，一是贯彻知行合一、动手动脑、入耳入心的内外兼修原则；二是体现以劳树德、以劳修德、以劳成德的终身教育理念，发挥以劳增智、以劳强体、以劳育美、以劳怡情、以劳创新的劳动综合育人功能；三是为了防止学

生把劳动教育课简称为"劳教"课而产生误解。

劳动教育还需要上课吗？谁还不会劳动？肯定也有很多同学对开设这门课持怀疑的态度。劳动教育需要不需要上课？

一个同学这样写道："说实话，一开始我知道这个学期要开一门关于劳动的课的时候，我心里是没有什么感触的，甚至对这门课抱有怀疑态度。我，一个法律上的成年人，18 年的人生，还没有教会我什么是劳动吗？可是当我真正接触这门课的时候，我发现我之前的想法真的是太天真、太错误了。"①

另一个同学说："刚看到课程表上有"劳动修养"课时，我一头雾水，心想不就是做劳动吗？怎么还要开一门专业课去讲述呢？就算是要做劳动，现在我们的生活运用了大量的机械帮助我们劳动，这样的话，还不如学一学怎么使用扫地机器人，怎么使用洗衣机呢。但课程结束后，我彻底改变了我的看法，我之前的想法都是无稽之谈。"②

其实，"劳动修养"这个课程名称告诉我们，劳动教育不仅仅是打扫几次卫生、干几次农活就完事。劳动是一种处世态度，更是一种走向未来的生活方式，是每个人存身立命的根本。劳动创造了人，劳动也会伴随每个人的终生。我们所讲的劳动，并非指狭义的体力劳动，或者只看到处于表象的勤劳付出，更重要的是，我们要聚焦于劳动的内核和本质，即把劳动体味于生活学习的一切过程，把劳动内嵌于思想灵魂深处，通过让个人的专业特长发挥于极致，创造出更大的价值，使自己感受体会到劳动创造所带给人的成就感和心灵愉悦。正是在此意义上，我们说劳动修养不仅是在大学里修，而且走出校门后也要修，好的劳动习惯受益终身。所以，"劳动修养"是一门助力青年学子成长成才、伴随每个人终生的课程。

"劳动修养"是门必修课。2020 年 7 月 7 日，教育部根据中共中央、国务院发布的《关于全面加强新时代大中小学劳动教育的意见》，印发了《大中小学劳动教育指导纲要》。两份文件明确提出，要独立开设劳动教育必修课，把劳动教育课列入专业人才培养方案，大学本科阶段的劳动教育不少于 32 学时。其实，根据 2018 年全国教育大会的精神，山东政法学院早在 2019 年就开设了劳动教育课，把"劳动修养"作为必修课程，列入了人才培养方案，这门课程 2 学分，32 学时，是所有专业的大学生都要学习的一门通识必修课。

---

① 摘自学生的课程学习总结报告。
② 摘自学生的课程学习总结报告。

二、课程特色

第一，"劳动修养"是门知行合一的课。这门课程有8次理论教学课，有8次劳动实践课。劳动实践既有集中劳动，又有自主劳动。

一位同学这样说："这门课的开设在大学教育中是一个创新，对于我们学生来说更是福音，能够让我们在大学还能接触如此有趣的课，将理论与实践相结合，将学习与成长合一，真是一门不可多得的课程，即使到了结课的时候，仍然令我回味。"①

第二，"劳动修养"是门知识拓展课。这门课程会让你脑洞大开，颠覆你对劳动的传统认知。什么是劳？什么是动？劳动如何进行分类？劳动有哪些特征？文科学生需要劳动技能吗？怎样做一个"眼里有活、心中有光"的"万人喜"？什么是劳动革命？什么样的劳动才是幸福的？走进劳动修养课堂，你会发现劳动两个字，竟然还有那么丰富的理论内容。

第三，"劳动修养"是门趣味多多、收获满满的动手实践课。做美食——品味舌尖上的中国；扫落叶——感悟秋天的不舍；去采摘——体验收获的快乐；清教室——让集体环境更净洁；当义工——拥有一份特别的收获；做手工——开启美好新生活。每一种劳动都会让你有收获、有感悟、有思考。特别是看看老师制作的手工作品，听听老师手工制作的心得，你也一定会手心发痒，跃跃欲试。有趣的手工创作，使你怡情养心，为你增趣，让你赶走无聊和寂寞，爱上学习，爱上探索，爱上生活。

第四，"劳动修养"是门强身健体、塑形美颜的特效运动课。劳动实践，舒活筋骨，强身健体，塑形美颜。疫情期间，有的同学因为在家时间太久，各种新式"葛优瘫"引发了一系列的后遗症——黑眼圈、大象腿、泡泡肉……当上完劳动修养课，有位同学自豪地说："不仅外形变美了，没了黑眼圈，痘痘也消失了；手也变巧了，会手工制作，变废为宝；人也变勤快了，习惯了做家务。怪不得爸爸变相夸我，妈妈说不烦我，弟弟还说我会刺绣变淑女了呢！"②

第五，"劳动修养"是门益智养心的创新创意课。动手又动脑，是这门课的一大特点。接地气的课程内容，一个又一个的微型创意课，丰富的微美课程资源，都在刺激着你的脑神经，诱发着你的脑细胞，动起来，活起来，没有你做不到，只有

---

① 摘自学生的课程学习总结报告。
② 摘自学生的课程学习总结报告。

你想不到。

一位同学说："网上授课这么长时间以来，"劳动修养"课颠覆了我对于劳动的看法，乃至对于人类社会和整个世界的看法，可以说是我成年以来世界观的二次成形。"①

另一位同学说："这一学期的网上互动，让我们的课程在知行合一、以劳树德、以劳增识、以劳怡情上有了实质性的提升与真切的长进，这是人的真正的成长。"②

第六，"劳动修养"是门感恩课。一次做饭经历，一次农活家务，一次志愿服务，一次校园清洁，会使你陡然间意识到自己已长大，真正从心底体谅父母的养育之恩，体验生活的艰辛不易，感悟疫情之际那些90后的逆行担当，感受人生成长的模样。这样的劳动实践和感悟，会触发你的泪点，引爆你的情感，你的家国情怀、感恩之心，就会溢于言表、观之于行。

一位同学这样说："劳动修养课程教会我学会感恩。通过家庭劳动我知道了柴米油盐的珍贵，感受了水的冰凉，体会到了母亲的艰辛，虽然是生活中必不可少的小事，但日复一日地做还是会累，会厌倦的，但自己的父母每天都要做同样的工作，所以自己在家做家务的时候，要知道不是别人让你去做，而是你让自己去做，要发自内心地感谢，没有任何虚假的东西，感恩需要我们用心去体会，用行动去报答。"③

第七，"劳动修养"是门视觉欣赏课。在课程的作品展示环节，简直就是一场视觉盛宴，琳琅满目的手工作品，精细的制作过程，无不让你怦然心动，流连忘返。

一位同学在总结报告中这样写道："其实看完同学们的作品，我有点自愧不如。觉得自己缺乏动脑，缺少创新，没有一些好点子，又觉得自己的作品过于简单，没有经过精心雕琢，只是敷衍了事。殊不知，每一个作品，都倾注了同学们的心血，都充盈着同学们的情感。世上没有一蹴而就的事情，手工作品也如此。只要够努力，你就会足够成功！"④

第八，"劳动修养"还是门容易上瘾的课。上完之后还想上，上完之后欲罢不能，因为这门课在你心里埋下了劳动的种子，悄悄发生了化学反应，"劳动是享受，不劳动才会难受"，劳动的身影最美丽，奋斗的人生最精彩。所以有的同学上完之后还想上一学期。从最初的怀疑到尝试，从接受、认可，到爱上劳动修养课、期待

---

① 摘自学生的课程学习总结报告。
② 摘自学生的课程学习总结报告。
③ 摘自学生的课程学习总结报告。
④ 摘自学生的课程学习总结报告。

劳动修养课，最后到课程结束时，许多同学都表达着不舍的想法与感受。

"我们的课程就这样结束了，说实话，还是有一丝丝不舍得，我会记得每个周二下午的劳动修养课。""一学期的劳动修养课滋养了我。""劳动修养课富有创新性，不死板，很有活力。真实的感受是内化于心，外化于形。"""劳动修养"课程结束，但劳动生活还要继续。""我还想再上一学期。"①

"劳动修养"是门什么课?

总起来说，"劳动修养"是门必修课、知行合一的课、知识拓展课、动手实践课、特效运动课、创新创意课、感恩课、视觉欣赏课、容易上瘾的课。

一课有九，九九归一，劳动修养就是助力成长、成才、成人的课。

参观琳琅满目的手工作品展，你会大饱眼福;制作美食——品味舌尖上的中国，你会享有口福;野外采摘，你会流下劳动的汗水;家庭个人生活劳动，你会体会到生活的滋味;深入浅出的理论讲解，有趣的劳动实践项目，你会怦然心动，见之于行动。

加入"劳动修养"课堂，有眼福，有口福;有汗水，有滋味;有心动，有行动。

三、课程目标

中共中央、国务院发布的《意见》从总体上明确了大中小学开设劳动教育课程的重点，就是把握好劳动教育基本内涵，在对学生进行系统的文化知识传授之外，还要组织学生参加日常生活劳动、生产劳动和服务性劳动，让学生在劳动实践中磨炼意志，培养学生正确劳动价值观和良好劳动品质。

不可否认，一些大学生在劳动认知、劳动价值观、劳动意识、劳动习惯上还存在着不少问题。有的学生对劳动的总体认知存在模糊。多数学生把劳动等同于打扫卫生、干农活等单一的体力劳动，对劳动的认识处于浅层次的一般性认知上。有的学生的劳动价值取向偏离。一些学生不珍惜劳动成果、不想劳动、幻想"网红"成名和一夜暴富，缺乏劳动情怀和劳动精神。有的学生的劳动意识淡薄。许多学生甚至走上工作岗位还存在"眼里没有活"的状态。有的学生创新思维不足。不会劳动是突出表现。

针对这些突出问题，"劳动修养"课程设定的教学目标，就是通过系统学习和实践体验，达到如下目标:

---

① 摘自学生的课程学习总结报告。

第一，使学生形成马克思主义劳动观，明确劳动在人类的产生、个人生存和发展及社会发展中的重要地位和作用，即劳动创造人和人类社会、劳动创造价值和财富、劳动创造美好生活、劳动创造人类幸福的道理，牢固树立劳动最光荣、劳动最崇高、劳动最伟大、劳动最美丽的观念，反对一切不劳而获、贪图享乐、不择手段获得财富的错误思想。

第二，在真实的现实生活和职业生活中，体验实际的劳动过程，感受真实的社会生活，体认劳动创造的过程，感受劳动不分等级贵贱的意义，学会感恩劳动，感恩伟大的劳动者，尊重日常生活中的每一位普通劳动者，锤炼诚实守信、精益求精、团结协作、持之以恒、敢为人先的劳动品质，弘扬勤俭、奋斗、创新、奉献的劳动精神。

第三，学习掌握必要的生活技能及一定的职业技能，积极参加各种专业见习、专业实习实训、专业技术服务和创新创业活动，重视学习和运用新知识、新技术、新工艺、新方法，能够结合运用学科专业所学知识解决实际问题，提高发现问题、分析问题和解决问题的能力，提高动手操作能力，不断积累职业经验，提升创新创造、就业创业的能力，在动手实践、出力流汗的过程中创造有价值的物化劳动成果。

第四，践行知行合一理念，培养劳动情感，养成良好劳动习惯。秉持用一片云推动另一片云、用一种思考激发更多思考、用一颗石子激活一池春水的理念，在感受劳动创造的乐趣的同时，改变"眼里没有活"的状态，唤起学生的创新思维活力，让每名学生眼里有活、心里有爱、灵魂有趣、生活有滋味，从而爱上劳动，爱上生活。

第五，增强劳动纪律和劳动安全意识，依法维护劳动权益。教育引导学生在劳动过程中严格遵守劳动规程，认真负责，规范操作，坚持预防为主，防止劳动安全事故发生，在劳动纠纷中学会依法维护自己的劳动权益。

第二节 "劳动修养"课程开设的重要性和必要性

中共中央国务院发布的《意见》从培养担当民族复兴大任的时代新人，培养德、智、体、美、劳全面发展的社会主义建设者和接班人的高度，明确指出了开展劳动教育的重大意义，提出"劳动教育是中国特色社会主义教育制度的重要内容，直接决定社会主义建设者和接班人的劳动精神面貌、劳动价值取向和劳动技能水平"。在肯定近年来各地区、各学校开展劳动教育取得的成效的同时，《意见》还指出了当前劳动教育存在的淡化、弱化等问题。为把上述中央关于劳动教育的精神悟透落实践行，我们需要从四个方面理解和把握本课程开设的重要性和必要性。

一、个人生存发展、成长成才的需要

每个人的生存发展、成长成才都离不开劳动，劳动是人的生存发展之基、成长成才之源。从人类的产生来看，劳动是人和人类社会的立身之本。俄国教育家乌申斯基指出："劳动是人类存在的基础和手段，是一个人在体格、智慧和道德上臻于完善的源泉。"① 毛泽东在《贺新郎·读史》这首词中写道："人猿相揖别。只几个石头磨过，小儿时节。"他说的是，原始人学会磨制石器，成为人猿相揖别的分水岭，作为人与动物的根本区别，就在于制造和使用生产工具，而制造和使用生产工具就是人的一种劳动。所以，恩格斯指出，劳动创造了人本身。

劳动不仅创造了人类社会，劳动还维系着人类社会的运转。众所周知，社会是人的社会，人是社会中的人，我们每个人都离不开社会这个群体，否则，就会出现无数个狼孩、猪孩的故事。维持这个社会正常运行的，除了你、我、他，还有被马克思高声赞美的劳动，马克思把劳动称赞为社会围绕着旋转的太阳②。他还说："任何一个民族，如果不劳动，不要说一年，就是几个星期也要灭亡，这是每个小孩都知道的。"③ 所以说，人类社会离不开劳动这颗太阳。一旦离开了劳动，人类社会这棵宇宙之中的最美之花就会黯然凋谢。

作为人的存在和发展的根本方式，劳动有多个种类，如物质生产劳动、精神生产劳动、政治活动等，但马克思特别强调物质生产劳动在人类历史中的重要地位，认为现实的物质生产劳动是一切人类生存的第一个前提，也是一切历史的第一个前提。在《德意志意识形态》一文中，马克思指出："人们为了能够'创造历史'，必须能够生活。但是为了生活，首先就需要吃喝住穿以及其他一些东西。因此，第一个历史活动就是生产满足这些需要的资料，即生产物质生活本身。"④ 也就是说，物质生产劳动及其过程本身，这是开启人类历史大门的金钥匙。恩格斯进一步从唯物史观的角度，阐明物质生产劳动的重要性。他曾这样说道："人们首先必须吃、喝、住、穿，就是说首先必须劳动，然后才能争取统治，从事政治、宗教和哲学，等等。"⑤ 恩格斯告诉我们，只有通过劳动的付出，人类才能获取必要的生活资料，维

---

① 转引自关于劳动的名人名言 [J]. 人民论坛, 1997 (5): 53.
② 马克思, 恩格斯. 马克思恩格斯全集: 第18卷 [M]. 北京: 人民出版社, 1964: 627.
③ 马克思, 恩格斯. 马克思恩格斯选集: 第4卷 [M]. 北京: 人民出版社, 1995: 580.
④ 马克思, 恩格斯. 马克思恩格斯选集: 第1卷 [M]. 北京: 人民出版社, 1992: 158.
⑤ 马克思, 恩格斯. 马克思恩格斯选集: 第3卷 [M]. 北京: 人民出版社, 1995: 335.

持自己的生存。维持生存是人类历史的第一个前提，无论是政治活动还是艺术创作，都需要建立在维持生存的生产劳动基础之上。试想一下，在我们的现实生活中，如果大家都不工作、不劳动，农民不耕种，工人不做工，商店关门，交通运输停止，教师不上课，公务员不上班，水厂、电厂停止运转，家家户户坐吃山空，整个社会陷入死气沉沉的局面，世界末日也为时不远。事实上，这种情况是不会出现的，就是因为劳动这颗光彩照人的太阳，时时刻刻存在着，闪耀着，让沐浴劳动之光的每个人不仅身心健康，而且付出终有收获，让每一名勤奋踏实的劳动者生活世界里不仅有诗，还有远方。

桃花要趁东风开，幸福要靠劳动来。劳动不仅创造了人类，还创造着人世间的美好生活。大发明家爱迪生说过："世界上没有一种具有真正价值的东西，可以不经过艰苦辛勤的劳动而能够得到。"在我们的生活中，小到一粥一食、一笔一书，大到高楼大厦、航天飞船，哪一样不是劳动者的汗水和心血的结晶？如果没有劳动者的辛勤付出，我们的生活将是什么样呢？可以说是一团糟。所以对于大学生来说，开设"劳动修养"课，就是要培养劳动情怀，敬重每一位劳动者，弘扬劳动精神，勇于创新创造，养成良好的劳动习惯，为成长成才奠定基础。如在我们的毕业论文设计中，要合理借鉴引用，珍惜他人的劳动成果，不剽窃抄袭。

二、全面贯彻党和国家教育方针的需要

青年兴则国家兴，青年强则国家强，青年有理想、有本领、有担当，国家就有前途，民族就有希望。因此，新中国成立以来，党和国家高度重视劳动教育，重视青年学子劳动品质的培养。

1957年，毛泽东发表的《关于正确处理人民内部矛盾的问题》一文指出："我们的教育方针，应该使受教育者在德育、智育、体育几方面都得到发展，成为有社会主义觉悟的有文化的劳动者。"在实践中，由于"左"的偏差，教育突出政治功能，把劳动教育视为阶级斗争工具，因此，教育方针表述为"教育必须为无产阶级政治服务，教育必须同生产劳动相结合，使受教育者在德智体几方面都得到发展，成为有社会主义觉悟的有文化的劳动者"。

1981年，党的十一届六中全会通过的《关于建国以来党的若干历史问题的决议》中关于劳动教育的表述为："坚持德智体全面发展、又红又专、知识分子与工人农民相结合、脑力劳动与体力劳动相结合的教育方针。"

1999年6月13日，中共中央、国务院颁布《关于深化教育改革，全面推进素质教育的决定》提出："要加强和改进对学生的生产劳动和实践教育，使其接触自

然、了解社会，培养热爱劳动的习惯和艰苦奋斗的精神。"党的十六大报告指出："教育与生产劳动和社会实践相结合，培养德智体美全面发展的社会主义建设者和接班人……"

《国家中长期教育改革和发展规划纲要（2010—2020年）》：坚持全面发展。全面加强和改进德育、智育、体育、美育。坚持文化知识学习与思想品德修养的统一、理论学习与社会实践的统一、全面发展与个性发展的统一。加强体育，牢固树立健康第一的思想，确保学生体育课程和课余活动时间，提高体育教学质量，加强心理健康教育，促进学生身心健康、体魄强健、意志坚强；加强美育，培养学生良好的审美情趣和人文素养。加强劳动教育，培养学生热爱劳动、热爱劳动人民的情感。

2015年，修订的《中华人民共和国教育法》第五条规定："教育必须为社会主义现代化建设服务、为人民服务，必须与生产劳动和社会实践相结合，培养德、智、体、美等方面全面发展的社会主义建设者和接班人。"

2018年12月29日，修订的《中华人民共和国高等教育法》第四条规定："高等教育必须贯彻国家的教育方针，为社会主义现代化建设服务、为人民服务，与生产劳动和社会实践相结合，使受教育者成为德、智、体、美等方面全面发展的社会主义建设者和接班人。"

2018年9月10日，召开的全国教育大会上，习近平总书记提出，"要全面贯彻党的教育方针，坚持马克思主义指导地位，坚持中国特色社会主义教育发展道路，坚持社会主义办学方向，立足基本国情，遵循教育规律，坚持改革创新，以凝聚人心、完善人格、开发人力、培养人才、造福人民为工作目标，培养德智体美劳全面发展的社会主义建设者和接班人，加快推进教育现代化、建设教育强国、办好人民满意的教育""要努力构建德智体美体劳全面培养的教育体系，形成更高水平的人才培养体系。要在学生中弘扬劳动精神，教育引导学生崇尚劳动、尊重劳动，懂得劳动最光荣、劳动最崇高、劳动最伟大、劳动最美丽的道理，长大后能够辛勤劳动、诚实劳动、创造性劳动"。

2019年3月18日，习近平总书记主持召开学校思想政治理论课教师座谈会，提出"新时代贯彻党的教育方针，要坚持马克思主义指导地位，贯彻新时代中国特色社会主义思想，坚持社会主义办学方向，落实立德树人的根本任务，坚持教育为人民服务、为中国共产党治国理政服务、为巩固和发展中国特色社会主义制度服务、为改革开放和社会主义现代化建设服务，扎根中国大地办教育，同生产劳动和社会实践相结合，加快推进教育现代化、建设教育强国、办好人民满意的教育，努力培养担当民族复兴大任的时代新人，培养德、智、体、美、劳全面发展的社会主义建设者和接班人"。

2019 年 8 月 14 日，中共中央办公厅国务院办公厅印发的《关于深化新时代学校思想政治理论课改革创新的若干意见》，指出新时代学校思想政治理论课（以下简称思政课）要"全面贯彻党的教育方针，坚持马克思主义指导地位，贯彻落实习近平新时代中国特色社会主义思想，坚持社会主义办学方向，落实立德树人根本任务，扎根中国大地办教育，同生产劳动和社会实践相结合，加快推进教育现代化、建设教育强国、办好人民满意的教育，努力培养担当民族复兴大任的时代新人，培养德智体美劳全面发展的社会主义建设者和接班人"，"系统进行中国特色社会主义和中国梦教育、社会主义核心价值观教育、法治教育、劳动教育、心理健康教育、中华优秀传统文化教育"。

2020 年 3 月 20 日，中共中央、国务院发布《关于全面加强新时代大中小学劳动教育的意见》，意见指出，劳动教育是中国特色社会主义教育制度的重要内容，直接决定社会主义建设者和接班人的劳动精神面貌、劳动价值取向和劳动技能水平。7 月，教育部印发了《大中小学劳动教育指导纲要》，为高校开展劳动教育提供了遵循。

回顾以上不同时期，党和国家出台的各种文件、政策，特别是 2020 年以中央文件的形式，专门发布一个关于劳动教育的文件，足以让我们明确，党和国家对青年学子劳动品质和劳动精神培养的重视。

三、解决时代面临问题的需要

在经济全球化和信息化时代，由于个人主义、功利主义、拜金主义等不良思潮的传播，一部分人的劳动价值观也产生了相应的变化和扭曲，在一些青年学生中出现了幻想一举成名、一夜暴富、不劳而获的错误倾向，一些人不珍惜劳动成果，不想劳动，甚至不会劳动的现象，片面追求不切实际、脱离劳动的理想化生活，这种思想渗透和蔓延于社会各个角落，把体力劳动和脑力劳动对立起来，固守"劳心者治人，劳力者治于人"的封建观念，造成鄙视劳动尤其是鄙视收入低的体力劳动的价值取向，一部分青年学生劳动观念不端正、劳动意识淡薄、劳动素养缺乏、劳动情怀缺失。

究其原因，就是劳动教育在家庭、学校和社会教育中都存在着诸多薄弱环节和问题。劳动教育在学校中被弱化，在家庭中被软化，在社会中被淡化，由此造成青少年学生的劳动机会减少，劳动意识缺乏。长期以来，我国中小学教育在应试教育的"指挥棒"下，片面追求分数和升学率，把成绩作为考核的唯一标准，导致学生、教师、家长把分数和学历视为头等大事，因而学校不让学生参与劳动，多数家长也不让孩子从事家务劳动，学生在社会上也没有机会参加劳动。这种分数至上、成绩第一的育人导向的结果是，学校在人才培养中重理论轻实践，重知识轻劳动，重脑力轻体力，由此造成很多大学生生活能力弱化，甚至连最基本的自理能力如洗衣服、做饭等生活能力都不具备，可谓"四体不勤，五谷不分"。如有的学生上大学期间需要父母来陪读，衣服脏了用快递寄回家，让父母洗好后再寄回来。有的同学读完大学了，还没有进过厨房做过饭，不知道炒菜时是先放油还是先放菜。我国学校和家庭劳动教育的这种高度缺位，显然不符合我国现代化建设对人才素质的综合要求，也不利于人的素质的全面发展。

因此，必须采取一些有效措施，开设相应的劳动教育课，有计划地组织同学们参加日常生活劳动、生产劳动和服务性劳动，让大家动手实践、出力流汗，接受锻炼、磨炼意志，让青年大学生在劳动中感悟生活的真谛，体味创造的乐趣。"节物风光不相待，沧海桑田须臾改。"以劳筑梦，不负年华。流年笑掷，未来可期。用自己的双手创造的生活，才是最踏实的。

四、培养担当民族复兴大任的时代新人的需要

当前中国特色社会主义进入新时代，实现"两个一百年"奋斗目标，全面建成小康社会和中华民族伟大复兴迫切需要大批既具有一定专业技能和技术水平，又有较强实践能力的高素质劳动人才，新时代高素质的劳动人才既要掌握本专业领域现代科学技术发展的前瞻性知识，又要具备把现代科学技术知识应用在实践中解决现实问题的能力，这在客观上要求把现代科学技术与生产劳动结合起来，实现体力劳动和脑力劳动的密切结合，培养体力和智力全面发展的现代型人才。习近平总书记指出，"中华民族伟大复兴，绝不是轻轻松松、敲锣打鼓就能实现的。全党必须准备付出更为艰巨、更为艰苦的努力"。我国正进入从制造业大国迈入制造业强国的关键时期，实现中国制造业的转型升级和大力建设创新型社会，急需大批具有创造能力和实干精神的劳动大军，培育大批具有时代特点的代表先进生产力的劳动模范和大国工匠人才，为实现中国可持续发展提供人才支持。劳模精神和工匠精神都根植于劳动基础之上，是个体智力劳动和体力劳动的内在统一，是个体劳动与劳动产品的相互融入，是个体精神发展与外在劳动的统一，是个体劳动过程与社会发展的和谐共生。从这一层面上讲，劳模精神和工匠精神应成为新时代的价值坐标，应成为国家和社会人才培养的目标导向。为此，2019 年国务院总理李克强在政府工作报告中指出，2019 年职业教育将扩招 100 万人，我们要以现代职业教育的大改革大发

展，加快培养国家发展急需的各类技术技能人才，让更多青年凭借一技之长实现人生价值，让三百六十行人才荟萃、繁星璀璨。加快发展现代职业教育，既有利于缓解当前就业压力，也是解决高技能人才短缺的战略之举。

总之，高校开设劳动教育课，于个人成长成才、国家社会发展、时代变革之需、民族复兴大任而言，其重要性和必要性不言而喻。

劳动精神的培育是高校德育的重要内容，劳动技能的教育是高校智育的重要内容，将劳动教育与德智体美并列，既是对劳动教育本身的有效加强，也是对德智体美教育的有力支撑。为此，按照《意见》提出的"把握育人导向、遵循教育规律、体现时代特征、强化综合实施、坚持因地制宜"的基本原则，各高校须结合自身的校园设施、校外劳动实践基地、专业见习实习基地、产学研基地、创新创业基地、专业及课程等各方面实际情况，加强家校联合、社校联合，构成劳动教育的协同育人机制，通过采取多种形式的劳动教育，引导学生树立正确的劳动观，崇尚劳动，尊重劳动，让广大青年学生在体味艰辛、挥洒汗水中塑造坚强的心理素质；在实践实训、动手动脑中培养发现问题解决问题的创新探索精神；在创新创业、拼搏进取中磨炼自己的意志，懂得空谈误国、实干兴邦的深刻道理；在知行合一、学思践悟中植下诚实守信、奉献社会的劳动意识，从而获得受益终身的宝贵精神财富。

第三节 "劳动修养"课的基本内容及要求

一、课程内容

本课程包括理论学习和劳动实践两大部分。

（一）理论学习内容

第一章，健全劳动认知，培育劳动观念。主要学习劳动的内涵、劳动的分类、劳动的特征、劳动的地位和作用等内容。

第二章，优化劳动条件，端正劳动态度。主要介绍劳动条件的含义、分类，优化劳动条件的方式，什么是好的劳动态度、如何端正劳动态度，如何评价自己的劳动等。

第三章，掌握劳动技能，提高劳动效率。在这一章里，我们学习的内容有社会分工与劳动专业化、劳动技能的分类、提高劳动技能的方式方法等。劳动技能有基础性劳动技能、专业性劳动技能，对每个人来说，基础性劳动技能都是应该必备的。

第四章，培育劳动意识，养成劳动习惯。主要内容有如何培育劳动意识、培养劳动情感、养成劳动习惯等，着重关注的是"眼里有活"的问题，眼里有活，心里才有爱，灵魂才有趣。

第五章，锤炼劳动品质，弘扬劳动精神。在这一章中，讲述的内容有劳动品质和劳动精神的内涵以及契约精神、工匠精神、团队精神、奋斗精神、创新精神的具体表现等。

第六章，注重劳动安全，依法维护权益。讲述在劳动过程中做好安全防护的方法，维护自己劳动权益的举措。

第七章，顺应时代潮流，迎接劳动革命。科技发展改变了劳动方式，新技术推广引发了劳动革命，在劳动革命的大背景下，作为新时代的青年学子，做一名有智慧的劳动者。

第八章，践履知行合一，收获劳动喜悦。行是知之始，知是行之成。如何践履知行合一，体悟生活之道，收获劳动的喜悦。

（二）劳动实践内容

劳动实践的开展实行劳动项目化，既包括提高基本生活技能的日常生活劳动，又包括运用所学知识开展的生产劳动、社会服务性劳动。大力提倡结合所学专业开展专业实习实训、专业服务、社会实践等劳动实践项目，鼓励开展具有创造性、高附加值的脑力劳动、专业性劳动，真正落实知行合一、理论与实践相结合的原则。

劳动实践项目可分为集中劳动和自主劳动两类。

集中劳动实践项目通常以班级或小组为单位，由学校统一组织安排，主要包括专业实习、专业实训、社区专业服务、社会志愿活动、植树节植树绿化、校园清洁美化、学校餐厅帮厨、传统美食手工制作（如元宵节前后学做汤圆，端午节包粽子，中秋节学做手工月饼，冬至前后包水饺）等各种项目。各个学校根据本校实际情况选择性开展。

自主劳动实践项目具有三个特点：一是自主性。自主性是指由学生根据个人意愿自主选择的劳动实践，它不是统一组织开展的，各个学生的兴趣爱好、特长各不相同，因而自主劳动体现出很强的个性化、多样性。二是创新性。要鼓励学生打破思维定式，敢于质疑尝试，敢于超越前人，敢于创新创意创造，通过劳动实践的尝试探索体现个人劳动的创造价值。三是兴趣性。自主劳动实践一定结合个人的兴趣爱好，做自己喜欢的事，在创造性劳动中收获快乐。

自主劳动实践的内容丰富多彩，如日常生活劳动类的有整理宿舍卫生、教室清洁、个人衣物清洗整理、周末或假期进行各种美食制作、旧衣翻新创意、手工编织毛衣、各类手工作品创意等。具有专业性及社会实践服务劳动类的有，法律援助、法律咨询、支教、家电维修、软件开发制作、视频制作、视频剪辑、微电影、新闻稿采写、作品翻译、口译服务、家教服务、教学培训服务、创新创业作品制作、各类专业竞赛、书法、绘画、手工剪纸、工艺品制作、其他艺术作品创作、校内外各类活动策划宣传服务、论文撰写、各类管理方案设计创意、社区服务、勤工助学、其他各种社会实践活动等。

自主劳动实践项目的开展，各学校既可以根据学生的意愿选择性开展，也可以由学生个人自行决定开展的项目。自主劳动实践项目一般由学生在课余时间完成，然后在课上进行自主劳动交流展示分享会，通过 PPT 课件、图片、视频、文字，交流自己劳动心得体会和感悟。同时，还可以开展线上自主劳动作品展示活动。因此，要引导学生充分利用假期，开展自主劳动，如做手工、在家做美食等，以便积累素材和感悟，在课堂上与同学交流分享。

特别需要指出的是，无论是集中劳动还是自主劳动，都需要提前做好规划，制订好劳动实践项目实践方案，明确劳动实践规程，做好安全防护。

二、课程学习的基本要求

学习"劳动修养"课要把握四个字：学、思、践、悟。

学，就是学习相关的理论知识。通过上述所讲到的八章理论知识的学习，明确开设"劳动修养"课程的目的、意义，了解和掌握相关劳动的知识，改变把劳动等同于体力劳动、劳动就是吃苦受累、劳动就是又脏又累的错误认知，并产生相应的理论思考，树立劳动创造财富和价值、劳动创造美好生活的马克思主义的劳动观。

思，就是学思结合，学会思考。曾国藩曾指出："不深思则不能造于道。不深思而得者，其得易失。"意思是说：不深思就不能掌握道理。没有经过深思熟虑而得到的东西，即使得到了也很容易失去。孔子说："学而不思则罔，思而不学则殆。"韩愈也讲道："业精于勤而荒于嬉，行成于思而毁于随。"他们都指出了思考对学业、事业的重要性。"劳动修养"课也需要我们在学习理论知识的同时，要勤于思考，善于思考，即透过劳动的种种表象，深入劳动实践，真正认识和感悟到劳动创造价值、劳动创造自由生活、劳动是享受、劳动创造快乐的核心和本质。

有思考，才有启迪；有收获，才能打破以往对劳动的狭隘性认知，在劳动的外延和内涵上有全新的认识；才能够提出新问题，发现自己生活学习中的不足和薄弱环节，写下自己的理论心得，校正个人成长的坐标；才能够更加理性地看待生活中的你、我、他，对"为众人抱薪者，不可使其冻毙于风雪"有更深刻的理解，对疫情期间逆行而上，用自己的身躯阻住新冠病毒，让自己留在寒冬而把我们推向暖春的白衣战士再增一分敬意和关爱。

践，就是参加劳动实践。"纸上得来终觉浅，绝知此事要躬行。""劳动修养"课的学和思，还只是停留于理论层面，更重要的是实践层面，只有亲身经历过、感受过、体验过的知识，才能真正入脑入心，见行见效，才能真正体会到"纸上得来终觉浅"的意蕴。生活自理能力的提升需要在日常动手操作中训练，专业技能的提升需要在实习实训中淬炼，"眼里有活"的劳动意识和劳动习惯的养成需要在动手动脑、出力流汗中锻炼。因此，践行知行合一理念，发挥以劳树德、以劳增智、以劳强体、以劳育美的综合育人功能，需要投身于劳动实践活动，在劳动中感受生活，在劳动中品味人生。

悟，就是撰写劳动感悟。实践、认识、再实践、再认识，循环往复，这是认识的总规律。劳动的过程，感悟的过程，都是人对客观事物认识过程的一个环节。因此，在学、思、践三个环节基础上，需要结合自己的理论学习、思考和劳动实践，撰写出真实的体验和感悟，写出令人感动的劳动故事，写出收获满满的课程总结，让课程学习提质增效，使自己对生活、学习及未来发展充满信心和干劲。

思考题

1. "劳动修养"是门什么课？
2. 高校为什么要开设"劳动修养"课？
3. "劳动修养"课的基本内容是什么？
4. 如何学习"劳动修养"课？

第 一 章

健全劳动认知， 培育劳动观念

"哪有什么岁月静好，只不过有人为你负重前行。""负重前行"如果用一个字来表示，会是哪个字呢？人类的实践活动等同于劳动吗？劳动等同于体力劳动吗？劳动就是吃苦受累吗？劳动分工的本质是什么？科技的发展引发怎样的劳动变革？劳动革命如何推动人的自由而全面的发展？要想回答这些问题，就需要从基本的劳动认知谈起。

第一节　劳动概述

一、劳动的内涵

（一）劳的概述

诗人孟郊的《游子吟》一诗，表达的母爱与付出，如果用一个字来表示，你知道是哪个字吗？要想回答这个问题，我们就需要学习和了解劳动的内涵。

众所周知，劳动是人类的一种实践活动，这种活动与我们形影相随，须臾不离，它无处不在，无时不有。我们祝福爱情温馨甜蜜，海枯石烂永不变，天荒地老到永远；祝福婚姻家庭幸福美满，十年修得同船渡，百年修得共枕眠；祝福事业有成，长风破浪会有时，直挂云帆济沧海。不管爱情的甜蜜、婚姻的美满，还是家庭的幸福、事业的成功，都是建立在劳动之上，没有劳动的付出，一切都是水中花、镜中月。一生中陪伴我们最长久的是什么？那就是劳动。

劳动的形式多种多样，最常见的如农民耕田种地，工人冶炼钢铁、制造机器、挖煤，司机开车运输等。这些活动都付出了人的体力。作家写作、画家绘画、音乐家创作歌曲、科学家做实验、老师讲课等，这些活动都付出了脑力。除此之外，学生上课学习、在操场上锻炼身体等，这些活动既有体力的付出，也有脑力的付出，但这些实践活动并不是劳动。上述各种行为活动，有的是劳动，有的却不属于劳动的范畴。那么究竟什么是劳动呢？要了解把握劳动的科学含义，我们首先需要从劳的字源来谈起。

先说劳（勞）——劳，是一个会意字。从"勞"字的来历和演变来看，勞字经历了金文、篆文、隶书、楷书四个阶段的演变。

金文：，有两种写法，第一种是"两个火下面是衣"，表示火光下缝补衣服，非常辛劳。缝补衣服通常是女性来完成，在一家中，母亲干的活又多又杂，家务活就是一个无底洞，除了洗衣做饭、缝补衣服、养育孩子，甚至还要外出做工挣钱，一生忙忙碌碌，不知不觉中，我们的母亲少了青丝，多了白发。

母亲对儿女的付出与牵挂，诗人孟郊用30个字表达出来："慈母手中线，游子身上衣。临行密密缝，意恐迟迟归。谁言寸草心，报得三春晖。"《游子吟》这首诗，非常形象生动地表达了"劳"这种写法的含义，那就是操持家务、缝补衣服是非常辛苦的。作为儿女，我们应该体谅父母劳动的艰辛，为了我们考大学，父母放弃了许多休息时间，你是否还记得？冬天的晚上，母亲在校门口等着你上完晚自习；周末陪你上辅导班，晚上陪你熬夜学习，你买书、买资料、买衣服，父母非常大方，可是，你的父亲可能几年都没添一件新衣服了，要说穿的新衣服，很可能就是你的校服、你淘汰的不穿的衣服。所以，劳的这种写法，告诉我们要感恩父母，无论我们走到哪里，飞得再高，走得再远，都要铭记父母的养育之恩，推而广之，老吾老以及人之老，我们应尊重他人的父母，尊重他人的劳动，尊重生活中的每一位劳动者。

劳的第二种写法，是两个火加一个心。（ = （两个"火"）+ （心））"火"在"心"上的这种结构，有两层含义：一方面，说明火在社会生活中的重要地位。

火是人类的文明之光。在原始社会，生产力水平低下，原始人刀耕火种、驱寒取暖、捕鱼狩猎，都离不开火。他们用火烧山，烧掉杂草丛林，然后捕猎和耕种，所以有了这个"焚"字。他们把肉放在火上烤着吃，开始告别茹毛饮血的时代，所以有了这个"炙"字。他们把狗肉放在火上烤着吃，所以有了这个燃烧的"然

（燃）"字。他们跪坐于火堆旁边，享受着温暖和光明，所以有了这个"光"字。

🔥🔥光他们跪坐于地，用嘴吹气生火，所以有了这个"炊"字。🔥火在生活中的出现和使用，让原始生活迈进了一大步。

毛泽东说过："人猿相揖别。只几个石头磨过，小儿时节。铜铁炉中翻火焰。"伴随人类文明的步伐，火又给人类带来更有力的工具，青铜器、铁器相继出现。因此，火在人们心目中，可以说具有至高无上的地位。

另一方面，"火"在"心"上的这种结构，又表示人的一种心理状态，即心如火烧，心忧如焚。什么意思呢？古人打猎、放火烧山，这些活动都是非常剧烈的，都要操心劳神，如果抓不住机会，一不小心，围捕的猎物就逃脱了。因此，这种担心和忧虑，可以说是"心如火烧，心忧如焚"，内心充满焦虑和担忧。

《诗经》中有这样一句诗："之子于归，远送于南。瞻望弗及，实劳我心。"讲的是妹妹远嫁他方，兄长去送别，当哥哥的对妹妹依依不舍，送了一程又一程，妹妹渐渐走远了，哥哥还在眺望，直到看不见妹妹的身影，心里非常悲伤。一个"劳"字，把兄妹分别的悲伤和痛楚表现得淋漓尽致。可见，中国古人造的"劳"字，不仅与缝补衣服的辛劳有关，还与"心"相关，是操心费神的。

篆文：后来，篆文🔥在两个火与心之间加了一个秃宝盖"冖"，表示在家中劳动，并以"力"🔥代替金文字形中的"心"🔥，强调体力活动的艰辛。于是"劳"字的本义，就是操心费力，身心劳累。所以，劳字既包含了脑力的付出，也包含了体力的耗费。孟子说："劳心者治人，劳力者治于人。"如果不考虑其阶级性，孟子实际上区分了脑力劳动与体力劳动，两种劳动都是劳，或劳心，或劳力，要么付出体力，要么付出脑力。

隶书：隶书🔥将篆文字形中的🔥写成现代文中的力，上面仍然是两个火加一个秃宝盖"冖"。

楷书："劳"这个字演变到楷书，就是我们见到的繁体字勞，这个繁体字简化，将正体楷书的两个"火"炊连写成"廿"艹，于是就形成了现在的"劳"字。

"劳"由"力、冖、炊"三部分组成，从造字结构上，我们也不难体察到先祖们耐人寻味的深意，"力"代表动作、力量，代表心智、体力的付出；"冖"为房屋，表示我们的生活；"炊"代表光明、温暖、希望。一个"劳"字，就是人生智慧的总结，语意深远。它告诉我们，天上不会掉馅饼，人生没有免费的午餐。任何成功都是奠基于智力和体力的付出之上，红红火火的日子需要付出汗水，蒸蒸日上的事业需要付出心血。不管你家境多么贫寒，有没有背景，只要肯吃苦，不偷懒，生活就充满希望，未来就是好光景。

因此，许多古诗词都表达了劳的这种含义，如千淘万漉虽辛苦，吹尽狂沙始到金；书山有路勤为径，学海无涯苦作舟；不经一番寒彻骨，怎得梅花扑鼻香；宝剑锋从磨砺出，梅花香自苦寒来，等等。

《说文解字》对"劳"是这样解释的：勞，劇也。从力，熒省。熒，火烧门，用力者勞。

说文解字的意思是，劳，就像火烧房屋时，奋力救火的人要付出巨大的体力，非常辛苦。其实，何止是救火要付出，生活就要付出汗水，有汗水，才有收获。

"莫道君行早，更有早行人。"古人为我们造的劳字告诉我们，劳就是生活，劳就是付出，劳就是为家人遮风挡雨，劳就是勇于担当，奋力前行，在生命之花的绽放中为社会创造更多的价值。这就是我们对"劳"这个字的理解和认识。

（二）动的概述

我们生活中经常听到这句话："哪有什么岁月静好，只不过有人为你负重前行。""负重前行"如果也用一个字来表示，你知道是哪个字呢？

这个字就是劳动中的"动"。

动是一个形声字，也经历了金文、篆文、隶书、楷书四个阶段的演变。

"动"字的金文也有两种写法，第一种是上下结构，（上部是（被刺瞎眼睛的男奴），下部是重，（重，大包袱），表示男奴携带着重物行走。

第二种是左右结构，，左边是走（，行进），右边是重（重，包袱），表示负重行进。我们通常讲的"哪有岁月静好，只不过是有人替你负重前行"这句话，如果用一个字来概括，那就是这个"动"字。（童、重古代读音相通）

"动"字的篆文是左右结构，，左边是（重，包袱），右边是力，（力），强调使用体力。"动"字的造字本义是动词，表示付出体力，负重劳作。

"动"字的隶书是在篆文基础上，进一步演变，形成了左边是重、右边是力的结构（）。

"动"字的楷书，字形与隶书是一致的，左边是"重"，右边是"力"。

白话版《说文解字》是这样解释的，动，起身做事。字形采用"力"作边旁，采用"重"作声旁。

从"动"的构词来看,动,就是通过力的付出改变一个重物的静止状态,因此动与静是相对的。其实,改变一个物体的静止状态,不仅要付出体力,更需要付出人的智力。阿基米德说:"给我个支点,我可以把地球撬起来。"近代工业革命以来,科学技术成为改变我们生活、推动人类社会文明进程的第一动力,今天,那种完全依靠人的体力进行生产劳动的时代已经成为过去时,未来的劳动生产,将是更加专业化、智能化。

对于"动"这个词的构词法进一步思考,左边的"重",还可以引申为工作生活中的重要任务、重要使命、重要责任,担起责任,完成任务,就要用力用心,付出体力和脑力。付出才有回报,一分耕耘才有一分收获。

(三)劳动的含义

我们了解了劳,也学习了动。"劳"和"动",合在一起,又是什么意思?

《辞源》指出,劳动是一种操作活动。《庄子·让王》有这样一句话:"春耕种,形足以劳动。"意思是说,春天耕田种地,身体完全可以负担这种劳动。《三国志》中说道:"人体欲得劳动,但不当使极尔。动摇则谷气得消,血脉流通,病不得生,譬如户枢,终不朽也。"这段话的意思是,人体要劳动、运动,但不能过量。在适度劳动和运动的过程中,人体摄取食物的精华将被吸收和消化,血脉通畅,不易得病。就好比门的轴一样,经常转动不会被虫蛀。

《辞海》认为,劳动是人们改变劳动对象使之适合自己需要的有目的的活动,即劳动力的支出或使用。《文史哲百科辞典》指出:"劳动是人们使用工具改造自然物,使之适合自己需要的有目的的活动,即劳动力的使用或消费,包括脑力劳动和体力劳动。"[1]

马克思认为:"劳动首先是人和自然之间的过程,是人以自身的活动来中介、调整和控制人和自然之间的物质变换的过程。"[2]

根据以上对"劳"和"动"两个字的溯源以及辞书、文献对劳动的解释,特别是马克思在《资本论》中的论述,我们认为,劳动有广义劳动和狭义劳动之分。

广义劳动的劳动是指人类(整体、群体、个体)为了自身的生存和发展而能动地改造和探索现实世界的一切社会性的技能活动,是人类创造物质或精神财富的实践活动。这种社会技能活动或实践活动既包括脑力劳动,又包括体力劳动。

---

[1] 高清海. 文史哲百科辞典 [M]. 长春:吉林大学出版社,1988:340.
[2] 马克思,恩格斯. 马克思恩格斯选集:第2卷 [M]. 北京:人民出版社,1995:177.

脑力劳动是劳动者以消耗脑力为主、以大脑神经系统为主要运动器官的劳动。

体力劳动是劳动者以消耗体力为主、以运动系统为主要运动器官的劳动。狭义的劳动是指体力劳动，即在劳动过程中以付出体力为主的实践活动。

参加劳动是每个人应尽的责任和义务，无论是参加体力劳动还是脑力劳动，都需要付出，付出方有收获。

二、劳动的特征

（一）劳动与动物的本能活动

劳动不同于动物的本能活动，刚出生的婴儿会吃奶，蜘蛛会织网，蜜蜂会建造蜂房，小鸟会筑巢，人饥则进食、渴则饮水，这些都是动物的本能性、生理性活动，但不是劳动的范畴。劳动作为人的一种实践活动，完全不同于动物的本能性、生理性活动。

马克思说过：蜜蜂建筑蜂房的本领使人间的许多建筑师感到惭愧。但是最蹩脚的建筑师从一开始就比最灵巧的蜜蜂高明的地方，是他在用蜂蜡建筑蜂房以前，已经在自己的头脑中把它建成了。马克思指出了人的劳动实践活动不同于动物本能活动的重要区别，就是劳动实践具有自觉能动性。毛泽东诗词中讲到："起宏图。一桥飞架南北，天堑变通途。""高峡出平湖，神女应无恙，当惊世界殊。"这里说的就是武汉长江大桥修建、三峡大坝修建的美好图景。武汉长江大桥、三峡大坝是按照设计师的构想建成的，人的一切劳动实践都是按照人的目的和意志进行的，在人的意识指引下改造客观世界，所以每一个被改造的客体都打上了人的目的和意志的烙印。

（二）劳动与实践

劳动与实践相比，在外延上，实践的外延远远大于劳动，劳动与实践是一种包含与被包含的关系，劳动包含于实践之中。实践是人类能动地改造世界的社会性的物质活动。劳动是实践活动中的一种，实践活动并不等于劳动。劳动与实践活动相比，都具有自觉能动性、社会历史性、客观实在性，体现了劳动作为实践活动的特征，体现了人的主观能动性。

（三）劳动的本质特征

劳动作为实践活动，除具有实践活动的基本特征外，还具有一般实践活动所不具有的内在属性，即创造性、社会认可性、建设性。

一是创造性。创造性是判断人的实践活动是不是劳动的第一个本质特征。所谓创造性，是指劳动能够创造价值或使用价值。价值作为一个哲学概念，是指在实践基础上形成的主客体之间的意义关系，是客体对个人、群体乃至整个社会的生活和活动所具有的积极意义。劳动能够创造价值，但实践活动不一定创造价值。

如小偷偷窃行为，尽管属于人的一种实践活动，但这一活动并没有创造出价值或使用价值，只是价值或使用价值的转移，即价值载体发生了转移，从一个所有者手中转移到了另一个所有者手中，这样的实践活动不是劳动。

在科学研究中，抄袭他人的论文、盗取他人的专利发明，尽管也付出了脑力甚至体力，但这样的活动并没有为社会创造出新价值，也是价值载体发生了转移。

旅游、观看演出、打牌、听广播、看电视等活动也具有目的性、计划性，是人的实践活动，但同样没有创造出价值，因而也不属于劳动。但是，在这些活动过程中，如果旅游时拍摄了具有价值的影像资料，看电视、看演出后获得灵感，产生了创作思路，创作了富有价值的作品，那么这种拍摄和创作就属于劳动的范畴。

二是社会认可性。社会认可性是判断人的实践活动是不是劳动的第二个本质性特征。被社会认可的实践活动属于劳动。这样的实践活动对社会有益，至少没有社会危害性，如洗衣做饭、打扫室内卫生、清理河道、清扫马路、科学研究、物流运输、站岗放哨、边境巡逻、义务支教等，这些日常生活劳动、农业生产劳动、工业生产劳动、服务性劳动，都是约定俗成的，被人们认可接受的劳动实践活动。

与此截然相反的是，拦路抢劫、黑客攻击、坑蒙拐骗、偷盗、欺诈、各类造假活动等都是不为社会认可的，因而不属于劳动的范畴。

三是建设性。建设性是判断人的实践活动是不是劳动的第三本质性特征。所谓建设性，是指劳动活动对人类发展和社会进步具有积极的建设意义，而不是起到消极的破坏作用，或者阻碍社会的进步、人类文明的演进。当然，有些劳动行为创造的价值或使用价值一时展现不出来，但随着社会发展和人类认知边界的拓展，以及人对客体认识的深化，这种劳动或劳动成果对社会的建设性意义终究会展现出来，并为社会接受和认可。

（四）劳动与准劳动

准劳动是指为劳动创造而进行的准备性活动。

准劳动作为人的实践活动，是为了提高人的身体素质、心理素质、人文素质、科学文化素质，或者掌握某种技能而进行的，这种准备性活动时间有长有短，尽管被社会认可和鼓励，但其本身并没有创造价值或使用价值，只是为劳动创造进行各方面的准备，尽管付出了脑力或体力，但并不属于劳动的范畴。如体育锻炼、上课学习、娱乐活动等。

劳动的特征是什么？

综上所述，劳动作为一种实践活动，除了具有自觉能动性、社会历史性、客观实在性外，还具有创造性、社会认可性、建设性的本质特征。

三、劳动的分类

根据不同的标准，劳动可以进行不同的种类划分。

（一）脑力劳动和体力劳动

根据劳动是以消耗人的脑力还是体力为主，劳动可分为脑力劳动和体力劳动。脑力劳动是劳动者以消耗脑力为主、以大脑神经系统为主要运动器官的劳动。体力劳动是劳动者以消耗体力为主、以运动系统为主要运动器官的劳动。

其中，脑力劳动还可以具体划分为四种基本形态：创造知识的脑力劳动、传授知识的脑力劳动、管理知识的脑力劳动和实现知识的脑力劳动。

创造知识的脑力劳动是对自然科学和社会科学进行创造性的研究、探讨，劳动成果表现为精神产品，即应用自然科学、理论自然科学和理论社会科学。创造知识的脑力劳动是潜在的生产力，一般不直接形成价值，但科学技术日益变为直接生产力。这类脑力劳动者主要是指科学家、理论工作者、大学教师等，如自然科学家诺贝尔、牛顿、爱因斯坦、钱学森，社会科学家孔子、孟子、庄子、柏拉图、亚里士多德、马克思、恩格斯等。实际上，许多科学家同时又是大学教师，如中国当代的钟南山、施一公、饶毅、颜宁等。

传授知识的脑力劳动是从事传授知识和技术的教育工作，劳动成果表现为知识转移，使更多的人掌握更多的文化、科学技术，一般不直接创造经济价值，而是创造社会价值，通过教书育人，为社会培养人才，传承人类文明。这类脑力劳动者主要指教育工作者。

管理知识的脑力劳动是进行宏观经济和微观经济管理及其他管理，组织生产、调节生产关系与生产力之间的矛盾，调节生产力内部的矛盾，劳动成果表现为国家、社会部门、企业管理水平的提高。其价值体现在通过组织管理，将潜在的生产力转化为现实的生产力。这类脑力劳动者主要是从事经济管理者、社会管理者。

实现知识的脑力劳动，其职能将人类创造的和学习到的知识技术付诸实践，变为现实的生产力。劳动成果表现为物质产品或劳务的增加、非物质生产的发展。这种类型的脑力劳动中，属于物质生产领域部分的，直接创造价值；属于非物质生产领域部分的，间接影响价值。这种脑力劳动重在执行和操作层面，这类脑力劳动者主要是技术员、工程师等。

体力劳动根据社会产业，还可分为农业生产劳动、工业生产劳动、商业服务劳动（饮食服务、交通运输服务等）。以生产生活资料和生产资料为主的农民、工人等的劳动属于体力劳动。在现实生活中，我们长期把劳动与体力劳动画等号，这种观念是不科学的。

在现代社会，随着科学技术的迅猛发展，脑力劳动与体力劳动的融合度不断提高，特别是工农业生产领域，数控机床、数控耕种、遥控收割机器的使用，使得工农业生产既要付出体力，也要付出脑力。因此，这些劳动者掌握了现代科学技术，不再是单一的体力劳动者。

（二）具体劳动和抽象劳动

根据商品的二因素（使用价值、价值）来分，劳动可分为具体劳动和抽象劳动。具体劳动是指生产一定使用价值的具体形式的劳动，抽象劳动是指撇开一切具体形式的、无差别的一般人类劳动，即人的脑力和体力的耗费。生产商品的具体劳动创造商品的使用价值，抽象劳动形成商品的价值。具体劳动和抽象劳动是同一劳动的两种规定。任何一种劳动，一方面是特殊的具体劳动，另一方面又是一般的抽象劳动，这是劳动的二重性。具体劳动所反映的是人与自然的关系，是劳动的自然属性，而抽象劳动所反映的是商品生产者的社会关系，是劳动的社会属性。

（三）私人劳动与社会劳动

根据私有制商品经济条件下生产商品的劳动的性质，劳动可分为私人劳动和社会劳动。在私有制条件下，生产资料和劳动产品归私人所有，每个生产者都是独立的商品经营者，自负盈亏，生产什么，如何生产，完全由生产者个人决定，这种生产商品的劳动是生产者按照自己的利益和要求进行的，是具有私人性质的私人劳动。另一方面，商品经济是建立在社会分工的基础上，每个商品生产者在社会分工体系中从事的是某一种商品的生产，商品生产者之间是相互联系、相互依存的，彼此交换所生产的商品。因而，每个商品生产者的劳动又是社会总劳动的一部分，是具有社会性质的社会劳动。

（四）必要劳动和剩余劳动

根据劳动成果与劳动者的关系，劳动可以分为必要劳动和剩余劳动。必要劳动是指劳动者生产自身生活必需品的劳动。剩余劳动是劳动者生产剩余劳动产品的劳动。马克思在《资本论》中，通过分析资本主义生产过程，认为在生产资料私有制的资本主义生产条件下，雇佣工人的劳动分为必要劳动和剩余劳动。必要劳动是指雇佣工人用于生产再生产劳动力价值的劳动，剩余劳动是指雇佣工人无偿地为资本家生产剩余价值的劳动，从而揭示了资本家剥削工人的秘密，创立了剩余价值理论，这一理论成为科学社会主义产生的两大理论基石之一。

在公有制为主体、多种所有制经济共同发展的社会主义初级阶段，所有劳动者的生产劳动一方面都包含着必要劳动，通过劳动满足个人及家庭生存的需要；另一方面又包含着剩余劳动，通过创造更多的财富用于今后发展及追求美好生活的需要。其中，在民营企业、外资企业中，劳动者的剩余劳动创造的价值作为企业利润，较多地被生产资料所有者拥有。在国有企业或集体企业中，劳动者的剩余劳动创造的价值作为利润成为公有资产。

（五）简单劳动和复杂劳动

按照劳动的复杂程度，劳动可以分为简单劳动和复杂劳动。简单劳动是指在一定的社会条件下，不需要经过特别的专门训练，每个普通劳动者都能从事的劳动。复杂劳动是指劳动者需要经过专门学习和培训才能从事的劳动。相比简单劳动，复杂劳动的技术含量高，对劳动者的科学文化素质、心理素质、应变能力、组织能力等有较高的要求，劳动者需要通过长时间的专业性的学习和培训，经过考核合格，取得相应的资格证后方可从事这种专业性劳动，如科技工作者、教师、医生、工程师、特种机械操作员、飞行员等。

（六）主动劳动和被动劳动

根据劳动主体的劳动意识、劳动态度和劳动觉悟可分为主动劳动和被动劳动。顾名思义，以积极的劳动态度和强烈的劳动意愿而进行的劳动是主动劳动，被动消极地参与的劳动属于被动劳动。

第二节 劳动的重要作用和地位

劳动是一部壮丽史诗，人类的生存发展史就是一部劳动史。劳动创造了世界，劳动创造了万物之灵的人类，劳动创造了社会，劳动创造了财富和价值，劳动创造了人世间的一切美好事物，劳动推动并最终实现人的自由而全面发展。劳动是人类智慧发展的长河，劳动的朵朵浪花汇成人类文明的璀璨星河。正是劳动的伟大创造作用，习近平总书记告诫我们，要牢固树立"劳动最光荣、劳动最崇高、劳动最伟大、劳动最美丽"的观念。

一、劳动的重要作用

劳动的作用，表现为五个方面，即劳动创造了人和人类社会，劳动创造价值和财富，劳动创造美，劳动创造幸福，劳动推动并最终实现人的自由而全面发展。

（一）劳动创造人和人类社会

人类是怎么来的？

在中国古代的神话故事中，女娲为创世女神，她用黄泥仿照自己抟土造人，创造了人类社会并建立婚姻制度；在埃及的神话传说中，鹿面人身的创造之神哈奴姆，用水和土塑造了泥人，温柔的女神赫托把生命注入泥人的身体，就变成了人；在希腊的神话故事中，普罗米修斯用泥土捏出了动物和人，又从天上偷来火种交给了人类，并教会了人类生存的技能；在美洲印第安人的神话传说中，地神用暗红色泥土掺上水，做成男女两个人，男名苏克，女名晨星，以后便有了人类。

不论是女娲造人也好，还是"上帝"造人也罢，这些神话传说都并非出自偶然，而是人类很想了解和知道自己的由来，由于不得其解才出现了"神造人"之说。随着时间的推移，神话传说被宗教利用，"神造人"之说更加广为流传，"上帝造人"更加"深入人心"。

而人类真正科学地研究自身起源的历史，则不过是最近200年的事。

1859年，英国生物学家达尔文出版《物种起源》一书，阐明了生物从低级到高级、从简单到复杂的发展规律。1871年，他又出版《人类的由来及性选择》一书，列举许多证据，说明人类是由已经灭绝的古猿演化而来的。但是，达尔文并没有指出人与动物的本质区别，也未能正确解释古猿如何演变成人。

恩格斯在近代自然科学基础上，从唯物史观的角度，提出了劳动创造人类和人类社会的科学理论。

关于劳动创造人类社会的问题，其实我们前面已经讲到，原始人磨制石器，制造和使用生产工具，使人与动物区别开来。1876年，恩格斯在《劳动在从猿到人转变过程中的作用》一文中，论述了劳动的作用。他指出，古代的类人猿最初成群地生活在热带和亚热带森林中，后来一部分古猿为寻找食物下到地面活动，逐渐学会用两脚直立行走，前肢则解放出来，并能使用石块或木棒等工具，最后终于发展到用手制造工具。在这个过程中，由于劳动，古猿的前肢逐步变成了适合劳动的手。手的形成，使古猿有了从事劳动的部分。在劳动过程中，出于交流信息的需要，于是逐步形成了人类的语言。由于劳动和语言，促进了大脑的发展，逐步形成了人类独有的思维器官，发展出了人类的意识。由于劳动还是一种社会性的活动，因此，在劳动的基础上形成了人类社会。所以，恩格斯指出，劳动是"整个人类社会生活的第一个基本条件，而且达到这样的程度，以致我们在某种意义上不得不说，劳动创造了人本身。"①

劳动是人的本质力量对象化的方式和手段，也是推动人类社会进步的根本力量。"生产劳动同智育和体育相结合，它不仅是提高社会生产力的一种方法，而且是造就全面发展的人的唯一方法。"②

（二）劳动创造价值

在经济学中，价值则是指凝结在商品中的无差别的一般性人类劳动。在哲学中，价值是指客体能够满足主体需要的效益关系，即客体对主体的有用性。客体满足主体需要的效益关系的生成，离不开人的创造性劳动。

处理人与自然的关系，运用自然规律满足人类的需要，离不开人的劳动。自然界是个宝库，为人类提供了各种各样的资源和能源，但这些资源和能源在进入人的视野前还是自在之物，属于潜在的资源，它与人的价值关系并没有形成，只有在劳动者的探索、发现、开采、发掘，经过进一步的加工改造，其价值的一面逐步展现出来，人的劳动付出越多，这种物体的价值也就越大。客观物体价值大小还取决于人对客观规律的掌握程度，人类对客观规律认识和探求得越深入，客体就能在更大程度上为人类所利用，因而它的价值也就越大。

探索社会发展规律，解决人与社会的矛盾，同样需要人的劳动付出。社会中的每个人、每个家庭、每个民族、每个群体、每个国家都有各自的特征、属性、需求，因而在社会交往中难免会产生纷繁复杂的矛盾，表现为经济、政治、文化、社会、环境保护等各个领域的矛盾。处理这些矛盾，需要研究者透过种种社会现象，揭示出人类社会的本质规律。人类探索社会发展规律，解决各种社会矛盾的过程，也就是创造价值的过程。

大发明家爱迪生曾经说过，世间没有一种具有真正价值的东西，可以不经过艰苦辛勤的劳动而能够得到的。劳动是价值的源泉，劳动是一切社会财富的源泉。对于劳动创造价值、创造财富的道理，中国古人概括为8个字，即"民生在勤，勤则不匮"，这也是中华民族勤于劳动、善于创造的真实写照。正是中国先辈们生生不息地辛勤劳动，我们拥有了历史的辉煌；也正是因为一代又一代华夏子孙的劳动创造，我们拥有了今天的成就。劳动创造了中华民族，造就了中华民族的辉煌历史，也必将创造出中华民族的光明未来。

① 马克思，恩格斯. 马克思恩格斯选集：第4卷［M］. 北京：人民出版社，1995：373 - 374.

② 马克思，恩格斯. 马克思恩格斯选集：第2卷［M］. 北京：人民出版社，1995：212.

（三）劳动创造美

谈到劳动创造美，我们首先要了解什么是美。

从字形上来看，美是从羊，从大，是个会意字。清代文字训诂学家、经学家段玉裁认为，古人以羊为主要副食品，肥壮的羊吃起来味很美，所谓"羊大则肥美"。但从最早的甲骨文字形来看，"大"的上部并不是羊字，而是像羽毛之类的装饰物。当一个人的头上装饰着高耸弯曲的羽毛或类似的头饰状，无疑是美的。在金文中，我们可以看到，羽饰下部多出两横，羽饰由四根变为两根，这样上部变得与"羊"相似了。其后的大篆、小篆、隶书都按照金文的这个结构进行了字体演变，于是就有了"羊大为美"的说法。

甲骨文　　　　　金文　　　　　金文大篆

小篆　　　　　繁体隶书

其实，无论是头顶装饰物的甲骨文，还是"羊大为美"的金文、篆体、隶书，都揭示出美的客观属性，即美的事物首先是一种客观存在，当这种客观事物进入人的主观世界，就会触及人的感官，给人以身心愉悦之感，因此这种主观感受就形成人的美感，所以这种事物是美的。

除了客观性，美还有社会性。美与丑相对，但美与丑的区别都是社会性的标准。一个客观事物不论其颜值多高，如果游离于人的世界之外，这个事物只能永远是孤立的自在之物，其美的属性无法展示出来，不能为人类所认知和感受，因而也谈不上美丑。

更重要的是，美的社会性在于人的劳动，因为劳动才是创造美、发现美的动力之源。现代城市拔地而起的一座座摩天大楼所展现的宏伟壮观之美，其背后是无数设计师、建筑工人的日夜奋战；北京故宫所蕴含的中国建筑天人合一的文化之美，其背后是中国古代能工巧匠们智力和体力的完美结合；南极洲冰天雪地的白色世界之美，其背后是勇于探知未知世界的探索者的牺牲和付出；复兴号列车发出的中国速度之美，是无数研发人员和铁路建设者、工厂工人的合力拼搏。校园的芳草之美来自辛勤园丁的劳作，身上的鲜衣与口中的美食源于无数人背后的默默付出的心血。

所以说，美的社会性在于劳动，只有劳动才能创造美、发现美、理解美，正如苏霍姆林斯基所说，"人在劳动中创造自己并理解劳动的美"①。

一切美的事物都是劳动创造出来的。"十亩之间兮，桑者闲闲兮，行与子还兮。十亩之外兮，桑者泄泄兮，行与子逝兮。"《诗经》中这首诗，给我们呈现的是采桑之时的农业劳动之美。李白笔下的"炉火照天地，红星乱紫烟。赧郎明月夜，歌曲动寒川"，描绘的是炼铁工人的工业劳动之美景。诗人范成大笔下的"昼出耘田夜绩麻，村庄儿女各当家。童孙未解供耕织，也傍桑阴学种瓜"，更是把传统社会乡村男耕女织、人口繁衍、家庭耕作的和谐图景描绘得淋漓尽致。这些古诗，让我们产生美感，就是因为诗人把劳动者的劳动场景逼真地呈现于我们眼前，使我们的内心产生愉悦和震撼。

美的本质是自由地创造性劳动。劳动创造美、发现美，但被动甚至被迫地劳动是难以产生美感的，因为缺失了自由创造性。无论何种劳动，只要是劳动者发自内心地心甘情愿，这种劳动就会自然孕育着美的种子，如美好的劳动成果、人物交互的互动之美、劳动者内心世界的感悟之美、劳动过程的有序之美，等等。这种劳动创造，即便结果不完满，但由于有了人的自由创造，劳动者对美的获得感仍然是十分强烈的。例如，我们心情愉悦地第一次学做饭，即使做出的饭菜有瑕疵，色香味不佳，但由于凝结了人的智慧和汗水，我们也会在心底认可，吃到嘴里时，心里会感到美滋滋的。自由自在的劳动与马克思提出的"人的自由而全面发展"，具有异曲同工之妙。"人的自由而全面发展"，不仅是未来社会的发展目标，更是人类从必然走向自由的过程，其中劳动发挥着关键性作用，劳动是"人的自由而全面发展"的风向标，当每个人能够自由自在地劳动，那么人的内心就与外在世界达到和谐一致，人对外部世界就极易获得美感，人类社会也就得以进入"人的自由而全面发展"的社会。

美既有按照物质的规律和使用价值需要的劳动创造之美，也有以审美价值为首要目标的劳动创造之美。以使用价值为目的而进行的劳动创造之美主要体现在物质层面上，而以审美价值为追求目标的劳动创造之美更多体现在精神上。艺术作为审美意识的物化形态，其呈现形式和内容多种多样，都是为了满足人们精神生活的需要而创造的，是人类社会生活的重要组成部分。艺术美的劳动创造是最高级形态的美的创造。

---

① 苏霍姆林斯基. 家长教育学 [M]. 杜志英等，译. 北京：中国妇女出版社，1982：241.

（四）劳动创造幸福

英国哲学家休谟说过："劳动本身构成了你追求的幸福的主要因素，任何不是靠辛勤努力而获得的享受，很快就会变得枯燥无聊，索然无味。"① 美国科学家本杰明·富兰克林也指出，劳动是幸福之父。马克思在《青年选择职业时的考虑》一文中，指出了什么是劳动创造的真正幸福。他说："如果一个人只为自己劳动，他也许能够成为著名学者、大哲人、卓越诗人，然而他永远不能成为完美无疵的伟大人物。"② 他还说："历史承认那些为共同目标劳动因而自己变得高尚的人是伟大人物；经验赞美那些为大多数人带来幸福的人是最幸福的人。"③

马克思告诉我们，辛勤劳动、诚实劳动就个人而言，能够成就个人的事业，创造个人的幸福，但这种幸福是一般意义上的幸福，真正的幸福则是通过劳动付出，为大多数人谋幸福、为社会创造价值，把个人的幸福融入多数人的幸福之中。今天，中国特色社会主义进入了新时代，中华民族迎来了从站起来、富起来到强起来的新时期，这为广大青年提供了施展才华的广阔舞台。当代青年生逢其时，重任在肩，当把个人的发展目标融入国家发展和民族振兴中，就能够真正体会到马克思所说的这句话的含义：即"为大多数人带来幸福的人是最幸福的人"。

"人生在勤，不索何获。"机遇就像太阳普惠给每个人的都是 24 小时一样的公平，幸福都是自己奋斗出来的。天上不会掉馅饼，人生没有免费的午餐，幸福不会从天而降。人世间的一切成就、一切幸福都源于劳动和创造。正如习近平总书记在2013 年 4 月 28 日，同全国劳动模范代表座谈讲话时所指出的那样："人世间的美好梦想，只有通过诚实劳动才能实现；发展中的各种难题，只有通过诚实劳动才能破解；生命里的一切辉煌，只有通过诚实劳动才能铸就。"④

"少年辛苦终身事，莫向光阴惰寸功。"每一位追求幸福的有志者，不负韶华，珍惜时光，谨记并践行辛勤劳动、诚实劳动和创造性劳动的理念，一定会拥有幸福的人生。

（五）劳动推动并最终实现人的自由而全面发展

劳动造就人的全面发展。恩格斯早就指出："生产劳动同智育和体育相结合，它不仅是提高社会生产力的一种方法，而且是造就全面发展的人的唯一方法。"⑤ 因为劳动具有以劳树德、以劳促智、以劳强体、以劳育美的综合育人功能。

---

① 张启明. 世界名人经典妙语快读 [M]. 新疆：新疆美术摄影出版社，2011：175.
② 马克思，恩格斯. 马克思恩格斯全集：第 40 卷 [M]. 北京：人民出版社，1982：7.
③ 马克思，恩格斯. 马克思恩格斯全集：第 40 卷 [M]. 北京：人民出版社，1982：7.
④ 习近平. 习近平谈治国理政：第 1 卷 [M]. 北京：外文出版社，2014：46.
⑤ 马克思，恩格斯. 马克思恩格斯选集：第 3 卷 [M]. 北京：人民出版社，1995：673.

马克思在《哥达纲领批判》中指出："在共产主义社会高级阶段上，迫使奴隶般地服从分工的情形已经消失，从而脑力劳动和体力劳动的对立也随之消失之后；在劳动已经不仅是谋生的手段，而且本身成了生活的第一需要之后；在随着个人的全面发展，他们的生产力也增长起来，而集体财富的一切源泉都充分涌流之后，——只有在那个时候，才能完全超出资产阶级权利的狭隘眼界，社会才能在自己的旗帜上写上：各尽所能，按需分配！"① 也就是说，基于劳动的创造实现了生产力的高度发展，社会财富得以极大地丰富，出于生存目的的劳动虽然存在，但它已处于从属地位，比生存更重要的是人们在劳动过程的自我实现和自由创造，是人的真正自由而全面的发展。"人的自由而全面发展"是马克思、恩格斯在《共产党宣言》中提出的人类摆脱束缚、获得解放的奋斗目标，也是未来共产主义社会人的存在和发展方式。在生产力不发达、旧的社会分工束缚尚未打破的时代，人们基于生存而不得不劳动，劳动只能是谋生的手段。在生产力高度发达、社会财富的源泉充分涌流的未来共产主义社会，劳动不仅是谋生的手段，而是生活的第一需要，是人们享受生活的方式。在那时，这种劳动完全是一种自由的创造性活动，是人的自由心智运用和全面发展的展现。所以马克思预言："生产劳动给每一个人提供全面发展和表现自己全部的即体力的和脑力的能力的机会，这样，生产劳动就不再是奴役人的手段，而成了解放人的手段，因此，生产劳动就从一种负担变成了一种快乐。"②

二、劳动的地位

2013 年 4 月 28 日，习近平总书记在同全国劳动模范代表座谈时的讲话中指出："必须牢固树立劳动最光荣、劳动最崇高、劳动最伟大、劳动最美丽的观念，让全体人民进一步焕发劳动热情、释放创造潜能，通过劳动创造更加美好的生活。"③ 习近平总书记关于劳动"四最"的重要论述，从价值评判、目标追求、历史创造和审美活动四个方面明确表明了劳动的重要地位。

劳动最光荣。古今中外，基于劳动在人类社会生活中的重要作用，人们都把劳动视为光荣之举，鄙视不劳而获者。"锄禾日当午，汗滴禾下土。谁知盘中餐，粒粒皆辛苦。"这是对农业劳动者的讴歌。"不稼不穑，胡取禾三百廛兮？不狩不猎，胡瞻尔庭有县貆兮？彼君子兮，不素餐兮！"这是对不劳而获者的谴责。

① 马克思，恩格斯. 马克思恩格斯选集：第 3 卷 [M]. 北京：人民出版社，2012：364 - 365.
② 马克思，恩格斯. 马克思恩格斯文集：第 3 卷 [M]. 北京：人民出版社，1995：644.
③ 习近平. 习近平谈治国理政：第 1 卷 [M]. 北京：外文出版社，2014：46.

从社会主义 500 余年的发展历史来看，社会主义思想家们一直在倡导追求劳动光荣的思想。17 世纪意大利的康帕内拉，是继社会主义思想的鼻祖，即英国思想家莫尔之后的第二位伟大的空想社会主义思想家，他在《太阳城》这本书中，第一次在社会主义思想史上提出了劳动光荣的思想，他反对剥削和寄生现象，主张人人劳动，而且天才地预见未来社会的劳动性质和劳动态度将发生变化，任何工作都没有高低贵贱之分，精通技艺和手艺固然会格外受人重视和尊敬，但"谁也不会认为在食堂和厨房工作或照顾病人等等是一些不体面的工作"，"每个人无论分配他做什么工作，都能把它看作是最光荣的任务去完成"①，"只有很少的人怀着非常厌恶的心情去从事艺术工作和手工业，去耕耘土地和服兵役"②。

法国的让·梅叶、摩莱里是第二代空想社会主义思想家。让·梅叶提出"流汗是道德之源，而劳动是光荣之本"③ 的观点，认为劳动不仅创造物质财富、保证人们过上幸福生活，也是锻炼人们优秀品质和高尚道德情操的必要手段。

18 世纪，法国著名的空想社会主义思想家摩莱里在其《自然法典》中继承和发展了康帕内拉的劳动光荣的思想，提出在未来社会每个人都自觉参加劳动，劳动是每个公民的光荣权利和幸福的事业，"同心协力使劳动变成了有趣和轻松的活动"④，如果谁犯了错误，就应当惩罚他停止劳动，使他享受不到劳动带给人的幸福和愉悦。

法国空想社会主义思想家圣西门，被马克思、恩格斯批判地吸取了其空想社会主义思想的根本内容，而创立了科学社会主义。圣西门公开宣称劳动光荣，"一切人都要劳动""有益的活动是一切美德之本，而游手好闲则是万恶之母"⑤，"一切人都要劳动，都要把自己看成属于某一工场的工作者"⑥，不劳动者不得食。

傅立叶认为，在未来社会里，"教育的目的在于实现体力和智力的全面发展"，劳动是建立在协作制度前提下的"以诚实和诱人的劳动为基础的正面世界"，人人都按照自己的兴趣爱好参加劳动，劳动恢复了它本身的面貌，不再是一种负担，而是变成了一种享受。

"劳动光荣"是一种对劳动的褒扬，是劳动者通过劳动成果从外部获得的一种赞扬和荣誉。"劳动光荣"不是一种从外向内的赞扬，相反，它表明的是一个人从

---

① 康帕内拉. 太阳城 [M]. 陈大维等，译. 北京：商务印书馆，1982：23.
② 康帕内拉. 太阳城 [M]. 陈大维等，译. 北京：商务印书馆，1982：23.
③ 让·梅叶. 遗书：第 2 卷 [M]. 陈太先，眭茂，译. 北京：商务印书馆，1959：99.
④ 摩莱里. 自然法典 [M]. 黄建华，姜亚洲，译. 北京：商务印书馆，1982：164.
⑤ 圣西门. 圣西门选集：下卷 [M]. 何清新，译. 北京：商务印书馆，1962：115.
⑥ 圣西门. 圣西门选集：上卷 [M]. 何清新，译. 北京：商务印书馆，1962：86.

自身的劳动成果之中获得一种本质力量的确证和肯定，这种确证和肯定是一种潜能的实现、能力的表现以及由此而获得的愉悦和幸福感。

因此说，劳动只有分工不同，没有高低贵贱之别，无论简单劳动还是复杂劳动都是社会所需要的劳动，无论体力劳动还是脑力劳动，都是创造价值的劳动，无论是知识分子还是农民或工人，都是平等的劳动者。习近平总书记强调"辛勤劳动为荣，好逸恶劳为耻"。不管从事什么劳动、何种职业，只要爱岗敬业、勇于创新、争创一流，都为社会发展和进步做出了贡献，都是社会进步的推动者，都是光荣的劳动者。

劳动最崇高。1918 年 11 月 16 日，北京大学校长蔡元培发表了题为《劳工神圣》的演讲，提出了体力劳动和脑力劳动都是有价值、有益社会的劳动，提出了劳工神圣的思想，开启了近代社会对劳工价值的重新认识和定位，这是劳动最崇高的早期表达。劳动需要劳动者付出脑力和体力，需要敬业和热情，正是一代又一代劳动者的辛勤付出，使人类社会摆脱蒙昧，走向文明。劳动是一项创造性的活动，需要发挥劳动者的积极性、主动性和创造性，千千万万劳动者的创新创造，让我们生存的世界多姿多彩，使我们的生活充满乐趣。

劳动最伟大。劳动的伟大在于劳动的创造性。劳动的力量最强大，劳动创造出自然界原本没有的万事万物，从摩天大楼到高速公路，从深海载人潜水器到太空飞船，从纳米机器人到互联网，上天入地下海，都是劳动者汗水和智慧的结晶，是劳动创造世界的生动写照。

劳动是人民群众创造历史的利器。劳动不仅创造了人类社会，劳动还是人类社会发展的根本动力。人民群众作为历史的创造者、推动者，归根到底都是通过一项项具体的劳动实践活动推动历史的车轮。人民群众依靠劳动不仅创造出巨大的物质财富，而且创造了人类灿烂的文化。"百尺竿头立不难，一勤天下无难事。"这是伟大的劳动人民在劳动实践中得出的智慧总结。

劳动最美丽。劳动创造美，美是人的本质力量对象化。人世间一切美好的事物都是劳动创造的，人通过劳动使自在自然变为人化自然，自然界打上了人的目的和意志的烙印，使人感知到客观世界之美。劳动之美，表现在劳动主体美、劳动过程美、劳动成果美。劳动主体就是劳动者，劳动者奉献智力和体力，为世界添砖加瓦，为他人带来便利，是美的本质的呈现。劳动过程既是人的本质力量展现的过程，也是美的实现历程，劳动过程之美在某种程度上令人更具有愉悦感、获得感，更能滋养人的心灵和灵魂，给人美的享受。劳动成果是美的历程的终点和定格，劳动成果丰富了我们的精神生活和物质生活，不断满足着人们对美好生活的向往和追求。

第三节 我国的劳动节日

古今中外，人们对劳动在人类社会生活中作用和地位的认识是高度一致的。因此，各个国家或民族都有专门的劳动节日，以此来提醒全社会铭记维系整个社会运转的"太阳"，不要忘记劳动之本。

一、中国古代的劳动节

现代意义上的劳动节，是近代以来随着工业生产的发展，由工人阶级经过长时期的争取而设置的。而在工业革命以前的农业文明时代，中国就出现了劳动节。中国古代的劳动节，是与中国厚重的农耕文化休戚相关的。在传统的农业经济时代，农业是社会生产的主业，粮食生产对人口繁衍、政权建设、社会稳定、边疆和领土安全都具有至关重要的作用，加之农业生产力水平低，物质产品极度匮乏，因此，有远见的统治者都非常重视农业生产劳动，并设置了"劳动节"，每年举行亲耕礼，体验劳动的艰辛，倡导全社会注重农业生产。

中国古代的劳动节是每年的农历二月二。据晋代文学家皇甫谧的《帝王世纪》记载，"三皇五帝"之一的伏羲、神农"重农桑，务耕田"，在每年农历二月初二，都会率领各部落联盟的首领"御驾亲耕"，老百姓也在这一天开始下田耕作。之后，各朝代帝王纷纷效仿。司马迁的《史记》记载：西周时期，周武王在每年二月二率文武百官亲自躬耕，并将这一天定为"春龙节"。

"二月二，龙抬头"，这是在民间流传深远的说法，其中的"龙"指的是二十八宿中的东方苍龙七宿星象①。每年仲春（农历二月）时节，"龙角星"（角宿一星和角宿二星）就从东方地平线上升起，故称"龙抬头"。在农耕文化中，"二月二，龙抬头"具有重要的象征意义，即象征着阳气生发，雨水增多，万物复苏，生机益

① 上古时代人们选择黄道附近的 28 组星象定为坐标，以此作为观测天象参照物。古人根据日月星辰的运行轨迹和位置，把黄道附近的星象划分为二十八组，俗称"二十八宿"。因为它们环列在日、月、五星的四方，很像日、月、五星栖宿的场所，所以称作"宿"。"二十八宿"按照东、西、南、北四个方向划分为四大组，产生"四象"：东方苍龙，西方白虎，南方朱雀，北方玄武。在东方的 7 个宿分别叫作："角、亢、氐、房、心、尾、箕"，七宿组成一个完整的龙形星象，人们称它为"东方苍龙"，其中"角宿"代表龙角，"亢宿"代表龙喉，"氐宿"代表龙爪，"心宿"代表龙心，"尾宿"和"箕宿"代表龙尾。在冬季，这苍龙七宿都隐没在北方地平线下。仲春时节（惊蛰至春分间），角宿（角宿一星和角宿二星）就从东方地平线上出现了，这时整个苍龙的身子还隐没在地平线以下，只是角宿初露，故而称之为"龙抬头"。

然，春耕由此开始。因而有"二月二龙抬头，大家小户使耕牛"的谚语，另外，各地区还有各具特色的风俗活动，其中最大的民间风俗是"剃龙头"，不管是老人还是小孩，都争相在这一天理发，让自己焕然一新，预示着可以求得一年的好运。

到了唐代，二月二被官方正式定名为"耕事节"或"劳农节"，皇帝在这一天要率领文武百官耕田劳作，以示对农业生产的重视。为配合节日的喜庆气氛，农民在下地播种时，通常在农具上绑上喜庆的红绸。到宋元时，二月初二含义扩大到"花朝节""踏青节"，但它所表达的春耕劳作、万物生机盎然的意义是显而易见的。

明清两代对二月二这个"劳动节"更为重视。明代永乐年间，出于皇帝祭祀亲耕之便，专门在北京修建了先农坛，并设置了一亩三分田地，以供皇帝及大臣们祭祀先农神后亲耕。皇帝行亲耕礼毕后，就会走上观耕台观看王公大臣耕作。

历代帝王纷纷效仿亲耕之礼，以示率先垂范，以农为本。而将这个御驾亲耕的"劳动节"发挥做得最好的，应该是清代的雍正。雍正在位时，设立"一亩园"，每年二月初二，皇帝都会亲率百官和皇后、宫女到专门开辟的"一亩园"（今海淀圆明园西侧）扶犁耕田。后来的乾隆也效仿先皇打理一亩园，却不像雍正坚持到底。到了乾隆后期，一亩园渐渐荒弛，到后来嘉庆、道光年间一亩园则彻底废弃。一亩地便知君王，贤能与否在这一亩园中显露无遗。清朝还有规定："凡七十以上耕者，免赋税杂差，劳农节赏绢一匹，棉十斤，米一石。"民间的歌谣唱道："二月初二龙抬头，天子耕地臣赶牛，正宫娘娘来送饭，当朝大臣把种丢，春耕夏耘率天下，五谷丰登太平秋。"感怀天下的统治者往往能在劳动中体会到民间疾苦，从而轻徭薄赋，与民生息。在以农为本的中国古代，农历二月二是耕种开始的日子，这一天的重要性不言而喻，由此来说，这一天便是古代的"劳动节"。

二、五一国际劳动节

五一国际劳动节，顾名思义，是在每年的 5 月 1 日，它是世界上 80 多个国家的全国性节日，也是全世界无产阶级、劳动人民的共同节日。然而，这个节日来之不易，它是世界工人阶级在近百年的争取 8 小时工作制的斗争中产生的。

在资本主义生产方式的初期，资本家为了得到更多的剩余价值，通常的做法就是延长工人劳动时间，因而工人的工作日时间通常在 18 小时左右，这一做法引起了英格兰纺织工人的激烈反抗。在工人阶级的斗争下，英国国会通过一个不充分的工厂法，规定工作日时间为 15 小时，规定童工不得超过 12 小时。然而，资本家们并不遵守这一规定，关于工作日的工厂法沦为一纸空文。在世界各国工人要求缩短工时的继续斗争下，美国于 1844 年、1847 年、1850 年相继颁布工厂法，规定工作日为 12 小时、10 小时。其后，工人阶级继续为缩短工时而斗争。英国的建筑工人、机器制造工人、纺织工人和煤矿工人发动罢工运动，要求实现 9 小时工作制。1871 年，英国东北海岸机器工人经过 5 个月的罢工斗争，取得了 9 小时工作制的胜利。随着资本主义固有矛盾的加剧及工人阶级生活状况的恶化，世界各国工人阶级开始争取 8 小时工作制。英国纺织工人在 1834 年 3 月 1 日号召争取 8 小时工作制的"总罢工"，这比美国 1886 年 8 小时工作日大罢工早了半个世纪。[①] 1866 年 8 月，美国工人在巴尔的摩召开全美工人大会，号召美国各州都实行 8 小时标准劳动日。国际工人协会第一次代表大会于 1866 年 9 月 3 日召开，大会通过了"8 小时工作制"这一口号。

1886 年 5 月 1 日，美国 35 万工人开展罢工和示威游行，要求改善劳动条件、实行 8 小时工作制。芝加哥是罢工运动的中心，有 21 万工人参加了大罢工，经过艰苦的流血斗争，终于获得了胜利。为纪念这次伟大的工人运动，1889 年 7 月，恩格斯领导的第二国际在巴黎举行代表大会，大会根据法国代表团的提议通过决议，宣布将每年的 5 月 1 日定为国际劳动节。这一决定立即得到世界各国工人的积极响应。1890 年 5 月 1 日，欧美各国的工人阶级率先走向街头，举行盛大的示威游行与集会，高喊"全世界无产者，联合起来""8 小时工作制"等口号，争取合法权益。从此，每逢这一天，世界各国的劳动人民都要集会、游行，以示庆祝。

中国人民庆祝劳动节的活动最早可追溯至 1917 年。这一年的 5 月 1 日，我国哈尔滨铁路工人同俄国工人集会庆祝五一劳动节。1918 年，一些革命的知识分子在上海、苏州、杭州、汉口等地向群众散发介绍五一的传单。1919 年 5 月 1 日，北京《晨报》第七版"文化副刊"刊登了"五一劳动节纪念"专号，介绍了欧洲国际劳动大会的盛况。1920 年 5 月 1 日，《新青年》出版发行了第 7 卷第 6 号"劳动节纪念号"，李大钊撰写的《"五一"运动史》为其发刊词，同时，还刊发了蔡元培"劳工神圣"、孙中山"天下为公"的题词以及陈独秀的《上海厚生纱厂湖南女工问题》等文章。这一天，北京、上海、广州、九江、唐山等各工业城市的工人群众浩浩荡荡地走向街市，举行了声势浩大的游行、集会。1921 年 5 月 1 日，中国共产党领导举行了第一次五一劳动节纪念大会，在邓中夏等人的领导下，长辛店的工人阶级成立了俱乐部、劳动补习学校。1922 年 5 月 1 日，第一次全国劳动大会在广州召开，通过了 8 小时工作制等决议，并承认中国共产党是中国工人运动的唯一领导者。

---

① 参见威廉福斯特.世界工会运动史纲［M］.上海：三联书店，1961：34.转引自傅也俗.五一节的起源［J］.世界知识，1964（4）.

新中国成立后，中央人民政府政务院于 1949 年 12 月将 5 月 1 日定为法定的劳动节，全国放假一天。

三、专门的行业性节日

除了五一国际劳动节之外，我国还有一些行业性节日，这是根据这些行业从业人员的工作性质及职业特点，为表彰各行业从业者所做的贡献、大力弘扬职业精神而设置的。

（一）护士节

国际护士节是每年的 5 月 12 日，是为纪念现代护理学科的创始人弗洛伦斯·南丁格尔于 1912 年设立的节日。南丁格尔是英国的一位护士，在 1854—1856 年的英法联军与沙俄交战期间，她奔赴前线参加护理伤病员的工作。在战地医院，她积极钻研护理业务，改善病室的卫生条件，并加强对病人的护理和营养，使伤病员死亡率从 42% 下降到 2.2%。其后，她撰写了护理工作教材，创办了世界上第一所正规护士学校，推动了世界各地护理工作和护士教育的发展，因此，被誉为"近代护理创始人"。为纪念南丁格尔为护理事业做出的贡献，在南丁格尔 1910 年逝世后，国际护士理事会于 1912 年将她的生日 5 月 12 日定为"国际护士节"。这一节日的基本宗旨是倡导、继承和弘扬南丁格尔不畏艰险、甘于奉献、救死扶伤、勇于献身的人道主义精神。

（二）教师节

我国的教师节是每年的 9 月 10 日，是为肯定教师为教育事业所做的贡献而设立的。在此之前，曾多次以不同的日期作为教师节。新中国成立前，教育家邰爽秋、程其保等人联络京、沪教育界人士，在 1931 年提出把 6 月 6 日设立为教师节，但这个教师节并没有被当时的国民党政府认可。1939 年，国民党政府决定把孔子的诞辰日 8 月 27 日设立为教师节，并颁发了《教师节纪念暂行办法》，但当时未能在全国推行。新中国成立后，曾先后把 6 月 6 日、5 月 1 日作为教师节。改革开放后，为适应教育要面向现代化、面向世界、面向未来的需要，摘掉教师"文革"时期"臭老九"的帽子，重扬尊师重教传统，重视教育，一些人大代表不断提出提高教师地位、设立教师节的建议和议案。1985 年 1 月，第六届全国人大常委会第九次会议通过了国务院关于建立教师节的议案，确定每年的 9 月 10 日为教师节。但在中国的台湾地区，从 1952 年起台湾当局就确定 9 月 28 日为孔子诞辰日及教师节。

（三）中国农民丰收节

中国农民丰收节是由党中央批准、国务院 2018 年批复设立的节日，时间为每年农历的"秋分",这是第一个在国家层面专门为农民设立的节日。《春秋繁露·阴阳出入上下篇》记载:"秋分者,阴阳相半也,故昼夜均而寒暑平。"秋分是我国农历二十四节气中的第 16 个节气,秋分平分秋季,日夜等长,气候由热转凉。秋分曾是传统的"祭月节",中秋节由秋夕祭月演变而来。

秋分也是农业生产上的重要节气,农谚中的"白露早,寒露迟,秋分种麦正当时"的说法,就是华北一带中国古人农耕智慧的结晶。中国是一个农业大国,农村人口占多数,农业生产的集约化、现代化还有待提高,把中国人的饭碗牢牢端在自己手上,实施乡村振兴战略,对实现富强、民主、文明、和谐、美丽的社会主义现代化强国具有重要意义。因此,在瓜果飘香,蟹肥菊黄,处处呈现一派农业丰收景象的秋分时节,中国政府设立了中国农民丰收节。

中国农民丰收节的设立,充分体现了以习近平同志为核心的党中央对"三农"工作的高度重视,不仅有助于调动起亿万农民的积极性、主动性、创造性,展示农村改革发展的巨大成就,而且能够更好地传承和展示中华优秀农耕文化,推进乡村振兴战略的实施。为了更好地宣传中国农民丰收节,宣传中国农业生产的成就,宣传农民为国家建设做出的巨大贡献,2020 年 5 月,中国农民丰收节组织指导委员会决定从相关领域聘请一批杰出代表,参与丰收节的民俗、文化、科技、旅游等公益宣传活动,承担在各自领域的公益推广义务。首批获聘推广大使的 6 个人分别是袁隆平(已故)、申纪兰(已故)、冯巩、海霞、冯骥才、李子柒。

(四)中国人民警察节

"有困难,找警察""有困难,就打 110",这是人们耳熟能详、挂在嘴边的话。革命战争年代,牺牲付出最多的是军人;在和平建设时期,牺牲付出最多的当属警察。哪里有危险,哪里就有警察。亮正义之剑,守万家灯火,维护社会安定,保障人民安宁,这是人民警察的光荣使命,也是广大民警职业生活的真实写照。为弘扬警察职业精神,增强全警的职业荣誉感、自豪感、归属感,2020 年 7 月 21 日,国务院发布《关于同意设立"中国人民警察节"的批复》,同意自 2021 年起,将每年 1 月 10 日设立为"中国人民警察节"。"中国人民警察节"是在国家层面专门为人民警察队伍设立的节日,是对人民警察队伍为党和人民利益英勇奋斗的充分肯定。

(五)记者节

记者节在各国国家称谓不一致,有些国家又称新闻节、出版节。苏联出版节是 5 月 5 日。1922 年 3 月俄共(布)第十一次代表大会做出决议,以《真理报》创刊日(5 月 5 日)为全俄出版节。

韩国的新闻节是 4 月 7 日。1896 年 4 月 7 日,朝鲜医生徐弼博士在汉城创办朝鲜第一家民营报纸《独立新闻》，初为周三刊，两年后改为日报。为纪念朝鲜第一家民营报纸的诞生，韩国建国后将 4 月 7 日这一天定为韩国的新闻节。

1990 年前的匈牙利，其记者节是 12 月 7 日。这是为了纪念 1918 年的这一天诞生了匈牙利共产党的第一家报纸《红色权利报》。

旧中国的记者节是 9 月 1 日，1934 年杭州市记者公会通电全国，要求定 9 月 1 日为记者节，以纪念国民政府 1933 年 9 月 1 日颁布《保护新闻工作人员及维护舆论机关》的命令一事。由于得到了全国新闻界的赞同，国民政府承认 9 月 1 日为中国记者节。陕甘宁边区建立后，延安的新闻工作者每年都在这一天举行纪念活动。

中华人民共和国的记者节是 11 月 8 日。中国记协成立于 1937 年 11 月 8 日，为纪念这个日子，中国记协于 2000 年 1 月 25 日正式向国务院提出《关于确定"记者节"具体日期的请示》，国务院于 2000 年 8 月 1 日正式批复中国记协，同意将 11 月 8 日确定为中国"记者节"。

（六）中国医师节

2016 年 8 月 19 日，新世纪第一次全国卫生与健康大会召开，习近平总书记与会并发表重要讲话，指出了卫生与健康工作在党和国家事业全局中的重要地位。由于这次会议是进入 21 世纪以来召开的关于卫生与健康工作的第一次会议，因而中国医师节确定为每年的 8 月 19 日，这也是一个在国家层面设立的节日。2017 年 11 月 3 日，为了激励广大卫生与健康工作者大力弘扬"敬佑生命、救死扶伤、甘于奉献、大爱无疆"的崇高精神，进一步推动全社会形成尊医重卫的良好氛围，加快推进健康中国战略深入实施，国务院通过了卫计委（今卫健委）关于"设立中国医师节"的申请，同意自 2018 年起，设立中国医师节。中国医师节是经国务院同意设立的卫生与健康工作者的节日，体现了党和国家对 1100 多万卫生与健康工作者的关怀和肯定。

除以上节日之外，极富劳动蕴含的还有植树节。植树节是为了组织动员广大人民群众积极参加植树造林活动而设立的节日。我国现行的植树节为每年的 3 月 12 日。新中国成立前，林学家凌道扬、韩安、裴义理等人于 1915 年倡议设立植树节，时间为每年的清明节。1928 年，国民政府为纪念孙中山逝世三周年，决定将植树节改为 3 月 12 日。新中国成立后的 1979 年，在邓小平提议下，第五届全国人大常委会第六次会议决定将每年的 3 月 12 日定为中国植树节。前人栽树，后人乘凉。每年的 3 月 12 日，我们进行植树造林活动，一方面是对伟大的民主革命先驱者孙中山的纪念，缅怀他领导辛亥革命、推翻封建专制主义制度进程中的丰功伟绩；另一方面也是践行习近平生态文明思想，倡导和实践"绿水青山就是金山银山"的生态理念。

思考题

1. 谈谈劳动的字源含义。
2. 如何理解劳动不同于一般性的实践活动?
3. 如何对劳动进行分类?
4. 劳动在人类社会生活中具有怎样的作用?
5. 如何理解劳动的重要地位?
6. 如何理解各种劳动节日的文化意义?

第 二 章

优化劳动条件， 端正劳动态度

"政治经济学家说：劳动是一切财富的源泉。其实，劳动和自然界在一起才是一切财富的源泉，自然界为劳动提供材料，劳动把材料转变为财富。"① 恩格斯告诉我们：劳动创造财富并不是无中生有，也需要具备一定的物质条件，才能把劳动的过程变成创造财富的过程。

第一节　劳动条件概述

一、劳动条件的含义

"巧妇难为无米之炊""没有金刚钻，揽不下瓷器活""磨刀不误砍柴工"，这些耳熟能详的谚语，都告诉我们这样一个道理，即任何劳动实践活动都必须建立在一定的基础之上。换句话说，人类劳动实践活动的顺利开展，要具备必要的劳动条件，特别是人类社会发展到今天，科学技术在人类改造自然和社会的过程中得到广泛应用，人的实践活动借助于机器设备等现代化工具，大大提高了劳动效率。但是，在劳动条件不充分甚至最基本的劳动条件不满足的情况下，盲目进行劳动实践，这实质上是违背了劳动活动的客观规律，不仅达不到预期的劳动效果，还将为此付出代价。

劳动条件如此重要，那么什么是劳动条件？

---

① 马克思，恩格斯. 马克思恩格斯文集：第 9 卷 [M]．北京：人民出版社，2009：550.

在不同的学科领域，劳动条件具有不同的含义，即便是在同一学科，对劳动条件这一概念的认知也存在不同解释。如在法学学科领域，有的学者认为，劳动条件是指用人单位为劳动者提供符合国家劳动安全卫生标准的工作环境；有的学者认为，劳动条件是用人单位为劳动者提供的生产资料或者说是物资条件；也有的学者认为，劳动条件是指用人单位对劳动者从事某项劳动提供的必要条件，包括劳动保护条件和其他劳动条件；还有学者认为，劳动条件包括工资待遇、劳动环境、劳动时间、休息休假、社会保险等。从争论的焦点来看，实际上是对劳动条件概念外延如何界定产生了分歧。

仅就法学领域来说，劳动条件也有广义和狭义之分，从劳动者接受用人单位聘用、参加劳动而言，用人单位提供的工作环境、福利待遇、工资待遇、劳动时间等都可以看作是劳动条件，这是广义劳动条件的概念。狭义的劳动条件，则是指劳动者根据劳动合同约定履行其义务所必须具备的工作条件。从狭义角度来看，劳动条件概念引起的争议之处在于，劳动条件是否包括劳动保护。从《中华人民共和国劳动法》和《中华人民共和国劳动合同法》有关劳动合同必备条款的规定来看，都把劳动保护和劳动条件并列为劳动合同应当具备的一个条款，在《中华人民共和国劳动合同法》第 38 条第 1 款第 1 项，关于劳动者及时解除劳动合同权利的规定中，也把劳动条件和合格安全生产条件并列为一项。从立法上来看，劳动条件包括了劳动保护条件。

因此，从《中华人民共和国劳动法》的角度来讲，劳动条件是指劳动者在劳动生产过程中，关系劳动者的安全、卫生和劳动程度等所必需的物质设备条件，如有一定空间和阳光的厂房、通风和除尘装置、安全和调温设备以及卫生设施等。

《现代劳动关系辞典》认为，广义的劳动条件是指劳动者借以实现其劳动的物质条件，包括劳动资料、劳动工具、劳动环境等；狭义的劳动条件是指有关生产过程中劳动者的安全、卫生和劳动强度等方面的条件，如厂房建筑和机器设备的安全状况、车间温度、湿度、通风、照明等条件，防护用品、安全卫生设施、机械化程度等。

在《现代汉语辞典》中，劳动条件是指劳动者与资方对工时、工资、休假、休息、医疗、安全卫生、抚恤等的约定，也称作工作条件。

"劳动修养"中所讲的劳动条件是指满足劳动实践活动顺利开展的要求而必须具备的各种要素，包括劳动者自身的主观条件，也包括劳动者之外的客观条件。

劳动条件的好坏关系着广大劳动者的安全与健康。在资本主义制度下，不变资本的节约是提高利润率的因素之一。资本家为追求最大限度的利润，尽量减少有关劳动者安全、卫生方面的开支，造成劳动条件恶化，使工人的人身安全没有保障，健康水平受到影响，职业病增加，工伤事故增多。只是由于工人阶级的长期斗争，才迫使资本家不得不对劳动条件进行某些改善。在社会主义制度下，劳动者是生产资料和社会生产的主人，劳动者的安全和健康受到高度重视和保护。

《中华人民共和国宪法》第四十二条规定："国家通过各种途径，创造劳动就业条件，加强劳动保护，改善劳动条件，并在发展生产的基础上，提高劳动报酬和福利待遇。"

为此，国家还制定和颁布一系列法律、法令、条例和规章。根据《中华人民共和国劳动法》的有关规定和安全生产方针，各级政府机关、经济部门、企业单位及其管理人员，都必须采取各种组织措施和技术措施，为劳动者提供良好的劳动环境和劳动条件，保护和增进劳动者的健康，尽量防止由于生产过程中存在危险因素或致病因素而使劳动者受到人身伤害，避免人力、财力和物力出现不应有的损失。

二、劳动条件的分类

根据上述劳动条件的内涵可知，劳动条件分为主观条件和客观条件。

（一）主观条件

主观条件是指劳动者进行劳动必须具有的基本身体素质、心理素质和技能素质，即具有健康强壮的身体、健全的心智和必要的技能。

1. 身体素质

古希腊哲学家赫拉克利特说："没有健康，智慧就难以表现，文化无从施展，力量不能战斗，财富变成废物，知识也就无法利用。"

身体素质是生命质量的基础，也是劳动得以进行的首要物质条件，也就是我们经常说的，"身体是革命的本钱"。没有健康的身体，劳动活动展开就会受到限制。

因此，无论何种形式的劳动活动，都对劳动者的身体素质有一定的要求，如对肢体的健全及柔韧度、心脏的承受力等等，如果劳动者达不到其基本要求，就难以胜任这一劳动岗位。各个用人单位对设置的劳动岗位招聘时，要对应聘人员进行必要的体质体能检测，只有检测合格者才能从事相应劳动工作，这既是对劳动单位进行正常的劳动生产经营负责，更是对劳动者个人的生命健康负责。不管是保障劳动活动的顺利进行，还是追求幸福美好的生活，我们都应把身体健康放在第一位。

2. 心理素质

健全的心智、健康的心理是劳动开展的必要的心理素质条件。

健全的心智是指劳动者应具有正常的思维、判断和辨析能力，能够根据劳动目标和要求进行劳动操作，实施劳动行为，以必要的劳动工具作用于劳动对象，完成相应的劳动任务，达到理想的劳动效果。

良好的心理素质不仅能促进身体健康，减少身体疾病的发生，而且能提高生活挫折和劳动磨难的耐受力，增强克服困难、战胜挫折的毅力和信心。

案例：郎平

说起朗平，家喻户晓。她是一名优秀的排球运动员，更是一名伟大的排球教练员。当中国女排处于低谷时，她再次拿起中国女排的教鞭，顶住"带队获得世界亚军都是'失败'的"压力，带着中国女排的姑娘们拿到了3个世界冠军，为国争光，为民建功。这需要多么强大的心理素质才能做到呢？

所以说，心理素质与身体素质在劳动过程中同样重要。

3. 技能素质

万事都要讲究方法、技巧，体现在一个劳动者身上，就是劳动技能、劳动技术。人非生而知之者，一个人的劳动技能是在后天学习和培训中形成的。俗话说，艺高人胆大。技能熟练，技术高超，方法得当，劳动效率才能事半功倍。劳动技能熟练的关键在于掌握事物的本质和规律，"庖丁解牛"的故事中，庖丁之所以"手之所触，肩之所倚，足之所履，膝之所踦，砉然向然，奏刀騞然，莫不中音"，就在于庖丁"之所好者，道也，进乎技矣"。也就是说，庖丁解牛能够游刃有余，发出的声音合乎《桑林》《经首》两首乐曲音律，被梁惠王连声赞叹，原因就在于庖丁经过19年的实践，其解牛技术达到了非常高超的水平。

其实，各行各业，各个工作岗位，都需要劳动者具备娴熟的劳动技能，特别是在现代社会，科学技术与劳动生产、社会生活融合得越来越紧密，劳动岗位对劳动者的科学文化、技能素质提出了更高的要求。一方面，在科学文化素质上，用工单位对劳动者要求具备一定的学历层次，如政府工作部门、学校等要求应聘人员具备大学本科或研究生学历；另一方面，还要求具备一定的技能证书，如计算机等级证书、英语四六级证书、法律职业资格证书等等，许多企业公司等也要求应聘人员具有各种执业资格证书。基于这种社会需求，在校大学生就需要未雨绸缪，提前准备，根据自己的职业规划考取各种资格证书，以便能够顺利实现就业。

（二）客观劳动条件

客观条件包括必要的劳动工具、适宜的劳动环境和融洽的人际关系。

1. 劳动工具

劳动工具是劳动者直接作用于劳动对象的中介，是人类认识自然、改造自然的武器。《马克思主义哲学全书》对"劳动工具"是这样定义的：劳动工具，亦称生产工具，是劳动者用来对劳动对象进行加工的器具，是人对自然发生作用的传导体。

马克思称之为"骨骼系统"和"肌肉系统"，是最重要的劳动手段。

人类劳动是从制造和使用工具开始的，这是人类劳动过程独有的特征，是人类劳动区别于其他动物活动的根本标志。劳动工具从其材料构成和复杂程度上划分，大体经历了石器、铜器、铁器、机器、计算机几个阶段。从原始人使用的石器工具到现代化的各种复杂的机器、自动化设备、遥控装置等，都是劳动工具，都起传导劳动的作用。

人类社会的发展史，实际上也是一部劳动生产工具的发展历史。回顾历史可见，伴随劳动生产工具的每一次革命，人类社会文明都得以大幅度提高。原始人磨制的石器尽管粗糙简陋，但它使人猿相揖别，成为人之为人的根本性标志。铜器的出现，标志着冶炼技术和金属工具进入人们的生产生活领域，铁器的发明大大提高了农耕社会的生产力，蒸汽机使机器生产代替了手工劳动，引发了近代工业革命。电力技术把人类带进了"电气时代"，这就是历史上的第二次工业革命。以信息技术为核心的第三次工业革命，以原子能、电子计算机、互联网、空间技术和生物工程的发明和应用为主要标志，涉及信息技术、新能源技术、新材料技术、生物技术、空间技术和海洋技术等诸多领域。当前，第四次工业革命即将来临，它是以石墨烯、基因、虚拟现实、量子信息技术、可控核聚变、清洁能源以及生物技术为突破口的工业革命。其代表性三大技术是人工智能、虚拟现实，可控核聚变。

劳动工具的地位和作用，具体表现在：

第一，在劳动资料系统中，劳动工具是主干，是其他物质资料得以成为劳动资料的前提。

第二，在生产过程中，劳动工具是人所达到的劳动生产率的最重要标志，并且对生产规模、生产的种类都有直接的规定作用。

第三，在劳动者和人类发展史上，劳动工具的创造和改进标志着人们获得了改变自己身体结构的新的器官，表现为手的延长、体力的增强和脑力的补充与提高，进而使人类生活出现新面貌。人类在征服和改造自然以谋取生活资料的过程中，是不断改进劳动工具的。开始是利用简单工具，逐渐利用较复杂的工具，然后是使用机器，用机器体系代替手工劳动，进而是利用电子计算机控制的自动化装置，使生产过程自动化，这不仅代替了人的繁重体力劳动，也代替了人的一部分脑力劳动，使劳动生产率大为提高。现在科学技术正处在大变革中，新的生产技术日新月异，劳动工具的发展呈现出越来越复杂化和改进速度越来越快的趋势，极大地改变着物质生产领域的面貌。

第四，在社会经济形态的发展上，劳动工具的变化成为社会经济形态变化的基础，它的变化从根本上导致了社会经济形态的发展变化。马克思说过，"手推磨产生的是封建主为首的社会，蒸汽磨产生的是工业资本家为首的社会"①。也就是说，劳动工具是社会生产力中的主要因素之一，社会生产的发展变化首先是从劳动工具的发展变化开始的。劳动工具的落后或先进，反映着社会生产力的发展水平，同时，又是生产关系的重要标志。

就具体的劳动活动来说，劳动工具恰当与否，直接关系到劳动效率和劳动效果，从而决定着劳动目标的实现。人们常说"磨刀不误砍柴工""工欲善其事，必先利其器"。在干事创业强调开头重要性的时候，我们都讲要开好头、起好步，"好的开端等于成功的一半"。对劳动工具而言，可以这样讲，"对的劳动工具等于成功的一大半"。所谓"对的劳动工具"，就是指选择的劳动工具合适恰当。我们举个劳动活动的例子，就拿伐木来说，有不同的劳动工具可以使用，如刀、斧头、人力锯或者说手工锯、具有动力机械性质的链条锯，现在又出现了多功能的自动化伐木机。我们都知道，不同的工具，伐木的效率是不一样的。自动化伐木机集切割、削枝、截取、搬运等多种功能于一身，大大提高了林场的伐木效率。

实际上，无论从事什么劳动，都少不了必要的劳动工具。现代办公，从事文字工作，需要有电脑、打印机等现代化办公设备，笔墨纸砚虽然还有，但不再唱主角。

上了大学，毕业时要写毕业论文，将来考上研究生，更要进行学术研究。收集文献资料是进行学术研究非常重要的一个环节，收集文献资料就要掌握文献检索工具，比如中国知网。

知网是什么？知网全名是中国知网，是一个知识资源数据库，这个数据库包括中国期刊全文数据库、中国博士学位论文数据库、中国优秀硕士学位论文全文数据库、中国重要报纸全文数据库和中国重要会议文论全文数据库。每个数据库都提供初级检索、高级检索和专业检索三种检索功能。换句话说，中国发表的各种论文都可以在知网上查到。查知网干什么？写论文，要先了解别人对相关问题的研究进展情况，研究到什么程度了？如果我们对某个问题的想法、观点，别人研究了写了论文了，我们就不要重复研究，我们要做的是，在前人基础上进一步研究创新，把这个问题的认识向前推进一步。如果不查知网，盲目地选题研究，很可能就是重复别人的研究，做无用功。希望同学们掌握知网这个文献检索工具，了解学术动态，为进一步的学习、研究做准备。

---

① 马克思，恩格斯．马克思恩格斯文集：第 1 卷［M］．北京：人民出版社，2009：602.

2. 适宜的劳动环境

《现代劳动关系辞典》指出：劳动环境，亦称"工作环境"。国际标准化组织给劳动环境的定义为，劳动环境指工作空间中围绕着人周围的物理、化学、生物和文化的因素。劳动环境包括劳动的自然环境和劳动的组织环境。其中，劳动的自然环境主要包括视觉环境、音响环境、气温环境、劳动的时间环境等。

视觉环境。视觉是人体各种感觉中最重要的一种，有85%的信息量是通过视觉传递的。视觉环境就是提供视觉信息的各种外界因素，主要有照明强度、亮度、眩光和暗影、色彩等。

音响环境。包括噪声、功能音乐等。

气温环境。指影响劳动者心理活动和外界行为的气候因素。它直接影响劳动者的体温调节等生理功能，也影响劳动者的心理功能。

劳动的时间环境。包括劳动时间、工时制度及工作空间的布置等。

劳动组织环境是指群体及与其协作的人际关系、领导方式、劳动组织形式、劳动纪律、群体动力、士气、群体凝聚力等因素，它们对人们的心理活动和行为反应的影响更具直接性。

从管理的角度来说，要根据人们的心理和生理特点，创造一个有利于提高工作效率的自然环境。如工作区的色彩搭配、花园化等。还要根据人的心理和生理系统的特点，建立起良好的人际关系和组织气氛，从而激发人们提高工作效率的动机。

人对周围环境的感觉由于个性的差异和知觉方式的影响而带有很大的主观性。这种主观的感受并不完全取决于环境本身的绝对条件，也受个体的主观条件的制约。因而合适的劳动环境标准只应强调相对于劳动者来说是合适的，不一定强调标准越高越好。如照明条件并非越亮越好。合适的劳动环境标准只能从实际出发，根据严格的实验来测定劳动环境条件中的各种变量，并对测定的变量进行分析论证，然后才能确定。

3. 融洽的人际关系

人际关系在劳动中具有重要作用。

《现代劳动关系辞典》这样定义人际关系，指人与人之间的相互关系。它存在于任何一个社会中。

人与人之间的利益联系和心理上的直接联系是人们社会交往的两个基础，也是人与人之间相互作用的结果。由于人与人之间的相互作用，形成了极为复杂的人际关系。具有良好人际关系的各方，能够相互表现出有积极意义的行为，反之则表现出有消极意义的行为。所谓良好和谐的人际关系，指的便是相互间认识一致、情感相容、行动配合的关系；所谓不好、不协调的人际关系，便是彼此认识不一致、情感不相容、行动不配合的关系。

我们常说，"天时不如地利，地利不如人和"。在具备了天时、地利因素后，人的因素在某种程度上说具有决定性作用。许多格言谚语都说明了人际关系和谐在劳动工作中的重要意义。例如，"人心齐，泰山移""众人拾柴火焰高"，等等。

拿企业来说，企业内的人际关系是职工协同活动和完成任务的基础，也是满足职工各种需要的条件。由于人际关系是以人的情感为联系纽带的，不同的人际关系会引起不同的情感体验。企业内人际关系处理得好，会给职工一种愉快、轻松的体验，激发职工的生产积极性；反之，会引起职工不愉快、烦恼、憎恶的情感体验，成为挫伤和影响职工身心健康和积极性的隐患。两种不同的企业人际关系模式也会带来两种完全不同的企业经济效益。

特别是在现代社会，劳动实践活动的顺利开展，往往是团队的协同合作，依靠的是集体的智慧和力量。因此，顺利开展劳动实践活动，达到预期目标，人际关系必须融洽、和谐，必须形成团结协作的团队精神。例如，律师做业务，尤其是非诉业务就表现出很强的团队协作性，如果没有和谐的人际关系作为基础就不可能顺利、愉快地完成某个项目。

第二节　优化劳动条件

案例："磨刀不误砍柴工"

阿德、阿财两个樵夫一起上山砍柴。上山砍柴一定要早睡早起，才可以在天亮时抵达砍柴地点。阿德想，"多砍一捆就多一份收入，我明天可要起得更早，在天亮之前抵达"。阿财呢，回家以后抓紧时间磨刀，并且准备第二天把磨刀石带上山。

第二天，阿德比阿财先到山上。他一开始就使尽浑身力气工作，一刻也不敢歇息。阿财虽然较迟上山，砍柴的速度却比较快，不一会儿，就追上了阿德的进度。到了中午，阿财停了下来磨刀。他向阿德建议："不如你也休息一会儿吧。先把斧头磨一磨，再继续砍也不迟。"

阿德拒绝了阿财，心想："我才不要浪费时间。趁着你休息的时候，我还可以抓紧时间多砍几捆柴呢。"

很快一天又结束了。阿德只砍了六捆柴，而阿财除了所砍的九捆柴，还采了一些哄孩子开心的野山楂。

阿德百思不得其解，他想不通为什么自己那么努力，却没有阿财砍得多呢？

阿德一边努力砍树，一边观察阿财工作的情况，他看不出阿财有什么秘诀，但他砍得就是快。终于，阿德再也忍不住问道："我一直很努力地工作，连休息的时间也没有。为什么你砍的比我还多又快呢？"

阿财看着他笑道："砍柴除了技术和力气，更重要的是我们手里的斧头。我经常磨刀，刀锋锋利，所砍的柴当然比较多；而你从来都不磨刀，虽然费的力气可能比我还多，但是斧头却越来越钝，砍的柴当然就少啊。"

这个故事就是大家耳熟能详的"磨刀不误砍柴工"。意思是，磨刀花费时间，但不耽误砍柴。比喻事先充分做好准备，就能使工作加快。

"磨刀不误砍柴工"的道理，就是我们在劳动实践中，要善于优化劳动条件，提高劳动效率。

一、优化主观劳动条件

无论是主观劳动条件还是客观劳动条件，都对劳动实践活动发挥着重要作用。为了顺利开展劳动，我们应该怎样创新优化主观劳动条件呢？

（一）强身健体，增强体质

健康是生命之本，是劳动之基。拥有健康的身体，需要做到合理饮食、适量运动、保持良好心态、有病早治无病预防。

第一，合理的饮食。俗话说得好："人是铁，饭是钢，一顿不吃饿得慌。"生命机体每天都要新陈代谢，维持身体各器官的正常运转，就需要我们定时补充食物水分，保持合理的饮食，养成健康的饮食习惯，科学文明地饮食。

所谓合理的饮食，就是在生活中要养成好的饮食习惯，一日三餐，不暴食暴饮，不挑食，在条件允许的情况下做到荤素搭配，油盐适量。因此，我们应当学习"营养与健康"的相关知识，认真对待每一餐，不仅要吃饱，还要吃好，保证每日身体所需基本营养，满足人体新陈代谢之需；并且对于一些不健康的食品、饮品，尽量少碰，甚至不碰。比如，刷屏的"秋天的第一杯奶茶"，奶茶的咖啡因含量、糖分含量是非常高的，会增加糖尿病风险和心血管风险，这就威胁到了我们的健康，所以我们偶尔尝一下可以，但万万不可作为一种嗜好。

案例："民以食为天"

秦朝末年，有个书生叫郦食其，很有学问。他曾献计帮助刘邦智取陈留，被封为广野君。秦朝灭亡后，刘邦和项羽争霸。刘邦联合各地反项羽力量，据守荥阳、成皋。荥阳西北有座敖山，山上有座小城，是秦时建立的，因为城内有许多专门储存粮食的仓库，所以成为敖仓，它是当时关东最大的一个粮仓。在项羽猛烈的攻击下，刘邦计划后撤，把成皋以东让给项羽。刘邦想听听郦食其的想法。郦食其说：

"王者以民为天,而民以食为天,楚军不知道守护粟仓而东去,这是上天帮助汉朝成功的好机会啊!如果我们放弃成皋,退守巩、洛,把这样重要的粮仓拱手让给敌人,这对当前的局面是非常不利的啊!希望你迅速组织兵力,固守敖仓,一定会改变目前不利的局势。"刘邦依计而行,终于取得了胜利。这就是"民以食为天"的来源。古代还有句话"兵马未动,粮草先行"。因为打仗时需要消耗体力,士兵们需要吃饭。这充分说明了"粮草"对于"打仗"的重要意义。这里的"粮草"可以泛指食物。

第二,适量的运动。伏尔泰说,生命在于运动。运动是促进人类健康的重要途径之一。美国科学家曾经用了35年的时间,对400名成年人进行了一系列的测试研究,最终得出一个结论:坚持锻炼的人,在智力和反应方面明显高于很少运动的同龄人。运动能改善不良情绪,使人精神欢愉,还能有效预防和治疗神经紧张、失眠、烦躁及忧郁等症状。早在2400年前,医学之父希波克拉底就曾说过:阳光、空气、水和运动,这是生命和健康的源泉。运动,才是治愈一切的良药。

运动,锻造身材。还记得那个79岁还T台走秀,爆红网络的酷帅老大爷王德顺吗?1985年,49岁的王德顺开始健身、游泳、速滑,几十年如一日,这股毅力令人敬佩。虽然如今已年过八十,脸上写满沧桑,但在他身上却看不到一丝老态,肌肉依然有力,身躯依然挺拔。而这一切,都是运动赋予他的。谁都希望能永葆青春,却又总是怠于行动。我们时常是一边羡慕着别人,一边又久坐久卧、暴饮暴食。等年纪到了,各种老毛病犯了,才会叹一句岁月不饶人。其实运动,永远也不嫌晚。运动,是最天然的保养秘籍,也是锻造身材的最佳方式。

运动,修炼容貌。在《中国达人秀》的舞台上,迎来过一位78岁的老奶奶,看上去却仿佛只有40出头。更令人惊讶的是,这位老奶奶还为大家带来了一段热情洋溢的舞蹈。嘉宾询问这位奶奶是怎么保养的,看起来这么年轻。她说:"最重要的还是心态要好,要运动,我觉得是舞蹈让我保养得这么好。"运动,应该是世界上成本最低的自我升值方式了。它直接作用于外表,提升气质,又能积存一个人越来越多的自信。哪怕只是每天坚持跑步30分钟,时间久了,你都能惊喜于它给身体带来的变化。运动,是对抗岁月最好的武器。坚持运动、认真生活的人,永远都不会老。

运动,改变大脑。《美国国家科学院院刊》曾有报告说:与久坐的同龄人相比,那些经常锻炼的人的海马体的体积增加了2%。而海马体,主要负责长时记忆的存储转换和定向等功能。也就是说,长期坚持运动的人,记忆力会得到提升,也会更加聪明,年老之后患老年痴呆的概率也会更低。最好的例子就是在新冠肺炎疫情中

　　挺身而出的钟南山院士，84岁的老人，每次面对镜头，总是精神矍铄、逻辑思维清晰，说话铿锵有力。在他的脸上，看不出太多岁月的痕迹，留下的只是时间沉淀的智慧。钟南山院士曾在采访中这么说："运动对我帮助很大，所谓年纪大了，记忆力差什么的，我没什么感觉。"都说岁月不饶人，但岁月其实也会悄悄善待那些坚持运动的人，给他们强健的身躯、饱满的精神、敏锐的思维。

　　运动，重塑生活。奥黛丽·赫本说：女人的美丽是跟着年龄增长的。有些人，还年轻着却已经老了；有些人，已经老了却还年轻着。所以，运动，永远也不嫌晚；坚持运动，终有收获。

　　综上，运动，能够锻造你的身材、修炼你的容貌、改变你的大脑、重塑你的生活。所以，精力充沛、活力四射的青年学子，更要趁着时光正好，参加体育锻炼，不辜负每一个当下。

　　对于非专业运动员来说，运动要适度、适量、适当。亚里士多德说过，运动太多和太少，同样地损伤体力，唯有适度可以产生、增进、保持体力和健康。因而，我们还要讲究运动的科学性。比如，运动前要做好准备活动，防止肌肉和韧带的损伤；运动中一定要配合呼吸法，运动效果才更显著——在肌肉受力时吸气，放松时呼气就可以了；身体疲劳或者生病时（如重感冒）不要强行锻炼，以免加重病情或者发生意外，等等。所以，建议同学们在了解了自己身体条件和学习了相关专业知识后再进行运动，我们的体育课老师、网络关于"体育与健康"的公开课，都是很好的学习资源，通过请教和学习，掌握科学锻炼的方法，养成自觉锻炼的习惯，形成健康的生活方式，为终生健康服务。所以，我们要适量、适当运动，以提高我们的生命质量，也为光荣的劳动提供最基础的保障。

　　第三，保持良好心态。我们常说，"笑一笑，十年少"。戴尔·卡耐基也说，我们所感觉到的疲劳，绝大部分是由心理因素的影响而导致的，纯粹生理因素引起的疲劳其实非常少见。亨·奥斯汀还说，这世界除了心理上的失败，并不存在什么失败，只要不是一败涂地，你一定会取得胜利的。

　　良好的心态不仅能使人保持年轻心态，也是开展劳动、完成工作任务的重要条件。整日愁眉苦脸，心理狭隘、偏激，日积月累，很可能形成心理疾病。

案例：罪犯被心态吓死的实验

　　印度的几位心理学家想看看心理暗示的威力究竟有多大。于是，他们用尽九牛二虎之力，在警察局和法院的帮助下找到了一位即将被处死的罪犯。

　　这是一种很残酷的试验，因为可能会把人活活吓死。心理学家和警察说好，让警察把罪犯带到一间黑屋子里，告诉罪犯："根据你所犯的罪，我们已经决定为你执行死刑。本次死刑执行的方式，是让你流干血而死。"

然后，人们把罪犯捆到床上，将手臂伸出床外固定好，并将罪犯的视线隔开。一位医生拿着一把明晃晃的手术刀伸到罪犯面前说："我现在就用这把刀切开你的动脉血管。"一边说，一边用锋利的手术刀在动脉处轻轻地划了一下。不过，医生并没有使劲，犯人只是稍稍划破了一些皮，并没有流多少血。

不过，心理学家们在犯人床边放了一个金属盆，用滴漏将水一滴一滴滴到盆里。水滴落在金属盆中，发出恐怖的嘀答、嘀答的声音。而且，旁边几个化装成医生的心理学家还时不时地说句话，"已经300毫升了"。一会儿再说一句，"已经小半盆了"。

犯人在这种恐怖的气氛下，脸色越来越苍白，好像真的流失了这么多血一样。再过一会儿，犯人的呼吸越来越微弱。到最后，犯人竟然面色苍白地死去。总的来说，这名犯人的心态崩了，被吓死了。

我们的生活中也不乏这样的例子。同样是癌症患者，有的人心态积极、热爱生活，最终比医生给的期限多活好长时间，甚至痊愈；有的人心态悲观、自己吓自己，本没有很严重，最终却早早走到生命尽头。俗话说："再好的药，也治不好林黛玉的病。"中医学素有古训："运药者，神气也。"无论何种药物，都要借助个体的心身技能状态才能发挥其药理作用。就是说，"心态不好，再好的药也无效"。

所以，不管是在日常的生活和工作中，还是遭遇重大挫折、欺骗等不美好的经历时，都要保持良好的心态。我们可以通过学习心理学相关知识提高调整心态的能力，当自己调整不好时，可以向老师、家人、朋友、医生寻求帮助。其方法如下。

其一，用积极和感恩的心态来面对你遇到的每一个人。抽空和为你服务的邮递员或者收银员简短地聊上几句，给身边的行人一个微笑。获取别人好感的最快途径就是先让别人感受到你对他们的好感。

其二，梳理你的生活。任何那些你不再用的、不再听的、不再看的和不再穿的，全部都处理掉！把它们送给你的朋友或者亲戚，或者捐赠给慈善团体，让别人能够从这些东西中受益。

其三，制定一个每日目标，那些能够刺激你启发你的事情。不必是一个庞大的计划，也不要是那种需要花费你很多时间和金钱的计划；你可以去上一堂健身课，或者看电影，读一本有关自我提高的书，学习一种乐器，学习一门外语，任何能够放松你并且让你远离那些枯燥的日常工作的事情。

其四，规划好你的时间，从而让自己在这一天内完成一些比较实际的事情。不要给自己制定那些不切合实际的目标，那样的话一开始你就把自己放在了一个易于失败的位置。在每一个小计划完成的时候给自己庆祝一下，我们应该学会去享受通过自己努力所取得的成绩。

其五，还记得小时候那些单纯的快乐吗？像个孩子一样去看这个世界。去附近的公园走一走，来一次野餐，停下脚步听听鸟儿们的歌声，风吹过树林的声音，用舌头去接住雨滴，脱下鞋子袜子走在松软的草地上。即使只有半个小时的时间，你也可以坐下来听听自己喜欢的音乐。反省自己，去寻找最真实的自己，你要明白自己在这个宇宙中是独一无二的。

当然，没有什么文字可以教给你某种心态，最重要的是不断磨炼，关键是知行合一。愿我们每个人拥有好心态，生活工作都愉快！

第四，有病早治，无病预防。不管是为了单纯的生命质量还是为了顺利从事劳动，我们都要预防疾病的发生。每年定期进行身体检查，及时排除身体器官潜在的隐患。一旦出现身体不适或者确诊患病，我们应及时诊治，相信医生，积极配合治疗。

定期做健康体检到底有没有意义呢？有相当一部分体检者会认为，体检就是为了检测身体有没有疾病，拿到体检报告后看到没有大问题便弃之一边。有相当一部分人认为身体没有不舒服，就没必要体检；还有人认为体检是为了看病开药。也有人觉得，虽然体检过了，还是有很多病查不出来，或者查出来也没法治，与其这样不如不体检。

健康体检的真正意义在于充分了解自己的身体状况，根据体检报告的数据及时调整自身的生活方式、饮食习惯等，预防疾病的发生，达到主动管理健康治未病的目的。及早发现身体存在的问题，早期诊断，早期治疗，提高疗效。预防疾病往往比治疗疾病花费的医疗成本小很多。

体检目的是做好健康管理，通过体检早期发现亚健康状态和潜在的疾病，及时进行调整和治疗，对提高疗效、缩短治疗时间、减少医疗费用、提升生命质量有着重要的意义。

"由于现代人生活节奏快、工作压力大，很多疾病的发病呈现出年轻化趋势。对于很多疾病来说，能否早期发现、及时治疗，是决定预后的关键。例如，早发现的一期食管癌五年存活率达到90%～95%，早期肺癌和早期肝癌的五年存活率同为70%，早期宫颈癌存活率可达到90%。"

但是面对多种多样的体检项目该查什么呢？医生说：体检十年一关卡，查什么关键看你在哪个年龄阶段。同学们基本处于20岁上下的年纪，20岁查什么呢？有同学会疑问，二十来岁，身体各项功能包括抵抗力最佳，还用体检吗？那当然！我们出生的时候会注射多种疫苗，这些常规疫苗大多并非终身免疫。到了20多岁，人体内抗体很可能已经低于正常防御水平。这种情况下，如果没有及时补种疫苗，身体就会处于无保护的危险状态。此外，20多岁的年轻人刚毕业走上社会，开始接触各种各样的人，各种肝炎、消化道感染的概率就增加，所以感染各种传染病的机会也就大了。所以专家建议：20多岁的年轻人体检时，要注意传染病的筛查，比如，肝功五项和血常规。还要注重胸部 X 光的检查，因为肺结核在年轻人中也很多见。

30岁、40岁、50岁……也都有针对性的检查项目。医生建议，30岁查血糖、40岁查心脏、50岁查骨和肠，到了60岁就要全面查了。

因此，保持健康，要定期体检，发现病患，及时治疗！让我们把疾病交给医生，把健康交给自己！

（二）提升专业，科学认知

我们常说，"专业的事交给专业的人来做"。确实，随着社会分工的精细化、专业化，从事某项劳动必须具备相关专业知识和一定的经验才能胜任。

作为一名劳动者，不管是普通的职场人员，还是管理者，都应注重提升自己的专业能力，让自己真正发挥出自己的优势，得到更多的锻炼和成绩。那么如何提高个人专业能力呢？

第一，提高个人专业能力，需要罗列自己提高专业能力的计划和安排。提前规划是非常有必要的，特别是针对专业能力这件事情。提前做好计划和安排，知道自己该朝着哪一个方向努力。

第二，提高个人专业能力，需要多看书，尤其是自己专业内的书籍和自己岗位有关的内容要格外注意，读书会让我们提高知识量，还可以帮助我们积累很多的技能，在专业度上有很大的帮助。

第三，提高个人专业能力，需要和专业内的优秀人士做朋友。要提高专业能力，就需要多接触专业内的人，多和优秀的具备专业技能和知识的人在一起交流与沟通，帮助自己提高进步。

第四，提高个人专业能力，需要多实践。实践出真知，很多时候要让自己的专业能力提高，除了多看书之外，就是多实践，让自己在实际工作中发现更多自己的不足，积累更多的经验。

第五，提高个人专业能力，需要参加专业的培训和学习。现在的培训机构很多，培训的内容也很多，尤其是专业方面的培训和学习，会让自己提高得更快，只是需要花费一部分成本。

第六，提高个人专业能力，需要请高人指点。有些时候提高个人专业能力还需要有好的师父，需要有高人指点自己，他们具备丰富的经验和阅历，也有很多的知识和技巧，会让我们的专业能力有质的提高。

就拿法学专业来说，完成本科教育，通过法律职业资格考试和具备一定的实习经验，是从事法律专业相关劳动所具备的最基本的劳动条件。这就需要同学们在学习过程中着重培养自己的法律思维，不断夯实理论基础，择机进行实践，尤其注重实践，在理论与实践相结合的过程中提升自己的专业能力。

当然，还要科学分析就业前景，知己知彼，根据市场需求有针对性地提高各方面素质和能力，让自己全面发展，终身发展。

二、优化客观劳动条件

优化客观劳动条件，需要我们从以下三个方面来进行。

（一）精选工具，善使利器

通过对劳动条件的学习，我们认识到了劳动工具对于劳动的重要意义。如何精选并善用劳动工具呢？要掌握三个原则：

第一，适宜原则。根据劳动目标、劳动对象选择工具。工具大小、速率应考虑到劳动场所、劳动者素质等多种因素，选择最适宜的劳动工具。

第二，可控可用。选择的工具能够为"我"所用，而非为"我"所累，就是说，劳动工具一定要能够被劳动者掌握使用。如果劳动工具非常高级，以至于劳动者掌握不了，不会使用，那也于事无补，完成不了劳动任务。

第三，因地制宜，适当改进。在没有合适的劳动工具使用时，应对现有劳动工具加以适当改进，因地制宜，创造性地改造一部分劳动工具。这在劳动实践中是经常出现的，所以要有创新意识，培养动手操作能力。

总之，劳动实践活动开展前，需要充分考虑劳动工具的大小、速度、功率、质量、价格等因素，评判最佳劳动工具选项，从而选出便利、质好、价优、体量适当的劳动工具。

（二）择时择地，优化环境

劳动环境不仅为人提供工作场所和其他劳动条件，而且对劳动者心理系统和生理系统的变化有着很大的影响，从而影响到劳动者的工作效率。如何优化劳动环境呢？掌握以下五个原则：

1. 目标原则

在选择工作场所以及时间节点时，应优先从劳动目标的实现出发，尽量选择适合的场所和时间段，充分考虑天气、空气等因素，尽力避开时间和地点等方面的不利因素，努力争取最优的客观环境。

2. 人本原则

劳动和工作都是为了改善人的生活，让人生活得更美好。因此，选择劳动环境时要坚持以人为本，保证人的生命和健康安全。

案例：智利矿难大救援

2010年8月5日，智利圣何塞铜矿发生矿难，33名矿工被困在井下约700米处。救还是不救，如何施救？一道难度系数最高级别的试题摆在了智利政府面前，而且是在全世界人民面前当众回答。矿井塌方，救出地下700米处的工人，这是一道世界级的难题，是一个不可能完成的任务。但是，作为一个发展中国家，智利政府以实际行动提交了答卷，通过69天的努力，10月14日，成功营救出全部被困矿工，得到全世界人民的认可和称赞。为了营救，智利政府不计成本，不惜任何代价，从全世界购买救援设备，重型挖掘机、起吊设备，与世界各国通力合作，利用美国航天技术制造"胶囊"救援舱，从中国调用三一重工"神州第一吊"参与营救，开挖两条隧道实施救援，设计了一条如通风管的空心圆柱"白兰鸽"，把补给送到矿工避难处，等等。智利矿工营救圆满成功，付出的成本无可计量，但它真实地体现了以人的生命、人的尊严为最高价值的理念。

同时，在这场矿难中，33个矿工在死亡边缘线上，在前17天中，对仅有的一点食物进行平分，团结互助，抱团取火，体现了平等原则、真诚原则、互助原则。

3. 效率原则

选择劳动时间和地点时也要考虑劳动效率，要设计几个方案，对拟定的地点和时间应进行劳动效率评估，选择有利于提高劳动效率的方案。

4. 择时原则

即选择合适时间，即古人所说的天时。什么时间做什么事，这就是规律。有心观察的同学会注意，学校的清洁工打扫卫生，不是在课间，而是在同学们上课前或上课时。这体现的就是择时原则。

5. 择地原则

选择合适的地点开展相应的劳动，即古人所说的"地利"。KTV娱乐场所不能开在学校附近，也不能开在居民小区；饭店不能开在居民楼上；进行化学实验，需要在化学实验室进行等等，各种劳动实践活动都需要有适合的场所，不能违背基本的道德底线和法律底线。

（三）处事有方，人际融通

良好的人际关系也是重要的劳动条件，那么，与自己周围的人怎样形成融洽、和谐的人际关系呢？这就需要坚持四条原则，掌握六个技巧。

1. 坚持四条原则

一是平等原则。平等原则是指，在人格上是平等的，在生存权、发展权上是平等的。人生而平等，没有高低贵贱之分，不因你职位高就高人一等，不因你有钱就是上等人，不因你是名人就可以看不起普通人，不因你受过高等教育就把老百姓不当人。曾经有段时间歌唱家蒋大为上了热搜，他在电视节目中口无遮拦，信口开河，贬低大衣哥朱之文，认为自己才是歌唱家、艺术家，朱之文是农民，不是农民歌唱家，顶多是农民歌手。结果受到全国网民的讨伐。是非对错，人品道德，辨得清，看得明，群众的眼睛是亮的。

二是真诚原则。《诗经》中有句话，叫"无信人之言，人实不信"，意思是无诚信品德的人说的话，别人实际上是不相信的。所以，要使他人相信自己，就必须讲诚信。诚信是为人之道，是立身处事之本。孔子说："人而无信，不知其可。"认为人若不讲信用，在社会上就无立足之地，什么事情也做不成。诚信是交友之基，只有"与朋友交，言而有信"，才能达到"朋友信之"，推心置腹、无私帮助的目的。

三是互助原则。"一方有难，八方支援。"湖北抗疫战争，得到全国各地的大力援助，这是互助原则的真切体现。在我们现实生活中，别人有难时，要伸出援手，挺身而出，不做看客，不做"评论家"，"投我以木桃，报之以琼瑶"，帮助别人就是帮助自己。

四是宽容原则。"海纳百川，有容乃大；壁立千仞，无欲则刚"。宽容是一种美德。原谅他人一时的过错，不锱铢必较，不耿耿于怀，其实也是给自己的心灵让路，让心灵与生命的乐章相和。俗话说："宰相肚里能行船，将军额头跑得马""遇方便时行方便，得饶人处且饶人""退一步海阔天空，忍一时风平浪静"。蔺相如三让廉颇是宽容，诸葛亮七纵孟获是宽容，鲍子牙不计前嫌举荐孙叔敖更是宽容。这些宽容的胸怀被载入史册，至今熠熠生辉，折射着人性的光芒。宽容更是一种智慧，它会让高尚者的心灵更清澈，让卑鄙者的灵魂更龌龊。因此，我们要做到宽容，与别人和谐相处。

2. 掌握六个技巧

一是了解别人。能够换位思考，知晓他人的酸甜苦辣，了解所思所想，特别是他人的需求和困难。最忌讳不了解他人就做出评价。

二是学会赞美。赞美不是恭维，不是拍马屁，而是发自内心的实话，是对别人的优点的仰视，是对他品质的礼赞，是"见贤思齐"。

三是倾听别人。倾听是了解他人的一种方式，倾听是一种耐心，是对别人发言权的尊重。一定不要唯我独尊、自行其大。

四是尊重别人。子曰"己所不欲，勿施于人"。自己不想要、自己做不到的，硬推给他人，不仅会破坏与他人的关系，也会将事情弄得僵持而不可收拾。人与人之间的交往需要相互尊重，尊重他人，别人才会尊重你。

五是分享你我。"话不说不透，理不辩不明"。把你的心得感悟分享于他人，别人也会打开心扉，与你诚心交流。

六是守信遵诺。诺言是尊严，也是责任。人之为人就在于人有人的尊严。许下的诺言就要履行兑现，以维护你做人的尊严，同时，也让他人认可你、相信你，愿意与你合作共事。

第三节　端正劳动态度，树立科学劳动观

人生在勤，不索何获？科圣张衡这句广为传颂的名言，其意思是说，人一辈子要勤奋努力，倘若不积极地探索研究，哪会有收获或成就呢？这既是这位伟大的科学家的科学实践，也代表了他一种超凡的劳动态度和劳动观。

《中华人民共和国宪法》第二十四条规定，国家倡导社会主义核心价值观，提倡爱祖国、爱人民、爱劳动、爱科学、爱社会主义的公德。第四十二条规定，中华人民共和国公民有劳动的权利和义务。劳动是一切有劳动能力的公民的光荣职责。

这些都体现了我们对劳动的态度和劳动观。

一、端正劳动态度

什么是劳动态度？《现代劳动关系辞典》指出，劳动态度是劳动积极性的核心内容，是劳动者对待劳动所持有的一种精神状态。劳动者对待劳动是积极的还是消极的，直接决定着劳动行为的发生、发展和变化。因此，在劳动实践中，我们应该秉持积极的劳动态度。

劳动态度包括两个基本因素：

一是认知因素，即劳动者对劳动和需要之间的关系的认知程度以及对自己劳动的社会价值和个人价值的认识和评价。

二是情感因素，即劳动者对自己所从事的劳动好恶情感反应的程度。其中，社会的分配制度对劳动者的劳动态度具有重要作用。因为获得收入是劳动者参与社会劳动的最直接、最基本的目的。一种收入分配方式使收入分配与劳动者劳动贡献的联系越紧密、越一致，这种方式对劳动者的刺激就越强；反之，则会抑制劳动者的积极性，使劳动态度趋向消极。

劳动者个人在劳动过程中所处的地位，特别是有无参与决策的权利以及决策权的大小，是影响劳动态度的又一个重要因素。

社会的意识形态和价值取向也决定着人们的劳动态度。如何端正劳动态度呢？苏霍姆林斯基说："对待劳动的态度是人的精神生活的极其重要的因素。"① 高尔基说，当劳动是一种快乐时，生活是美的。因此，我们应当端正劳动态度。

我们在生活中常说：态度决定高度，指的是一个人对工作事业的态度，在很大程度上影响他在未来的发展，甚至起到决定性的作用。

在劳动实践中，我们应该秉持好的劳动态度。好的劳动态度是指劳动者在劳动中积极、乐观、勇于创新、敢于担当的精神状态。李大钊说过："我觉得人生求乐的方法，最好莫过于尊重劳动。一切乐境，都可由劳动得来；一切苦境，都可由劳动解脱。劳动的人，自然没有苦境跟着他。"② 拥有积极的劳动心态的人，对待工作中的困难不是绕着走，而是以一种"方法总比困难多"的思维，想方设法去克服困难，创造性地去寻求解决问题的途径，最终攻克难题。即使对待平常工作，以积极乐观的态度去面对，往往也能达到事半功倍的效果，同时，也能得到切实的获得感、愉悦感，正如苏霍姆林斯基所说："当一个劳动者把他的智慧、情感和意志都投入某种工作中的时候，他才会在这种最平凡的工作中找到满足的源泉。"③

二、树立科学劳动观

劳动观是人们对生产劳动的根本看法和根本观点，即人们对生产劳动的本质、劳动的目的、劳动的意义、劳动分工、劳动条件等方面的认识，它是一个人世界观、人生观和价值观的重要组成部分。

劳动观的科学与否直接着影响人们的劳动态度积极与否，只有树立科学的劳动观，才能更好地懂得尊重劳动人民，更好地珍惜自己的劳动成果，并以热情饱满的劳动态度积极投入社会劳动生产过程当中，从而不断提高劳动生产率，为社会创造出更加丰富的社会物质财富，同时，能够促进个人的全面发展。反之，它就会支配人做出错误的行为选择，并且带来一定的消极社会影响，也会阻碍个人的不断进步与发展。

科学劳动观的具体表现有，具有劳动光荣的价值观，热爱劳动，服务社会的精

---

① 苏霍姆林斯基. 苏霍姆林斯基论劳动教育［M］. 北京：教育科学出版社，2019：9.
② 李大钊. 李大钊文集：第 2 卷［M］. 北京：人民出版社，1999：301.
③ 苏霍姆林斯基. 苏霍姆林斯基论劳动教育［M］. 北京：教育科学出版社，2019：13.

神、艰苦奋斗、勤俭节约的美德和尊重劳动人民，珍惜劳动成果。

树立科学的劳动观具有重要意义。作为社会主义事业接班人和主力军的大学生，肩负着实现我们中华民族伟大复兴中国梦的重大历史重任与使命，树立科学正确的劳动观无疑是当代大学生完成这些任务与使命的前提和基础。因此，树立科学劳动观意义重大。

第一，有助于健康成长。劳动可以使人的各方面素质得到全面发展与进步，是自我健康成长和实现社会价值的重要支柱。科学的劳动观能够帮助我们实现全面发展。当前我们大部分学生来自独生子女家庭，生活自理能力差一点，直接导致社会适应能力也相对较差。科学的劳动观能够帮助我们认识到自身的缺点和不足，使我们积极地培养自己独立生活的能力和适应社会的能力，从而促进我们健康成长。

科学的劳动观能够培养我们养成一种不怕吃苦、不怕受累的节俭品质和敢于艰苦奋斗的优良作风。社会环境良莠不齐、形形色色，使得我们中的一些人在生活和学习上都不能养成一种良好的行为习惯和思想观念，贪图享受，铺张浪费，吃不得苦。科学的劳动观能够将勤俭节约、艰苦奋斗的传统美德内化于心并继续发扬光大。

科学的劳动观还能够提升我们抗挫折的能力。许多学生抗挫折的能力较差，遇到困难和问题时总是灰心丧气，甚至会想不开，选择放弃生命来结束这一切，经受不住任何挫折和打击，缺乏坚强的意志和顽强的毅力。科学的劳动观能够使大家积极参与社会劳动实践，既提高了劳动动手能力，又培养了自我战胜挫折的坚强意志，树立起顽强拼搏、克服困难的勇气和信心，从而促进大学生健康成长。

第二，有助于形成积极向上的就业创业观。当前大学生在毕业就业过程中容易形成眼高手低的择业观念、不能胜任工作等问题，树立科学的劳动观才有利于形成积极向上的就业创业观。

科学的劳动观能够培养优良的品质，实现积极就业。就业会不断创造物质文明和精神文明，这些东西的产生正是来源于人类劳动的创造，只有通过艰难困苦的劳动实践过程，才能创造更多的社会财富，使我们认识到做什么事情都不容易，做任何事情都要具备一种吃苦耐劳的优良品质，明白它在劳动生产过程中充当的积极作用，并自觉内化于心，注重磨炼自己的意志，主动就业而不消极待业。

科学的劳动观能够帮助我们树立平等的劳动观，促进大学生去基层就业。许多学生认为，脑力劳动和体力劳动有贵贱之分，在选择职业上更愿意选择一些待遇条件好的管理岗位，不愿意到基层就业。劳动是有分工的，社会分工的直接表现是职业差别，有差别才有交换和社会合作，劳动的合理差别，不但合乎社会的进步，而且有利于人的自由个性的发展。科学的劳动观能够帮助大学生正确认识社会劳动分工的本质，消除劳动差别观，建立劳动平等观，从而促进大学生积极去基层就业，加强锻炼，为以后的发展奠定良好基础。

科学的劳动观能够培养我们吃苦耐劳的劳动精神和创新精神，促使大学生自主创业、积极探索，开辟就业的新途径。同时，科学的劳动观能够培养大学生的工匠精神，培养"敬业、精益、专注、创新"的执着精神，从而带动全社会形成热爱劳动、尊重劳动、劳动光荣的良好氛围。

那大学生如何树立科学的劳动观呢？

作为大学生，要形成良好的劳动观念，除了社会教育、家庭教育、学校教育之外，大学生本身的自我教育也是相当重要的，必须提高自己的思想觉悟，认识到自身的主体地位。只有通过自我教育，积极主动参加劳动实践活动，增强劳动的自觉性，才能够树立科学的劳动观，促进自身的全面发展。具体来说：

一是不断进行自我教育，形成良好的劳动精神。大学生要不断地进行自我教育、自我反思。在思想方面，重视劳动的重要性，树立科学的劳动观念，充分调动自己的积极性，主动参与到实践中。在实践方面，通过长期坚持不懈地参加劳动实践活动，在克服各种困难中提高自身素养，加深对劳动创造价值、劳动最光荣的认识，形成良好的劳动精神。

二是积极主动参加实践活动，增强劳动自觉性。除了学习各种理论知识之外，应该积极地参与学校和社会上的各种实践活动，增强自身的劳动技能。可以是一般的劳动，如打扫校园、到敬老院打扫卫生、去福利院义务劳动等等，这些不仅能够培养大学生吃苦耐劳、乐于助人的精神，还能够锻炼大学生的体魄。也可以是与专业相关的劳动，将所学的理论知识与实践相结合，在实践过程中可以提高劳动技能，为将来工作奠定坚实的基础。

思考题

1. 举例说明劳动条件的重要性。
2. 主观劳动条件和客观劳动条件，你认为哪一方面更重要？
3. 如果你在喜欢的工作岗位上感到身心疲惫、捉襟见肘，你会怎么做？
4. 请选择某一种客观劳动条件，分享你的优化方法。
5. 结合生活和学习实际，谈谈如何树立科学的劳动观。

第 三 章

掌握劳动技能， 提高劳动效率

第一节　社会分工与劳动专业化

一、社会分工的概述

社会分工在我们现代的社会生活里是一个耳熟能详的词，我们任何人都已感觉到，它已经成为社会秩序最重要的基础。我们怎样理解它？不妨从社会分工的基本界定开始。

社会分工是人类从事各种劳动的社会划分及其独立化、专业化，即职业系统内部的专门化。有时基于在社会生产过程中所出现的分工情形，又称之为劳动分工或生产分工。分工是人们在经济活动过程中技术上的联合方式，即劳动的联合方式，简称劳动方式。马克思称之为生产方式或生产技术方式，它属于生产力范畴。

对于这个问题，马克思给予非常高的关注。马克思在实现哲学史上伟大变革的理论——唯物史观中揭示了人类社会发展的基本规律，人类社会的基本规律展现的生产力与生产关系矛盾运动，相互作用的中介就是分工。分工不仅制约着劳动力的组织和动员的一定形式，而且通过劳动的社会组织也制约着与之相适应的生产关系。

为什么进行社会分工呢？一般来讲，为了维持社会自身的平衡，实行社会分工，各个部分的功能彼此充分联系在一起，形成一种自我调节的机制，让擅长的人做自己擅长的事，以至整个社会能够人尽其才，物尽其用，职业精神与合作精神涌现，使社会有机体更具有韧性和弹性。随着社会的扩大和人口的密集，需要分工不断发展。社会的扩大和人口的密集被认为是实现分工的决定性因素。孔德在《实证哲学教程》中有更为权威的说法："人口密度的不断增加是确定社会变化之有效速度的最重要的普遍因素。首先，我们很容易看到它一开始产生的巨大影响在总体上决定了劳动分工不断专业化的趋势，少数人的协作绝对不可能形成这种分工状况。其次，尽管人口密度的增加显得非常重要，但它越来越隐秘，越来越不为人所知，从而更加直接更加有效地敦促社会得到更快的进步与发展，为了使人们从容应对更艰难的生存条件，它促使个人运用更完善的手段去努力保证自己的生活，或者，它使社会本身产生强烈的和持续的反作用，以更合适的方式与日益增强的颠覆作用和分歧作用进行对抗。这两种情况并不在于个人数量在绝对意义上的增加，而在于他们在特殊领域里的竞争更加激烈了。"① 在马克思看来，竞争居于统治地位的现代工业中，劳动分为不同部分，每个人都有可能从事他最合意的专业。

在整个人类社会的进程当中，社会分工产生了重要的作用，尤其是在人类的早年，有几次重大的社会分工对人类社会的发展发挥了基础性的奠基作用，它们分别是畜牧业与农业的分工、农业与手工业的分工、手工业与商业的分工。

人类历时 400 多万年完成了从灵长类动物到人的发展，这一发展史是由生物的和文化的发展机制相互决定的。在这一漫长的变化过程中，一方面，人的大脑的大小和人的重要形态发生了变化；另一方面，给人类带来具有被淘汰压力的环境，不仅受自然生态影响，而且已经受以狩猎为生的原始群的积极的适应能力的影响。② 到了向现代人过渡的时期，这种生物的、文化的混合进化形式才让位于纯粹的社会进化。在人类的初年，人是居无定所，在不断迁徙的过程中来生活，正如马克思所说，"一切人类生存的第一个前提也就是一切历史的前提，这个前提就是：人们为了能够'创造历史'，必须能够生活"③，迁徙中要进行采集狩猎活动。他们操持工具，有分工地进行协作，在集体中分配捕获到的猎物。最初的狩猎活动所获取的猎物是有限的，满足自身基本的生活需要都非常具有挑战性。大规模的协作狩猎活动，需要对狩猎经验进行了解，人们借助原始语言建立起对人类的系统联系——认识活动的联系、情感表达的联系和人际关系的联系。协作战略和集体分配直接同最初的生产方式——协同狩猎的形成和巩固相联系。

随着人类社会的发展，狩猎的数量渐趋增多，除了满足基本生活需要之外，人

① 参见涂尔干. 社会分工论 [M]. 渠敬东，译. 北京：三联书店，2017：220.
② 哈贝马斯. 重建历史唯物主义 [M]. 北京：社会科学文献出版社，2000：142.
③ 马克思，恩格斯. 马克思恩格斯全集：第 3 卷 [M]. 北京：人民出版社，1960：31.

们还略有剩余，就用来畜养，推动了畜牧业的发展。人类在狩猎、畜养的过程中，意识到要在一个相对固定的区域生活，于是把畜养与垦殖结合起来，这时人类就进入一个农耕的状态。这种农耕的状态就造成人类社会的第一次大分工——畜牧业与农业的分工。第一次社会大分工提高了劳动生产率，从而使财富增加并使生产领域扩大；与之同时，也产生了第一次社会大分裂，分裂为两个阶级：主人和奴隶。①

人类在相对固定的区域内从事农业生产的活动，他需要相应的生产工具。最初的生产工具简陋粗糙，随着农业生产活动的展开，生产工具不断地改进，铁已在为人类服务，铁使更大面积的田野耕作、广阔的森林开垦成为可能，它给手工业者提供了一种坚硬锐利的工具，刺激了手工业的发展。财富在迅速地增加，"织布业、金属加工业以及其他一切彼此日益分离的手工业，显示出生产的日益多样化和生产技术的日益改进；农业现在除了提供谷物、豆科植物和水果以外，也提供植物油和葡萄酒，这些东西人们已经学会了制造。如此多样的活动，已经不能由同一个人来进行了"②。这就出现人类社会的第二次大分工——农业与手工业的分工。生产的不断增长以及随之而来的劳动生产率的不断增长，提高人的劳动力的价值。早先零散现象的奴隶制，现在已成为社会制度的一个根本组成部分。奴隶被成批地赶到田野和工场去劳动。③

手工业从农业中独立出来，它可以与农业进行交易，出现了直接以交换为目的的商品生产。最初的交易是简单的物物交易，而且是偶然的、随机的。随之而来的是贸易，不仅有部落内部和部落边境的贸易，而且海外贸易也有了。随着新的分工，社会又有了新的阶级划分，各个家庭首长之间的财产差别，炸毁了各地迄今一直保存着的旧的共产制家庭公社；同时，也炸毁了为这种公社而实行的土地的共同耕作。个体家庭开始成为社会的经济单位。④ 劳动产品中日益增加的一部分是直接为了交换而生产，这就把单个生产者之间的交换提升为社会的生活必需。恩格斯在《家庭、私有制和国家的起源》中说此时我们"走到了文明时代的门槛了"⑤，文明时代巩固并加强了所有这些已经发生的各次分工，特别是通过加剧城市和乡村的对立而使之巩固和加强。农业和手工业生产的劳动产品要想顺利地交易出去，这就需要一个市场的环境进行变现。这时候商人出现，物物交易，商业得以发展。也就是说，

---

① 马克思，恩格斯. 马克思恩格斯选集：第 4 卷 [M]. 北京：人民出版社，1995：161.
② 马克思，恩格斯. 马克思恩格斯选集：第 4 卷 [M]. 北京：人民出版社，1995：163.
③ 马克思，恩格斯. 马克思恩格斯选集：第 4 卷 [M]. 北京：人民出版社，1995：163.
④ 马克思，恩格斯. 马克思恩格斯选集：第 4 卷 [M]. 北京：人民出版社，1995：164.
⑤ 马克思，恩格斯. 马克思恩格斯选集：第 4 卷 [M]. 北京：人民出版社，1995：165.

手工业生产的工具与农业生产的粮食作物经商人之手互通有无而实现了便利的交易。这就出现了人类社会的第三次大分工——手工业与商业的分工。

商人的出现，带动了市场的发展，市场作为供求关系的集结地，渐渐有了固定的交易场所，城市也就随着市场的活跃而发展起来，由此带来了城乡之间的分工。当人类生产的能力能够满足其基本的生活需要，就推动着另外一种分工的出现——体力劳动与脑力劳动的分工。因为当人类生活中有了剩余的生活资料，这就使得人类社会中有一部分人从体力劳动中分离出来，专门从事探索、认识客观世界以安顿身心。正是脑力劳动对客观世界的探索与认知，进一步提升了人类认识与改造客观世界的能力，拓展了人类生存与发展的空间。因为人类的活动不仅是满足自身生存的事宜，它还蕴含着认知与探索现实世界拥纳美好生活的诉求。脑力劳动与体力劳动的分工就敞开了人类生活的这种可能性。

后续人类社会的分工在科学探索、技术进步与生产的社会化激发下日益产生重要的社会推动力。也就是说劳动分工作为技术进步和生产社会化的产物，由生产资料和劳动者的技术发展水平，特别是生产工具的性质和状态所决定。"以前那种封建的或行会的工业经营方式已经不能满足新市场的出现而增减的需求了。工场手工业代替了这种经营方式……各种行业组织之间的分工随着各个作坊内部的分工的出现消失了。但市场总是在扩大，需求总是在增加，甚至工场手工业也不再能满足需要了。于是蒸汽和机器引起了工业生产的革命。现代大工业代替了工场手工业。"① "劳动的组织和划分视其所拥有的工具而各有不同。手推磨所决定的分工不同于蒸汽磨所决定的分工。"② 此处如果用马克思的话语进一步阐发，那么蒸汽磨所决定的分工不同于电气化所决定的分工，电气化所决定的分工不同于信息技术和互联网技术所决定的分工。在这个过程中，我们会发现，生产的工具在劳动分工中的重要作用。"生产工具的积聚和分工是彼此不可分割的，正如政治领域内国家权力的集中和私人利益的分化不能分离一样"③。"工具积聚发展了，分工也随之发展，并且反过来也一样。正因为这样，机械方面的每一次重大发展都使分工加剧，而每一次分工的加剧也同样引起机械方面的新发明"④。分工程度受生产技术性质制约。在给定的技术条件下，有相当伸缩余地。

在人类思想史上，亚当·斯密首先对劳动分工进行了研究，后续马克思和涂尔

---

①　马克思，恩格斯. 马克思恩格斯选集：第 1 卷 [M]. 北京：人民出版社，1995：273.
②　马克思，恩格斯. 马克思恩格斯选集：第 1 卷 [M]. 北京：人民出版社，1995：161.
③　马克思，恩格斯. 马克思恩格斯选集：第 1 卷 [M]. 北京：人民出版社，1995：165.
④　马克思，恩格斯. 马克思恩格斯选集：第 1 卷 [M]. 北京：人民出版社，1995：166.

干相继又从不同的角度展开探索。1776年3月，亚当·斯密在《国富论》中第一次提出了劳动分工的观点，并系统全面地阐述了劳动分工对提高劳动生产率和增进国民财富的巨大作用。亚当·斯密提出的分工论，在当时起了很重要的作用，之后在经济学、社会学、政治学等学科领域产生重要的影响，甚至有的社会学家（如涂尔干）专门以"社会分工"作为探讨的主题，由此我们看到，分工对于一个社会发展所起的作用。在涂尔干看来，分工的作用不仅限于改变和完善现有的社会，而且使社会成为可能。分工既带来经济效益，又超出纯粹经济利益的范围，构成了社会和道德持续本身。有了分工，个人才摆脱孤立的状态，而形成相互间的联系；有了分工，人们才同舟共济，而不是一意孤行。总之，只有分工才能使人们牢固地结合起来形成一种联系，这种功能不只是在暂时的互让互助中发挥作用，它的影响范围是很广的……交换之所以发生，其原因在于两个不完整人所形成的相互依赖关系。因此，交换就是对这种依赖关系的外在阐释，对其内在和深层状态的外在表现。[①] 在范围比较大的群体里，分工具有整合社会机体，维护社会统一的功能，它为我们提供了各种活动的全部领域。由于分工可以提高效率，到20世纪初亨利·福特就把生产一辆汽车分成了8772个工时。由此可见：分工对于有效率的组织生产的意义所在。分工论成为统治企业管理的主要模式。后来的专业分工、管理职能分工、社会分工等理论，都与斯密的分工学说有着"血缘关系"。

二、劳动分工与劳动专业化

（一）劳动分工的分类

劳动分工有着不同的分类标准，依循不同的分类标准，劳动分工有如下三种划分类型：

1. 按照劳动分工基于局部与整体的标准，可分为微观层次的劳动分工和宏观层次的劳动分工

微观劳动分工是指某个组织内部工艺流程的劳动分工。宏观劳动分工则是指整体社会的产业分工。

18世纪人们普遍认为，越是微不足道的制造业，分工越细致。所以亚当·斯密指出："他们之所以得出这样的结论，是因为那些微不足道的制造业需要雇用的工人必然很少，不同部门的工人往往可以集中在同一个工厂中工作；而那些大型的制造业因为需要雇用的员工实在太多了，一个工厂根本装不下，所以分散在许多不同

---

① 涂尔干. 社会分工论 [M]. 渠敬东，译. 北京：三联书店，2017：24-25.

的工厂中。"对于微观层次的劳动分工和宏观层次的劳动分工，具体来看是这样的。

微观层次的劳动分工是聚焦于某个组织内部工艺流程的劳动分工。此分工会导致劳动生产力的增进，运用劳动时会表现为更大的熟练、技巧和判断力。在企业内部，每个人只对生产活动的一部分负责，而不是参加所有的活动来完成该产品的生产；在一项技术上可分的生产活动中，一个工人被指定完成其中项数越多，其专业化程度就越低，分工的程度也越低。反之，分工程度就高。劳动技能因专业化而提高。亚当·斯密在《国富论》中以制针工艺的分工为例展开说明劳动分工的强大威力。"一个制针工人，尽他最大的努力，一天能够独立制造出的针也不会超过20枚。但如果把制造一枚针分成不同的工序，每一道工序由不同的人担任，比如一个人负责抽丝，另一个人拉直，第三个人切断，第四个人削尖……那时一个制针厂雇用10个人，一天就能制造出48 000枚针，相当于每个人每天能制造4800枚，比原来的20枚翻了整整240倍。"① 由此，我们可以发现专注于生产工艺流程的某一环节可以提高劳动的熟练度、技巧和加工制作的水平。不仅仅是制针业这种微不足道的制造业，劳动分工的效果在其他行业中也同样显著。尽管并非每个行业都能把工艺细分到制针业这样的程度，也不可能每一道工序都如此简单，但在每一种工艺中，只要能采用劳动分工，效率就能成比例增长。

宏观层次的劳动分工是指整体社会或某一区域的产业分工。它既是经济进步的原因，又是经济进步的结果。宏观层次的劳动分工进一步强化相应产业的规模效应和产业竞争力，此竞争力反过来会回馈该产业的利润增长，形成互为因果关系的动态叠加效果。这个因果累积的过程体现出报酬递增机制。分工创生供求关系，供求刺激、强化分工纵深发展。仅就运输产业而言，在其还未从其他产业中分离出来时，人们只能通过现有的方式往返奔波；但是当运输产业成为一种专门的工业，人们就

---

① 马克思在《资本论》中曾提到："据亚当·斯密说，在他那个时候，10个男人分工合作每人每天能制针4800多枚。"亚当·斯密对制针中的劳动分工及其经济效果做过如下描述："一个劳动者，如果对这种职业（针的制造由于分工而成为一种专门职业）没有受过相当训练，又不知怎样使用这种职业上的机械（使这种机械有发明的可能，恐怕也是分工的结果），那么纵使竭力工作，也许一天也制造不出一枚针，要做出20枚，当然是绝对不可能的。但按照现在的经营方法，不但这种作业全部已经成为专门职业，而且这种职业分成若干部门，其中有大多数也是成为专门职业。一个人扣铁丝，一个人拉直，一个人切截，一个人削尖铁丝的一端，一个人磨另一端，以便装上圆头。做圆头需要有种不同的操作，装圆头，涂白色，乃至包装，都是专门的职业。这样，针的制造分为18种操作。有些工厂，这18种操作分别由18个专门人担任。当然，有时一人也兼任两三种。我见过一个小工厂，只雇用10个工人，因此，在这一工厂中，有几个工人同时担任两三种操作。像这样一个小工厂的工人，虽然很穷，必需的机械设备也很简陋，但他们如果勤勉努力，一日也能成针12磅。有了分工，同数劳动就能完成比过去多得多的工作量。"

不再满足曾经心满意足的生活，进而产生了更多的需要。它在经济学上往往以斯密定理或斯密教条①的方式展开探讨。

2. 按其自身的形成过程和内在属性，劳动分工可以分为自然分工和社会分工

所谓"自然分工"是指在人类社会初期以人自身的生理条件差异为基础而自然形成的分工。在自然分工体系中，不同的生产者个体分别担负不同的劳动或生产职能。涂尔干提出，这是物竞天择的结果，正是有了分工的发展，大多数人才能自保和幸存下来。人类社会的早年，由于生产力发展水平低下，更多的是基于人自身生理条件的差异而形成的分工，比如，男女之间、长幼之间的分工，男的力气大，女的做工细腻、有耐心，年老与幼小的弱小，盛年的强壮等，以至于在某些社会情境里还存续这种自然分工的印记。在我们日常生活中存在的"男主外，女主内"现象就是如此。当然，现代社会生活里，社会平等观念深入人心，人们普遍受教育水平的提高，男女因自身生理条件上的不同而呈现在职业发展上的水平与技能的差异大为改观。

所谓"社会分工"是指随着生产力的发展，人们把社会经济活动划分为不同的生产功能和劳动方式的分工。此处的劳动方式和我们前面提到的劳动方式是一致的。

在这里，"劳动方式"的含义可以从广义的和狭义的两个方面去理解。（我们课程中的劳动方式是侧重于狭义的方面）

从广义上说，劳动方式是指劳动者在生产过程中所采取的劳动组织形式，具体包括劳动组织者之间和劳动组织内部的分工和专业化协作形式、劳动成员之间的关系以及劳动组织的规模与状态等。比较典型的劳动组织形式如科层制以及时下组织形式的扁平化趋势等。

从狭义上说，劳动方式即指劳动者个体进行生产活动时的行为方式或"操作"方式。我们课程则重点关注行为方式或操作方式。课程开设的自主板块中就有手工制作，通过同学们的手工制作，可以看到每个同学劳动的行为方式或操作方式的特点、习惯。更具体地说，按协作的水平不同划分，可以有简单协作和复杂协作的劳动方式；按劳动组织的规模不同划分，可以有个体劳动方式和集体劳动方式；按劳动者之间的分工协作关系划分，可以有组织内部劳动方式和企业之间或社会内部劳动方式，等等。

如果考虑到上述按不同标准划分的各种劳动方式之间的多种组合，则劳动方式将会更加纷繁多样。但是，尽管如此，劳动方式这一范畴的外延无非涉及两个方面：一是单个生产组织内部，二是各个生产组织之间或社会内部。

---

① 参见杨小凯先生关于此问题的更专业的说明。

3. 按由粗到细的层级划分，劳动分工分为职能分工、专业分工、技术分工

此种划分呈现了由面及点的细化。

职能分工：企业员工按所执行的职能分工，一般分为工人、学徒、工程技术人员、管理人员、服务人员及其他人员。这是劳动组织中最基本的分工，它是研究企业人员结构，合理配备各类人员的社会分工基础。

专业分工：它是职能分工下面第二个层次的分工。专业或工种分工是根据企业各类人员的工作性质的特点所进行的分工。我们常见的工厂里有电工、钳工、焊工、水暖工等就是如此。

技术分工：指每一专业和工种内部按业务能力和技术水平高低进行的分工。诸如学徒、技术工、工程师区分就属于技术分工。进行这种分工，有利于发挥员工的技术业务专长，鼓励员工不断提高自己的技术水平。

这种由粗到细的层级划分，是由面及点的细化，其所遵循的原则是：

（1）把直接生产工作和管理工作、服务工作分开。

（2）把不同的工艺阶段和工种分开。

（3）把准备性工作和执行性工作分开。

（4）把基本工作和辅助工作分开。

（5）把技术高低不同的工作分开。

也就是说，搞生产工作的就专注生产，搞管理或服务就抓好管理或服务，比如，你是钳工就把钳工的事情做细做精，在产品生产过程中你做的工作是准备性的，就需要对原料、配件的库存与日常用度心中有数；如果所做的工作是执行性的，就需要保证工作的严谨性和质量的高标准，主角、配角如何配合，技术高低不同，技术高的处于关键的或有挑战性的生产位置，担当高精尖的生产任务，技术低的则完成一般性的生产任务。因而职能分工、专业分工、技术分工要求各司其职，每个劳动者要明确自己的身份认定、能力认定以及自身精细水平，切实履行职能，定位角色，发挥专长。

（二）产业分工与专业化

正是由于劳动分工，造成产业的分工，推动了产业的发展。如今全球化的大潮中，产业的分工在世界范围内或某一区域间呈现，推动着市场规模的扩大；市场规模的扩大又进一步激发了劳动分工的细化。所以，我们说，劳动分工取决于市场规模，市场规模又取决于劳动分工。劳动分工一方面受制于它应该满足的需求范围，或者说市场规模；另一方面受制于相应生产方式的生产能力。市场的规模制约着劳动分工的水平和程度。劳动分工的水平决定着市场细分的档次和差异化。在产业分

工的过程当中，进一步强调生产的专业化水准。如果分工适应了某种社会需要，就会朝着专业化方向发展，更充分、更精致的产品就会制造出来，推动社会持续不断地发展。我们朝着专业化方向发展，不只是因为我们要扩大生产，更重要的是它为我们创造了新的生存条件。我们的近邻日本，被誉为"工匠之国"，掌握全球领先的精益生产与企业管理技术。据研究机构显示，日本是世界上拥有长寿企业最多的国家，超过 1000 年历史的日本企业有 21 家，超过 500 年的有 147 家，超过 300 年的有 1938 家，百年以上的超过了 2.5 万家，居世界首位。源于日本丰田的精益生产方式，是当前工业界公认最佳的生产组织体系和生产方式之一，被称为"改变世界的机器"。① 而成立于 1919 年（97 年历史），员工 70 人（8 个中国人，70 岁以上的员工有 4 人）的生田产机，主要以制造铜条延展机械为主，拥有世界唯一的集硬面削切、铣刀、铣刀专用磨床于一身的企业，生田产机产品应用领域为日本造币局、混合动力汽车的铜导电开发、电子元部件的小型化开发等；产品技术占全球 17 位，在日本排名前 10 位。精益生产，专业化水准达致世界一流。这是非常值得我们学习和反思的样本。当我们日常生活中听到有些人"什么赚钱就生产什么""眉毛胡子一把抓"，那么他们恰恰犯了专业化生产的大忌，没有真正明了产业分工与专业化对于一个企业立于不败之地的根本意义。

此处我们基于分工导致生产的专业化引出一个重要的思想，那就是斯密定理。亚当·斯密认为，若分工要进一步发展，"分工范围总是受到交换能力的限制，换言之，即受到市场范围的限制"②。一是指出了交换能力或市场容量是分工的约束条件。分工对国民财富增长有重大作用，但分工的深化是有条件的。二是分析了影响市场容量的因素。斯密列举了两个因素——人口密度与交通。当然斯密定理指出了分工的一个约束条件——分工受市场范围限制；又一经济学家科斯则指出分工的另一约束条件——分工受交易成本限制。

三、劳动分工提高劳动效率

劳动分工在人类社会当中发挥着重要作用，它最突显的作用就是提高劳动效率。在经济学史上，斯密和马克思是对分工进行最详细论述的两个人。只不过马克思侧重从生产制度演变的角度考察分工，斯密更侧重于从经济增长的角度来考察分工。

---

① 阿米巴经营方式作为日本企业长寿的基因密码，稻盛哲学作为阿米巴经营方式背后的力量，已成为日本民族精髓。日本以最谦逊、最极致的学习态度和匠心精神，创造了丰田、三菱、软银、索尼、松下、优衣库等大批耳熟能详的百年名企。

② 亚当·斯密. 国富论［M］. 杨敬年，译. 西安：陕西人民出版社，2001：22.

斯密认为，国民财富积累首先的也是最重要的原因是劳动生产率的提高，而劳动生产率的提高则是分工的结果，所以，分工是促进国民经济增长的重要源泉。

（一）分工可迅速地提高生产的专业化程度，从而提高劳动生产率

分工与专业化是同一事物的两个侧面，分工必然使得每个劳动者生产专业化。专业化分工提高劳动熟练程度、节约劳动转换时间，节约培训成本。因为，反复操作可以精于某项技巧，减少工作转换次数①；分工使人专于一行②，可避免反复支出培训费用。

（二）减少劳动监督成本

分工程度越高，个人责任越明确，工作内容简单，易监督，监督成本相应较低。相反，分工程度低，单个工人从事劳动内容复杂，监督难度加大，监督成本上升。

（三）劳动分工可以使劳动简单化，可以促进机器的发明和使用③，有利于创造新工具和改进设备

同样机器生产对分工又有着进一步的促进，如马克思所言："机器生产用了少量工人，所提供的原料、半成品、工具等等的数量日益增加了——机器生产同工场手工业相比使社会获得无比广阔的发展，因为它使它所占领的行业的生产力得到无比巨大的发展。"④ 这是对劳动分工在人类社会发展中提高劳动效率的说明。但是我们也要警惕并试图克服高度分工带来的消极影响。

（四）警惕高度分工导致的消极影响

当人类置身于现代社会，分工是人类生活的常态，但是在高度分工的情形下，需要我们警惕三个方面：

第一，高度分工使工作变得单调，工作易疲劳，职工对工作环境、企业产生厌恶和敌对的情绪，合作意愿下降。（与丰富有趣的工作相比，单调的工作意味着较恶化的工作环境，职工为同等劳动付出的代价相应增加。）最典型的案例是前几年引发社会关注的富士康事件——员工在高度分工的生产流程中产生对工作环境的厌恶，以至于出现一些极端的事件。

第二，高度分工降低了工人对整个生产过程之间关系的了解，应变和自动协调

---

① 分工"从节约一种工作转到另一种工作所丧失的时间得到的好处，比我们骤然看起来所能想象的要大得多。"亚当·斯密.国富论［M］.杨敬年，译.西安：陕西人民出版社，2001：11.

② 亚当·斯密.国富论［M］.杨敬年，译.西安：陕西人民出版社，2001：11.

③ "使得劳动得以如此便利和简化的所有那些机器的发明，最初都是由于分工。"亚当·斯密.国富论［M］.杨敬年，译.西安：陕西人民出版社，2001：12.

④ 马克思，恩格斯.马克思恩格斯全集：第23卷［M］.北京：人民出版社，1972：487.

能力下降。高度分工影响个人应变能力，也会导致企业整体应变能力下降。由于现代社会整体的技术变迁和经济结构调整导致技术升级、产业结构调整，会引发结构性失业。

第三，高度分工容易造成对企业中下层员工特别是下层员工不利的分配关系。高度分工的情形使得下层员工往上跃迁受到了抑制，工作的动力和积极性难以激发。这一问题不仅在企业中出现，基层的行政机构与事业单位也同样面临。学术界与人力资源管理部门则投以关注，在激励机制上做了一些探索性的调整，激发了基层员工提升业务技能与水平的热情，比如当下推行职能岗位与技术性岗位并行，就为基层员工凭借自身的业务技能认证脱颖而出拓宽了渠道。

以上三点是我们对高度分工需要加以警惕的。

第二节　善学勤练，提高劳动技能

一、劳动技能的概述

日常生活或工作中，我们很直观地看到劳动技能的样子，有些是基础性劳动技能，有些是专业化劳动技术。那么劳动技能是怎么界定的呢？

劳动技能就是岗位在生产过程中对劳动者素质方面的要求，主要反映岗位对劳动者智能要求的程度。

劳动技能本质上是人的劳动能力：体力能力、智力能力和心理能力。

体力能力是人体活动时所能付出的力量，是其他能力要素形成与发挥的基础。表现为人的筋骨肌肉力量、灵敏度和感官能力。筋骨肌肉力量就是我们观察和体味到的耐受力，灵敏度则是我们观察和评价时所强调的反应力，感官能力是各感官的协调统合力。

智力能力是劳动技能的核心，是人认识客观事物并运用知识解决实际问题的能力。通常表现为人的生产经验、思维能力、文化知识、专业知识、技能专长等。

心理能力即人的心理特征，对其他技能的形成与发挥起到推动或阻碍的作用；其中能否做到沉着专注、心无杂念将是最为紧要的。作为合格的劳动者，必须具有健全的心理能力，才能正常地参与生产与工作。

三种能力互相联系，有机结合，构成劳动者的劳动能力。特别是其中的智力能力作为劳动技能的核心，是一个人能否从事复杂劳动的关键所在，体现着劳动者的技能水准。专业化的水准纯粹是个人努力的结果，个体一开始并没有固定在某种职业上，每个人的天性并没有注定他只能从事唯一的工作，而不能从事其他职业。个体要想把自身的能力投入专门的技能上，并使其沿着专业化的方向发展，就必须集中训练他的职业直接需要的能力，同时，节制其他的能力。瑟克雷当在其《道德原理》中说："要想完善自己，就得了解自己所扮演的角色，让自己完全适合自己的职业……我们要完善自我，决不在于自得其满，决不在于去赢得听众的掌声和一知半解者的赞许，而在于我们各尽其责，在于我们再接再厉地继续我们的工作的能力。"① 一个人的绝对责任不在于把普通人的所有特质都集中在自己身上，而在于把这些特质用于他的职业，教育不断专业化的事实就反映了这种观念。现代化的生产对劳动者的智力，特别是对劳动者的科学知识水平要求越来越高，劳动者在生产过程中智力支出所起的作用越来越大，智力支出比例也越来越大。劳动者劳动能力的大小，主要取决于他所掌握并能运用的科学技术知识的多少，因此，教育是提高劳动者素质和技能水平的根本途径。在这个过程中，我们国家格外强调经济社会的发展要依赖于劳动者素质的提高，基于此，国家提出了人才强国和科教兴国战略，激励人的作为，使人把自身的天性、创造和想象的欲望以及勇于革新的热情发挥出来，与之相配套的举措接续跟进，国家层面的高精尖人才给予"长江学者"的称谓和激励，区域和地方的高精尖人才给予"泰山学者""紫江学者"等称谓和激励，重点研究型大学和机构给予文科领军人才、自然科学领军人才、工科领军人才的称谓和激励等，如此不拘一格用人才就是对劳动者智力能力的重视与认可。从中我们也看到对劳动技能的衡量标准。

衡量劳动技能的标准是什么？

一般而言，我们主要看劳动过程中劳动技能是否能够对财富的创造起贡献作用，即成为财富形成的源泉。这就提供了劳动技能的衡量标准，劳动技能对财富创造的贡献度越大，其价值也就越高，反之亦然。此处的财富不只是物质财富，还包括精神财富。

但劳动技能的价值大小并不完全取决于劳动者所具有的劳动技能，还与劳动技能使用的环境（正常健全的社会条件与用人如器的选材环境）紧密相关。这里主要指所处社会是不是一个正常健全的社会，整个社会是否有用人如器的选材氛围。劳动技能要能够被组织所利用，这里的"组织"可以大到一个国家或地区，也可以小到一个企业或单位。在现代社会里，组织是社会财富创造的基本模式，劳动者的劳动技能要对社会财富的创造做出贡献，就必须融入组织中去，通过把自己的劳动技

---

① 参见涂尔干. 社会分工论［M］. 渠敬东，译. 北京：三联书店，2017：5.

能与组织的需要相结合，为组织目标的实现做出贡献。"长江学者""泰山学者""紫江学者"、文理工科的领军人才都是紧紧围绕我们建设创新型国家、世界一流大学、国家一流大学的目标而相匹配的。每个同学也应该在最好的青春当儿不负韶华，不断地提升自己的劳动技能，做一个有专业水准的劳动者，服务社会。

二、劳动技能的分类

一般情况下，我们会看到生活中的劳动技能（比如烹饪高手、生活技巧的能手，有些人在日常生活中就是擅长动手）、工作场景中的一般性劳动技能（一般人不必特殊训练即能上手的劳动技能）、专业水准的劳动技能（需要经过专业训练才能胜任的劳动技能）。对劳动技能的分类则要从以下几个方面给予说明。

（一）技能是否有专业水准要求

一般劳动技能和专门劳动技能。一般劳动技能是劳动者从事一般工作的能力，是劳动技能的基础。专门劳动技能是劳动者的独特能力，是创造财富（物质财富和精神财富）的核心能力。基于此，大学生要想在未来的职业发展中脱颖而出，现在除了具有一般劳动技能之外还需要在专门劳动技能上下功夫。

（二）呈现技能的人数要求

个体劳动技能和组织（群体）劳动技能。个体劳动技能是组织劳动技能的基础，组织劳动技能是个体劳动技能的有机整合。一般来讲，组织的结构体系越科学、劳动力配置与激励越合理、组织变革越及时，则组织的劳动技能越强。职业不同，劳动者所需要的工作环境要求是有差异的。有的职业需要劳动者独立完成，则需要发挥他（她）的个体劳动技能，比如，作家创作，这是一项创造性的工作，基于对人类生活场景观察、阅历、提炼而独立展开的头脑构思与制作。有些事项或工作则需要充分运用组织劳动技能，发挥团队协同攻关有机联动。比如，应对地质灾害、旱涝灾情等自然灾害或突发事件，疫情、重大工程的建设、科研项目的运作与研讨、规模以上企业的有效运作等都有赖于组织劳动技能有力的施展。更具体的一个案例就是新冠病毒的联防联控充分展示了组织劳动技能的水平：党和政府的有力领导和组织、专家团队的科学研判分析与治疗方案适时调整、医护人员一线的救治与联动、医疗资源的配备、全国医护人员的团队接力、科研团队的协同攻关、一方有难八方支援的慈善与志愿参与、基层组织的消杀、对人员流动的控制与追踪，中国经受住了新冠病毒疫情的考验，这也是对我们整个社会组织劳动技能充满挑战性的检视。在疫情中充分发挥了党的全社会动员能力的优势，发挥了中国特色社会主义制度的优势，发挥了中国共产党领导核心的作用。

（三）技能显现的程度要求

显现劳动技能和潜在劳动技能。显现劳动技能是已经发挥出的劳动技能，潜在劳动技能是尚未发挥出来的劳动技能。潜在劳动技能是显现劳动技能的基础，潜在劳动技能越大，能够发挥出的显现劳动技能才可能越多，发挥的质量才可能越高；反过来，显现劳动技能发挥得越多、越充分，又能够有效地促进潜在劳动技能的提升。大学生现在的学习与技能训练中，一方面要巩固和强化自己的显现劳动技能，另一方面要全面地沉淀自我，积累、提升综合素养水平，以激发潜在劳动技能，进而使得两种劳动技能能够相得益彰。

我们对劳动技能也有相应的检测指标。劳动技能的检测指标囊括技术知识要求、操作复杂程度、品质质量难易程度、处理预防事故复杂程度。具体如下：

1. 技术知识要求

生产岗位知识文化水平和技术等级要求。

2. 操作复杂程度

生产岗位作业复杂程度和掌握操作所需的时间长短。

3. 看管设备复杂程度

生产岗位使用的生产设备的复杂程度及看管设备所需的经验和技术知识。

以上2、3点是操作复杂程度的细分。当下的生产中复杂的操作与使用对劳动者提出了更高的要求，仅具有一般劳动技能是不够的，还需要提升专门劳动技能以及与信息化、数字化相适应的综合素养。比如，现代化生产流程只需人力焊接和开掘的话，可能具有一般的焊接和挖掘技术即可；如果是要求精细化程度高、施工环境复杂有挑战性，则需要具有沉稳的心理素质和高超的操作技术，甚至要在智能终端具有操控机器人手的能力、操作盾构机的能力。再如，核电站的诸多按钮的操作必须精熟在心，看管这些设备不只是需要责任心，而是针对生产过程中出现的任何情况都能适时稳健地操控好不同的按钮；这对于安全生产意义重大。

4. 品质质量难易程度

生产岗位生产的产品品种规格的多少和质量要求的水平，体现为对技能水平的要求。产品品种的规格决定产品的适用领域与范围，是否有能力生产出社会所需要的某种规格的产品并能有质量上的保证，则直接决定能否国产化。因而技术研发以及伴随之的生产工艺与技能水平就变得非常重要。中国实现从制造业大国向制造业强国的跃迁，进而2035年达成创新型国家的目标都与生产产品的品质质量相关。

5. 处理预防事故复杂程度

生产岗位能迅速处理和预防其易出事故所应具备的能力水平。生产过程中是否有相应的预警机制与应对举措，在岗位责任落实到人的情况下能否迅速地应对，这对于安全生产而言则是最后一道防线。

因此，可以依循以上几个方面，加强生产过程中的劳动技能检测。平时开展的生产大练兵、技能大比武、安全大演练等形式，评定生产标兵、技能标兵、安全标兵等称号，也是检测劳动技能、提升劳动技能、激发劳动者积极性的一种形式。

案例：大国工匠——高凤林

焊接火箭"心脏"发动机的中国第一人。长征系列火箭是我国最重要的运载火箭，40%的长征系列火箭"心脏"的焊接都出自高凤林之手。精湛的技艺将火箭心脏的最核心部件泵前组件的产品合格率从29%提升到92%，破解了20多年来掣肘我国航天事业快速发展的难题。火箭生产的提速让中国迎来了航天密集发射的新时代。因此，给予他"大国工匠"的称号，他受之无愧。

颁奖词：突破极限精度，将龙的轨迹划入太空；破解20载难题，让中国繁星映亮苍穹！焊花闪烁，岁月寒暑，高凤林，为火箭铸"心"，为民族筑梦！

以高凤林等大国工匠为高标，从日常的大学生活里，力求做一个有水准的人，有着非常过硬的专业劳动技能，应是新时代大学生的内在自觉和自我期许。因而，善学勤练，乐学实干也就成了"劳动修养"课的最基础性的要求。

三、善学勤练，乐学实干

掌握劳动技能使大学生在未来的职业发展中既能动脑，又能动手，手脑并用，全面发展。劳动技能的训练是把劳动教育与工农业生产、社会服务性劳动的技术教育结合起来，既有利于促进学生德智体美劳全面发展，也为同学们将来的就业准备一定的条件。大学教育使同学们学到一定的专业技术知识和某种职业技术所需的基础知识，参加一定的生产劳动实践，学会使用一些生产劳动工具的技能，促进同学们身心的健康发展。因而，老师此处给同学们提出"修养四关键"：善学、勤练、乐学、实干。

善学即用心。大学生要做有心人，善于从专业的学习、书籍的阅读和社会实践活动中用心地汲取一些技巧、技能与才干，在见贤思齐中用心磨砺自我，笃定初心，发现自身的专注力，让专注力搭建人际关系的桥梁，身心保持最佳的状态。

勤练即下力。大学生对待自己的课业、专业、技能的学习不要蜻蜓点水浅尝辄止，要勤字当头，倾力而为，让心无杂念成为自己最好的态度。在劳动与做事中，一个"勤"字足以把人的水平与收获区分开来。

乐学即有趣。大学教育，老师既要求每位同学有着不错的专业训练和劳动技能，又提醒和希望同学们能够做一个有趣味的人。通常来说，没有兴趣，就没有专注力；身心放松，意念才能集中，相应地做事才能专心致志。我们在开展的各项训练中要找到学的乐趣所在，培养起专业的兴趣、生活的趣味，健全自己的心性，能够自如地应对和调适自己生活、学习和工作遭逢的各种事情，乐在心中起，趣溢生活间。

实干即有劲。劳动与做事要脚踏实地，俯下身子，埋头下劲，孜孜以求，力避意志软弱或修养不足导致的轻滑、松垮与懈怠。不要掉进学习焦虑的陷阱，亦力避过度沉迷于社交软件，还不能让小事羁绊自己以至于消耗过多的精力，有效提升时间管理的能力。只有这样，我们才能在劳动技能的习得、专业水准的提升上得到真正的落实。否则，浮在表面，走马观花，随意打发应对，那么我们也只是得之皮毛，业不精，技不专。因此，在大学的时光里自觉地修养自身，善学、勤练、乐学、实干，在手脑并用、身心健康上真正有可为，真正实现德智体美劳的全面发展。

培养大学生的劳动技能要落实到行为层面，尝试—创造—收获—喜悦—推动自己更好地锻炼劳动技能。习近平总书记说："一切劳动者，只要肯学肯干肯钻研，练就一身真本领，掌握一手好技术，就能立足岗位成长成才，就都能在劳动中发现广阔的天地，在劳动中体现价值、展现风采、感受快乐。"① 因而大学生需要扎实地学好专业理论，用理论指导实践，以诚实劳动创造价值；需要积极参加实验实习、科学研究等实践教学环节，提高实践动手能力，为职业生涯打下坚实基础，以勤奋劳动服务社会；需要勇于投身社会实践、志愿服务、科技创新等劳动实践中，掌握劳动技能，提高专业素养，以科学劳动促进社会发展；由此在大学教育中，大学生通过劳动体验、技能训练、社会服务、职业指导四条主线，形成专业教育、知识学习和技能实践相互贯通，专业研习与产学研相互协同，劳动课程第一课堂、社会实践第二课堂、校园文化第三课堂相互补充的劳动教育格局。

思考题

1. 什么是社会分工？
2. 基于劳动分工与劳动专业化发展的情形，谈一谈你对劳动技能的理解。

---

① 习近平．习近平在庆祝五一国际劳动节暨表彰全国劳动模范和先进工作者大会上的讲话［N］．人民日报，2015－04－28.

第 四 章

培育劳动意识， 养成劳动习惯

    同学们，大家想一下，我们平时的行事方式是个什么样子？做事时有什么特点？你们发现这里面是否与我们的劳动意识、劳动情感和劳动习惯有关系？怎样从哲学的层面理解劳动的三重蕴含对现实的人的建构意义？培养什么样的劳动情感是合适的？怎样才是好的劳动习惯呢？

第一节　培育劳动意识

    什么是劳动意识呢？在具体的劳动场景中，我们观察一个人是否具有劳动意识，就是看他（她）眼里是否有活儿，是不是能够积极主动。从学理上一般是这样界定劳动意识的：劳动意识，就是指无外界之干扰，劳动行为人出于自愿而选择劳动的自我意识，而非强迫下的行为反应。在劳动意识的结构当中，我们往往从两个方面把它揭示出来：一个是劳动动机，一个是劳动态度。

    劳动动机是劳动意识当中的始发、驱动因素，它具有明确的目的意识和目标指向。在劳动动机当中，它会呈现出四个方面的动机类型，即劳动的社会动机、成就动机、接触动机、物质报酬动机。劳动动机中社会动机在意的是劳动被社会和他人认可和接受；成就动机在意的是劳动与劳动的成果给予人的成就感，这种成就感是由劳动本身和劳动成果具有的创造性所激发与赋予的；接触动机通常在媒体、媒介传播中提及得比较多，作为劳动动机的一种类型，接触动机在意的是因劳动对象具有吸引力或对劳动过程感兴趣而产生的尝试性、探索性、参与性的念想；物质报酬动机在意的是劳动付出的回报与激励。由于个体或群体受教育水平的不同和从事的职业的不同，劳动动机的四种类型在其身上产生的激发点也有所不同。从事的职业越有创造性，激发的首要动机是成就动机，其他动机只是一种伴随状态；受教育水平低，体力劳动为主的职业，激发的首要动机是物质报酬动机。这里面也蕴含着马斯洛的需要层次论。一般而言，劳动者的劳动技能水平越低或者从事的劳动更多地依赖体力的付出，他（她）的劳动动机更多的是追求物质报酬的动机；如果劳动者的劳动技能水平比较高，他（她）的劳动动机则更注重成就感和社会的尊重与认可。

劳动态度是反映劳动者在劳动过程中的直接感受和社会政策导向的心理契合，它对劳动过程中的劳动行为有着统摄、控制的力量。在劳动场景中看到的有些人眼中有活，积极主动，而有些人则无动于衷，这都是与他（她）的劳动动机与劳动态度有关系的。

从这个角度看，劳动意识对于成为一个合格的劳动者非常重要，因而培育大学生的劳动意识则具有重要的意义。

一、培育劳动意识的重要意义

在阐发培育大学生的劳动意识的意义前，我们需要直面当下一个现实的境况，那就是大学生普遍的劳动意识不强，劳动教育缺失。何以出现这样的困境？

一是新时期的大学生（95 后、00 后的大学生），大多数是独生子女，在改革开放之后免于物资匮乏的幸福生活中成长起来，过着衣来伸手、饭来张口的生活，劳动意识和动手能力不强。请同学们审视一下日常生活中的自己：我是这样的人吗？如果你恰巧是这种情形的人，那么经由我们的劳动修养课来做一个反思和调整，看看能否改变自己劳动意识和动手能力不强的状况。

二是在社会主义市场经济转型过程中，出现了一些不良的情形，导致青年人由于诱惑性的迷失，身陷其中。在"一夜暴富"（争当网红、传销等）、投机取巧、不诚信经营、一锤子买卖的迷失中，虚荣心驱使下的网贷消费里，不劳而获、奢侈虚浮冲淡了勤俭节约、诚信务实等守住人的底线、彰显人的尊严的劳动教育理念。重庆首富尹明善家族包括他本人、其妻、其子、其女，都被立案调查，根源在于其子败家。为此需要进一步提醒青年学子，作为一个新时代的大学生，如果不能从理性上分辨一些人生的陷阱，靠着一时的冲动，听任虚荣心的驱使，意淫着什么"一夜暴富"的情形，走上不归路，这既是你接受大学教育的失败，又是你人生中的致命伤。正是由于青年人面临着这样极易迷失的困境，我们才在劳动修养课上强调培育劳动意识，加强劳动修养。

三是相比较于德育、智育、体育、美育而言，劳动教育还没有形成系统的教育体系，尤其是大家在基础教育阶段受高考指挥棒的影响，家长与学校更多地关注学生的分数，导致学生劳动教育的缺失，对劳动的基本认知出现偏差。

如何走出上述困境？2018年9月，习近平总书记在全国教育大会的讲话中就强调，"要努力构建德智体美劳全面培养的教育体系""要在学生中弘扬劳动精神，教育引导学生崇尚劳动、尊重劳动，懂得劳动最光荣、劳动最崇高、劳动最伟大、劳动最美丽的道理，长大后能够辛勤劳动、诚实劳动、创造性劳动"。这是以习近平同志为核心的党中央对劳动教育的深刻阐释，教育界视之为我国教育史上一个新的里程碑。随后在2020年3月20日，中共中央、国务院发布了《关于全面加强新时代大中小学劳动教育的意见》，整个教育全过程地加强劳动教育，以完整实现五育并举。由此我们看到对劳动教育从上到下都给予重视与落实，这是走出现实困境，培育劳动意识的必然抉择。培育劳动意识，可给予我们日常生活以基本的指引：劳动可以树德，劳动可以增智，劳动可以健体，劳动可以育美。

劳动可以树德。劳动教育可以培养学生勤劳俭朴、吃苦耐劳的精神品质，养成艰苦奋斗、团结合作的奋斗精神，形成尊重劳动、热爱生活的优秀品格，这是中华民族的传统美德，也是社会主义核心价值观的重要内容。

劳动可以增智。劳动教育可以促进学生全面吸收人类优秀的文明成果，掌握基本的专业技能，形成初步的职业意向，这是大学生基本的生存本领，也是促进大学生全面成长的必修课程。我们学校率先响应中央的决策部署，在习近平同志全国教育大会讲话之后，就着手修改人才培养方案的课程设置，把劳动修养课作为通识必修课在2019年试行，2020年全面铺展开来。

劳动可以健体。劳动教育可以促进学生强健体魄，健康身心，形成健全人格，锤炼意志品质，这是大学生的基础素质，也是大学生成才创业的根基。同学们在大学学习的过程中要有强健的体魄，劳动修养课可以创设相应的机会、途径和场景，实现劳动与身心健康的融合。

劳动可以育美。劳动教育可以促进学生树立"幸福是奋斗出来的"劳动价值观，以劳育美、以美育人、以文化人，促进学生陶冶性格情操，提高人文素养。

从认知的层面看，劳动修养课即是提高大学生的劳动认识。劳动既是人类创造并积累财富的过程，也是人类自我创造、自我完善的过程。

劳动构成了人的基本存在方式和基本的实践活动，今天的"劳动"已经不再是一种单纯意义上的体力付出，它不断地激发人们奋斗的热情和创新的潜能，是集智慧和勇气于一身的"创造"。由此来看，我们培育劳动意识意义重大。

二、劳动意识的三重蕴含

我们要想进一步理解和领悟培育劳动意识之于我们生命的深度关联，则需要从哲学的层面与人的存在本身来阐发劳动意识的三重蕴含。

劳动是一个哲学命题，马克思所创立的以现实的人的劳动为载体或承担者的劳动辩证法，对现实的人的劳动的理解和认识，也展示出人在现实社会情境的劳动中生成的过程。这里需要指出的是，马克思的劳动辩证法是受黑格尔《精神现象学》的影响，马克思发现黑格尔在《精神现象学》中"抓住了劳动的本质，把对象性的人、现实的因而是真实的人理解为他自己的劳动的结果"，马克思取其"合理内核"，把劳动置于从事物质生活资料生产的现实之中。① 在马克思主义的哲学语境中，劳动意识的三重蕴含是：劳动是确证人本质存在的基本方式；劳动是谋生的手段（生产力尚未充分发展、高度发达的现实情境）；劳动是自由而全面发展的需要（劳动展现了人生更开阔的前景）。

（一）劳动是确证人本质存在的基本方式

此一命题是根据马克思主义基本原理中科学实践观的内容所做出的一种提炼。我们知道，马克思主义作为新的世界观实现了人类哲学史上的伟大变革，其中实现变革的枢纽和关键所在就是科学实践观的提出。在《关于费尔巴哈的提纲》中，马克思说："全部社会生活在本质上是实践的。凡是把理论引到神秘主义方面去的神秘东西，都能在人的实践中以及对实践的理解中得到合理的解决。"② 马克思的实践概念有着本体论上的意味，他所谈论的实践的基本形式——生产劳动，也是首先从本体论着眼的。马克思关心的不是通过生产劳动去认识什么，而是劳动与人的本质关联、劳动的异化以及扬弃异化而实现人性的真正复归。在科学实践观中有这样的命题表达——"实践是人的存在方式"，对它的理解从三个层面给出说明：

其一，实践确证人的本质力量；

其二，实践以其双重品格（普遍性品格和直接现实性品格）表征着人的存在的特质；

其三，实践对于人的存在具有逻辑先在意义。

马克思主义对"实践是人的存在方式"三个层面的说明是基于实践的基本界定而展开的。实践的基本界定是这样说的：人（无论类存在、群体存在还是个体存

---

① 马克思，恩格斯. 马克思恩格斯全集：第42卷［M］. 北京：人民出版社，1979：163.

② 马克思，恩格斯. 马克思恩格斯全集：第3卷［M］. 北京：人民出版社，1960：8.

在）为了自身的存在和发展而能动地探索和改造现实世界的一切客观性的社会物质活动。从实践的基本界定中可以看到，人是一个能动的存在者，作为"现实的人"，是有着目的、意图和动机的，又有着对现实世界认知、探索和改造的想法（"现实的世界不会自动满足人的需要，人决心以行动改变它"），在现实世界的具体场景中开展活动，那么，作为实践的最基本形式的劳动则体现同样的蕴含。一方面，有意识的生命活动使人成为自觉的、有意识的人；另一方面，人的普遍性体现在，他能够通过劳动，全面地占有自然界，从而把整个自然界变成人的"无机的身体"。"正是在改造对象世界中，人才真正地证明自己是类存在物。"① 在马克思的语境中，人自己在劳动中自我创生，劳动指称人的本质规定的自觉自由的活动。

人类为了维持个体的生存和种族的繁衍，创造工具进行劳动，表现了人支配自然的能力，凭借过去的材料以创造未来。过去的材料是即成的，人只能接受，而劳动又是"引"的行为，把过去引向未来，即劳动把过去包含于现在之中，又在现在中孕育着未来，彰显了人的创造力。劳动本身不只是实际的使用，而且在使用中有着不断的自我超越、自我增殖，是一种有生命的创造过程。

从人的存在的本体论高度，即从人的实践的创造性与时间性来看，归根到底是"生产性"的表达。"人们之所以有历史，是因为他们必须生产自己的生活"②，而"社会生活在本质上是实践的"③，"生产"作为"实践"的本性，塑造着我们的存在及其历史本身。马克思在《关于费尔巴哈的提纲》中讲到，旧唯物主义认为人是环境与教育的产物，却陷入二律背反的困境，因为"环境是由人改变的，而教育者本人一定是受教育的"。走出二律背反的困境，只有从"环境的改变与人的活动一致"来理解劳动（或实践）的革命性。劳动对于人的历史生成所具有的前提意义，不仅表现在人类起源方面，而且表现在每一个人的现实生成方面，它构成人类赖以存在的不可离的永恒条件。

马克思在《德意志意识形态》"费尔巴哈"章中写道："我们首先应当确定一切人类生存的第一个前提也就是一切历史的第一个前提，这个前提就是：人们为了能够创造历史，必须能够生活。但是为了生活，首先就需要衣、食、住以及其他东西。因此，第一个历史活动就是生产满足这些需要的资料，即生产物质生活本身。同时，这也是人们仅仅能够生活就必须每日每时都要进行的（现在也和几千年前一样）一

① 马克思.1844年经济学哲学手稿 [M].北京：人民出版社，2000：58.
② 马克思，恩格斯.马克思恩格斯选集：第1卷 [M].北京：人民出版社，1995：95.
③ 马克思，恩格斯.马克思恩格斯选集：第1卷 [M].北京：人民出版社，1995：60.

种历史活动，即一切历史的基本条件。"① 马克思说，"任何历史观的第一件事情就是必须注意上述基本事实的全部意义和全部范围，并给予应有的重视"②，"一旦人开始生产自己的生活资料，即迈出由他们的肉体组织所决定的这一步的时候，人本身就开始把自己和动物区分开来"。因此，个人把自己和动物区分开来的第一个历史行动不在于他们有思想，而在于他们开始生产自己的生活资料。人们生产自己的生活资料的同时亦是间接地生产着自己的物质生活本身，更是人的社会生活的生产，因为"为了进行生产，人们相互之间便发生一定的联系和关系；只有在这些社会联系和社会关系的范围内，才会有他们对自然界的影响，才会有生产"③。人的生产劳动在现实的社会联系和社会关系中展开，马克思说，人是什么，在其现实性上，人是一切社会关系的总和。④ 这一现实性的基本限定实际上就把人置于具体的历史场景，人在其现实性上的社会关系既有其既成性，又有其敞开的可能性。既成性是人的现实处境关系，敞开的可能性是人调整、修正和突破既有社会关系而建构合乎人的本性的社会关系。

马克思在《詹姆斯·穆勒〈政治经济学原理〉一书摘要》中指出："人的本质是人的真正的社会联系，所以人在积极实现自己本质的过程中创造、生产人的社会联系、社会本质。"⑤ "现实的个人"一定是"社会的"，"个人怎样表现自己的生活，他们自己就是怎样。因此，他们是什么样的，这就同他们的生产是一致的——既和他们生产什么一致，又和他们怎样生产一致。因而，个人是什么样的，这取决于他们进行生产的物质条件"⑥。在具体的历史场景中，人生产什么、怎样生产就决定了"现实的人"成为什么。也就是说人成其为什么样的人，最根本之处是由劳动造就的。正是"劳动是积极的、创造性的活动"⑦，才使人的存在成为一种"积极的存在"，"积极地实现自己的本质"。人的本质是一个自我产生的过程，把劳动看作人的本质，看作人的自我确证。

① 马克思，恩格斯．马克思恩格斯全集：第42卷 [M]．北京：人民出版社，1960：31 – 32.
② 马克思，恩格斯．德意志意识形态 [M]．北京：人民出版社，2003：23.
③ 马克思，恩格斯．马克思恩格斯选集：第1卷 [M]．北京：人民出版社，1995：344.
④ 马克思在《关于费尔巴哈的提纲》中的原话是这样的："人的本质不是单个人所固有的抽象物，在其现实性上，它是一切社会关系的总和。"见马克思，恩格斯．马克思恩格斯选集：第1卷 [M] 北京：人民出版社，1995：56.
⑤ 马克思．1844年经济学哲学手稿 [M]．北京：人民出版社，2000：170.
⑥ 马克思，恩格斯．德意志意识形态 [M]．北京：人民出版社，2003：12.
⑦ 马克思，恩格斯．马克思恩格斯全集：第46卷 [M]．北京：人民出版社，1980：116.

马克思在《1844年经济学哲学手稿》中批评黑格尔时指出，黑格尔"抓住了劳动的本质，把对象性的人、现实的因而真正的人理解为他自己劳动的结果"①。如果说马克思的这一表达是有哲学高度的，那么对其用日常生活用语做一转换，即我们平时做什么、怎么做，就决定了我们成为什么样的人。如果一个人一辈子无所事事，这种情况放之于任何头脑正常的人那里都不会接受的；即便是有这样的存在，那也是个巨婴。

在老家遇到有年纪的人，向他们问好，老人总是说：上岁数了，不能干活了，没用了！从老人的言语里，他们心里是不太接受不能劳动这样的现实的。所以劳动作为成就、发展人的根本方式，堪称伟大和光荣。不同时期劳动所操持的工具反映了社会生产力的发展水平。我们每个人要从现实性上更好地体认我们作为人存在的本质意味，必须好好地审视即将展开的人生前景，要弄清楚在大学里如何加强自身的建设，读什么样的书，训练什么样的技能，自己的兴趣和社会的需要如何结合，这都决定我们成其为现实的人是什么。基于此，每个人都应对自己有责无旁贷的要求，下相当气力，成就自身。

人是历史地生成的，"整个所谓世界历史不外是人通过人的劳动而诞生的过程，是自然界对人来说的生成过程，所以关于他通过自身而诞生、关于他的形成过程，他有直观的、无可辩驳的证明"②。这是马克思对人及其历史何以生成、显现的基本表达。对于年轻人，尤其是大学生，充分的专业训练和全面综合素养的提升是大学阶段第一要务的事情。唯有把最基本的事情做到位，在进入社会时才有出路和大发展的可能性。在大学里成为有识、有知、有德、有趣的人，未来的生活里就有着我们每个人自主把握的天地。

在开放的场景中，我们全面地审视不同国家和区域里学生的境况，结果发现我们国家学生自理能力缺失与劳动意识淡薄的现象普遍存在，有学者说中国学生劳动时间、劳动能力双赤字情况突出。因为统计数据表明：美国学生的平均劳动时间1.2小时/天，韩国0.7小时/天，中国只有12分钟/天。作为新时代的大学生，未来要成为中国特色社会主义的劳动者、建设者，甚至有同学还可能成为中国特色社会主义的引领者，那么大家当下普遍的自理能力缺失、劳动意识淡薄不加以改观的话，这则是一大隐忧或隐患横亘在前行的途中。

---

① 马克思.1844年经济学哲学手稿 [M].北京：人民出版社，2000：101.这是马克思批判地肯定黑格尔"秘密"的历史功绩。
② 马克思.1844年经济学哲学手稿 [M].北京：人民出版社，2000：92.

因此，劳动教育不仅培养学生基本的劳动能力、生存能力，还要培育学生拥有正确的劳动观念和劳动态度。

在当下经济社会快速发展的新时代，我们在劳动教育过程中既要重视传统的劳动教育，因为传统劳动的样式提供了人与自然直接接触的机会，身体参与与动手能力增强，给予生命亲切自然的能力；又要更新对劳动的认知，因为知识经济的时代，特别是信息技术革命和互联网浪潮的趋势中，劳动与传统意义上的劳动，从内涵到方式已发生了变化——脑力为主，手脑并用，人机互补，创新驱动，真实与虚拟并存。同学们在大学教育中传统劳动的样式和智能劳动的样式都要触碰，通过传统劳动的样式强健体魄、亲切自然，通过智能劳动的样式全面提升劳动技能中的智力能力，拓展可能空间，以确证人的本质力量与存在方式。

（二）劳动是谋生的手段

这一命题是指在生产力尚未充分发展、高度发达的情况下，创造出来的财富还不足以支撑人们悠游的生活，这时，我们说劳动是谋生的手段。在资本主义时代，劳动通过和资本家支付的工资实现形式上的等价交换，其间隐藏了资本家截留的剩余价值，而剩余价值的资本化，则加剧了资本掌控下劳动的"异化"。"异化"作为马克思历史哲学的极为重要的概念经历三个阶段：

第一，青年马克思的异化理论（《1844年经济学哲学手稿》提出"异化劳动"，"道德评价优先"）；第二，"视角转换"阶段（马克思创立唯物史观，对异化的考察视角从"道德评价优先"转向"历史评价优先"，从物质生产和交往方式的发展来审视包括"异化"在内的一切社会现象）；第三，《1857—1858年经济学手稿》《资本论》中的异化理论[1]。

异化概念是贯穿马克思一生理论思考的基本概念，此概念有助于我们理解马克思创立的新的世界观的五种基本规定性：辩证性、历史性、唯物性、实践性、人道性。马克思说"劳动的现实化就是劳动的对象化"[2]，在资本主义条件下，劳动的现实化表现为工人的非现实化，劳动的对象化表现为对象的丧失或被对象奴役。马克思由此展开对异化劳动的四重规定的深入阐发：（1）劳动产品的异化；（2）劳动本质的异化；（3）人的类本质的异化；（4）人同人的异化。其中，马克思总结了劳动活动本身异化情形——"劳动为富人生产了奇迹般的东西，但是为工人生产了赤贫。劳动生产了宫殿，但是给工人生产了棚舍。劳动生产了美，但是使工人变成畸

---

[1] 俞吾金. 实践与自由［M］. 武汉：武汉大学出版社，2010：311-312.
[2] 马克思. 1844年经济学哲学手稿［M］. 北京：人民出版社，2000：52.

形……劳动生产了智慧，但是给工人生产了愚钝和痴呆。"此时的劳动不是自愿的，而是强制的；不是自我的实现，而是自身的丧失。"只要肉体的强制或其他强制一停止，人们就会像逃避瘟疫那样逃避劳动。""他在自己的劳动中不是肯定自己，而是否定自己；不是感到幸福，而是感到不幸；不是自由地发挥自己的体力和智力，而是使自己的肉体受折磨，精神遭摧残。"①

资本主义的生产方式导致劳动的异化，蕴含着人与人之间现实的深层对抗。在马克思看来，人的真实存在理应是完整、丰富、多样性的，而劳动的异化却导致人被抽象与割裂，人的基于生理需要或者说属人的动物机能与专属人的机能分裂成两个极端，结果，"动物的东西成为人的东西，而人的东西成为动物的东西"②。人的动物机能和人的机能本是人的存在的有机组成，任何抽离、孤立必会导致人的异化。异化是人的历史性境遇，货币篡夺了人的地位。货币作为生命的手段转身成为目的本身，它夺取人的生命和人性中的一切。货币带给人异化的自由感，"它能吃、能喝、能赴舞会、能去剧院，它能获得艺术、学识、历史珍品、政治权力，它能旅行，它能为你占有一切，它能购买一切，它是真正的能力"③。

因而资本主义制度下，"劳动的生产力就是资本的生产力"。④ 劳动并入资本，从而成为资本的活动，这是资本主义条件下劳动力实现其生产性的唯一路径。然而，真正的自由是要通过这种异化的自由感的最终扬弃来实现，回归人的社会，即"通过人并且为了人而对人的本质的真正占有；因此，它是人向自身、向社会的即合乎人性的人的复归，这种复归是完全自觉的和在以往发展的全部财富的范围内生成的"。⑤"异化"正如它是逐渐出现的一样，也将逐渐消除。它的"根源不在于'人的本质'或'人的存在'，而在于特殊的劳动条件、生产条件和社会条件"⑥。"异化"的消除，在马克思看来，须必备两个条件：生产力的高度发展和普遍交往的建立。"地域性的个人为世界历史性的、经验上普遍的个人所代替。"⑦ 在社会主义条件下，摆脱资本盘剥的劳动在按劳分配的原则下尽管实现了多劳多得、少劳少得、不劳不得的制度安排，但也只是资产阶级法权意义上的形式平等，依然存在事实上

---

① 马克思.1844年经济学哲学手稿［M］.北京：人民出版社，2000：52-59.
② 马克思.1844年经济学哲学手稿［M］.北京：人民出版社，2000：55.
③ 马克思.1844年经济学哲学手稿［M］.北京：人民出版社，2000：124.
④ 马克思，恩格斯.马克思恩格斯全集：第48卷［M］.北京：人民出版社，1985：43.
⑤ 马克思.1844年经济学哲学手稿［M］.北京：人民出版社，2000：81.
⑥ 马克思.《〈1844年经济学哲学手稿〉研究》［M］.中央编译局，译.长沙：湖南人民出版社，1983：410.
⑦ 马克思，恩格斯.德意志意识形态［M］.北京：人民出版社，2003：30.

的不平等。在人自身没有构筑全面的社会关系体系和全面自由发展的能力体系之前，劳动还是谋生的手段。

马克思在《1857—1858 年经济学手稿》中提出了著名的"三大社会形态"理论："人的依赖关系（起初完全是自然发生的），是最初的社会形态，在这种形态下，人的生产能力只是在狭隘的范围内和孤立的地点上发展着。以物的依赖性为基础的人的独立性，是第二大形态，在这种形态下，才形成普遍的社会物质变换，全面的关系，多方面的需求以及全面能力的体系。建立在个人全面发展和他们共同的社会生产能力成为他们的社会财富这一基础上的自由个性，是第三个阶段。第二个阶段为第三个阶段创造条件。"① 异化既具有客观必然性，又具有历史短暂性，还具有积极的历史意义，因为正是它，使普遍的社会物质变换，全面的关系，多方面的需求以及全面的能力的体系得以形成。普遍异化和个人能力的全面发展，作为人类历史进程中的两个侧面是一起降临的。"因为我劳动是为了生存，为了得到生活资料，劳动在这里也仅仅是一种被迫的活动，它加在我身上仅仅是由于外在的、偶然的需要，而不是由于内在的、必然的需要"②，直到最后，劳动的意义仅仅归于谋生的劳动并成为完全偶然的和非本质的。通过劳动，见证按劳分配和赚钱养家之职责。在马克思看来，"现实的个人，是他们的活动和他们的物质生活条件，包括他们已有的和由他们自己的活动创造出来的物质生活条件……这些个人是从事活动的、进行物质生产的，因而是在一定的物质的、不受他们任意支配的界限、前提和条件下活动着的"③。

赚钱养家从事的生产劳动，是在一定的社会情境里获取生活资料的过程。衡量和评价是否构筑了全面的社会关系体系，则需要着眼于审视人是否走出亲情关照、狭隘地域和区域，独立融入更大范围的世界；衡量和评价是否构筑了全面自由发展的能力体系，则需要评估全面自由发展的能力体系是否与全面的社会关系体系相匹配。一般而言，有多大的能力就有相应的游走世界的天地。这种游走世界的能力不是日常的偶然出行，而是以自身的专业水准和综合素养来奠基的自主驾驭生活的常态情形。通过审视自己身上所担负着的赚钱养家、服务社会的职责来理解按劳分配的实质，体味劳动是谋生手段的社会基本约束，以明晰自我的实境与构筑全面的社会关系体系和全面自由发展的能力体系的距离，促发克服自身、改变现实处境的自

① 马克思，恩格斯. 马克思恩格斯全集：第 46 卷［M］. 北京：人民出版社，1979：104.
② 马克思. 1844 年经济学哲学手稿［M］. 北京：人民出版社，2000：184 - 185.
③ 马克思，恩格斯. 德意志意识形态［M］. 北京：人民出版社，2003：10 - 15.

我觉醒。人不能自由地选择自己的生存条件，要在既定的社会条件下进行生产。"人们每次都不是在他们关于人的理想所决定和所容许的范围之内，而是在现有的生产力所决定和所容许的范围之内取得自由的。"①

马克思主义的理论本身就是对人的处境有着深切的现实关怀，经由此，则打开了我们理解自身现实的人生发展与社会境遇的可能空间。"一切生产都是个人在一定社会形式中并借这种社会形式而进行。"② "社会——不管其形式如何——是什么呢？是人们交互活动的产物。"③ 这是"人的真正的共同体"，在此共同体中，个人才可能获得全面发展其才能的手段，才可能有个人自由。真正属人的社会在规定、制约人的同时也孕育着人打破既有的外在束缚，自由地重构自己的社会关系，发展人的能力。也就是说，一方面，"社会实际上决定着一个人能够发展到什么程度"④；另一方面，"人不是在某一种规定性上再生产自己，而是生产出他的全面性"。⑤ 埃利亚斯借助于"编织物的隐喻"形象地说明了人成长的常态"是从一个已经先他存在的人际编制网中走出，进而跻身另一个由他自己参与钩织的人际编制网"⑥。基于此理解，我们才会看到，社会和时代内在地要求我们每个人要想自主地驾驭生活，就必须尽力地开阔视野、增长才干、身体力行融入劳动的情境，来进一步推动现实的人生发展与社会境遇的根本改观。

（三）劳动是自由而全面发展的需要

这个命题既对整体社会发展提出很高的要求，同时，每个个体作为现实的人能力也有了充分的发展。"人以全面的方式，就是说，作为一个总体的人，占有自己的全面的本质。"⑦ 在此境况下，个体从社会的外在约束中解放出来，从自身的内在能力上自由而全面发展出来，个体实现了对自我的自主而全面的理解和把握。在马克思看来，夸大人类在历史必然性面前的自由度，只会导致堂吉诃德式的结局。"这个领域内的自由只能是：社会化的人，联合起来的生产者，将合理地调节他们和自然之间的物质变换，把它置于他们的共同控制之下，而不让它作为盲目的力量来统治自己；靠消耗最小的力量，在最无愧于和最适合于他们的人类本性的条件下

---

① 马克思，恩格斯．马克思恩格斯全集：第 3 卷 [M]．北京：人民出版社，1960：507.
② 马克思，恩格斯．马克思恩格斯全集：第 30 卷 [M]．北京：人民出版社，1979：28.
③ 马克思，恩格斯．马克思恩格斯选集：第 4 卷 [M]．北京：人民出版社，1995：532.
④ 马克思，恩格斯．马克思恩格斯全集：第 3 卷 [M]．北京：人民出版社，1960：295.
⑤ 马克思，恩格斯．马克思恩格斯全集：第 30 卷 [M]．北京：人民出版社，1995：480.
⑥ 埃利亚斯．个体的社会 [M]．翟三江，陆兴华，译．南京：译林出版社，2003：39.
⑦ 马克思．1844 年经济学哲学手稿 [M]．北京：人民出版社，2000：85.

来进行这种物质变换。但不管怎样，这个领域始终是一个必然王国。在这个必然王国的彼岸，作为目的本身的人类能力的发展，真正的自由王国，就开始了。但是，这个自由王国只有建立在必然王国的基础上，才能繁荣起来。工作日的缩短是根本条件。"① 只有每个人自由而全面发展成为社会解放的必要前提②，劳动才成为未来生活的第一需要。劳动是未来生活的第一需要，更充分地呈现了个体作为现实的人通过劳动来成就自己，通过劳动来展示自己作为人的本质性的存在。劳动是生活的第一需要，这是以生产力的充分发展为基础，使得每个人用在生产自身所需要的生活资料的"社会必要劳动时间"大为缩短，给予了人大量的闲暇时间。此处是借用资本主义阶段度量商品价值量的社会必要劳动时间的用语。社会时间在经济领域里的本质表现形态是"社会必要劳动时间"。

马克思说："劳动是活的、塑造形象的火，是物的易逝性、物的暂时性，这种易逝性和暂时性表现为这些物通过活的时间而被赋予形式。"③ 这里"活的时间"与"活的、塑造形象的火"的劳动是一致的，它赋予物以"形式"。古尔德（C. C. Gould）说："对马克思而言，劳动是时间的起源——既是人类时间意识的起源，又是对时间进行客观测算的起源。"④ 正是劳动创造了时间并把它引入世界之中，在不同的社会发展阶段，时间本身在质上是不同的。前资本主义阶段，劳动不是按照时间来测量的，而是按照物品的使用价值的差异来测量的；在资本主义阶段，"时间作为劳动的测量工具的可能性才产生出来"⑤；在自由人的联合体阶段，正是"自由时间或个体自由发展的时间成了对富有的一种测量"⑥。作为拥有目的性、能动性和创造性主体的人，如何在闲暇时间里成就自身、全面发展便是一个必须身体力行的事，由此劳动作为自由而全面发展的需要就是人们闲暇时光里的一种自觉。

---

① 马克思. 资本论：第 3 卷 [M]. 北京：人民出版社，1975：926 - 927.
② 原话是"每个人的自由发展是一切人的自由发展的条件"，语出马克思，恩格斯. 马克思恩格斯选集：第 46 卷 [M]. 北京：人民出版社，1995：294.
③ 马克思，恩格斯. 马克思恩格斯全集：第 46 卷（上）[M]. 北京：人民出版社，1979：331.
④ C. C. Gould：Marx's Social Ontology, Boston：The MIT Press, 1978, p. 41. 参见俞吾金. 实践与自由 [M]. 武汉：武汉大学出版社，2010：301.
⑤ C. C. Gould：Marx's Social Ontology, Boston：The MIT Press, 1978, p. 41. 参见俞吾金. 实践与自由 [M]. 武汉：武汉大学出版社，2010：301.
⑥ C. C. Gould：Marx's Social Ontology, Boston：The MIT Press, 1978, p. 68. 参见俞吾金. 实践与自由 [M]. 武汉：武汉大学出版社，2010：302. "节约劳动时间等于增加自由时间，即增加使个人得到充分发展的时间。"见马克思，恩格斯. 马克思恩格斯全集：第 46 卷（下）[M]. 北京：人民出版社，1979：225.

闲暇时光不是无所事事，而是能动有为。马克思认为，时间实际上是人的积极存在，它不仅是人的生命的尺度，而且是人的发展空间。也就是说，从本体论上看，时间是人的自由得以实现的必要条件。事实上，人的自由或"人的积极存在"正是以人实际上可以自由支配的时间为基础的。

马克思基于此才说："从整个社会来说，创造可以自由支配的时间，也就是创造产生科学、艺术等等的时间。"① 当人摆脱疲于奔命的生存状态时，一方面，人过一种有质量保证的生活；另一方面，创新、创意、趣味将是一种生命的主调。在真正的共同体条件下，而不是"虚幻的共同体"②，各个人在自己的联合中并通过这种联合获得自己的自由，即在自由人的联合体中涌现"有个性的个人"。在马克思看来，"有个性的个人与偶然的个人之间的差别，不是概念上的差别，而是历史事实"③。"偶然的个人"是虚幻的共同体中的个人，毫无个性而言；"有个性的个人"是真正的共同体的个人。我们现在的五天工作制，还有如德国、北欧一些国家，工作时间进一步缩短，都是为了提升生活质量，放慢生活节奏，在闲暇时光里从事艺术、设计等充满创意的事情。但可能会心生疑问，根据劳动场景中的观察和日常生活现象的捕捉，似乎好逸恶劳是人的天性，要不，怎么在某些劳动场景中会出现"吃大锅饭"的现象？在激励机制失灵的情况下为什么会出现"劣币驱逐良币"的怪事？企业等组织机构为啥还建立各种制度施诸劳动者身上以达成其组织的目标？社会上存在"不劳而获"，这是不是一种应当？倘若它是一种应当，那是否意味着推翻了劳动价值论？倘若它不是一种应当，那么是否能够理解为强取他人的劳动成果？

我们现实的社会里存在着好逸恶劳的现象，一是说明我们社会尚未达致每个人自由而全面发展的情形，使得个体理解自身作为人的规定性出现了问题，把好逸恶劳植入人的存在之中，呈现人的寄生状态，对人作为主体的生成没有丝毫作用，它预设和夸大了人是一种被动、消极、寄生的存在物，舍弃了人身上承载的目的性、能动性与创造性。人身上承载的目的性、能动性与创造性恰是标志人之为人的基本规定。人的机体如同自然界的其他动物机体一样，是有着感受性和脆弱性，它需要摄入相应的物质与能量以营养其机体才能维持其基本的存在，然而人之为人的内在规定性则不是由人的机体需要养分所标志，而是由劳动以及劳动中所展现的人的目

---

① 马克思，恩格斯. 马克思恩格斯全集：第46卷［M］. 北京：人民出版社，1979：381.
② 此处虚幻的共同体指资本主义社会。
③ 马克思，恩格斯. 德意志意识形态［M］. 北京：人民出版社，2003：67.

的性、能动性和创造性所标志。个体劳动中呈现的目的性、能动性和创造性越充分，他的自由而全面发展的能力和水平就越强，他自主驾驭人生的空间就越大。人的生命处于一种寄生状态是非常可怕的。它可能如金丝雀一般无忧无虑，但这种生命状态是塌缩的，没有张开的，永远不会有创造和自主驾驭自我的愉悦和率意。而人与动物相互区别的真正原因在于人能够强迫自己去超越自己。每个同学都须明白人生不是凑合事儿，时间的不可逆性决定了不能拿自己的青春时光做摧毁性的实验。因为当有些人虚掷青春时，另一些觉悟者则踏上去远方、去大的世界的征途，这是两重的天地。同学们要真正把自己打造成如易卜生所言的"一块像样的材料"，就需要驱动内力，卓越自己。做一个人，实际上就是做一个行为自主的人，同学们要想获得这种状态，就必须拥有真正属于自己的独特的东西。

劳动是人的自由而全面发展的需要，这一命题是从人的本质存在的充分展示而应然呈现的样态。"吃大锅饭""劣币驱逐良币"不是因人的好逸恶劳所致，而是制度设计上的缺陷导致评价机制和激励机制扭曲使得正常的劳动得不到切实的认可而出现逆向淘汰，最终只能是组织的效率损失和产品的质量降低。企业等组织机构的制度设计是围绕着组织的效率效益目标以实现人、财、物最佳结合，同样是激发人劳动中的能动性与创造性。在生产力尚未达致充分发展、高度发达前，只有通过设计更为合理的制度和机制，使人的能动性与创造性能够和效率指向相吻合，挖掘出人的潜能，为人的自由而全面的发展创设出可能的空间。

知识经济时代为人的自由而全面的发展提供了技术上的可行性。随着信息技术和互联网技术的互联互通和生产力的大发展，人们用于解决生计和生存所耗费的社会必要劳动时间大为减少，用于自由而全面发展的闲暇时间大为增加，在闲暇时间里，劳动的创造性则得以充分地呈现，个性和自由而全面的发展得到相当程度的确认，逐渐接近自由人的联合体的发展形态。因而我们可以说，"劳动是自由而全面发展的需要"这一蕴含启迪着我们理解与把握劳动的能动性和创造性使人成其为人的生成意义，自由而全面的发展始终"在途中"，激发每一个体经由劳动而提升自由而全面发展的实现程度。对于"不劳而获"的回应是这样的，不劳而获不是一种应当，理由如下：劳动是创造价值的唯一源泉，是从价值的产生角度来说的。在具体的生产过程中，劳动得以进行、展开则需要一些劳动的条件才能实现人与物的结合。劳动的条件、劳动的资料和劳动的对象作为物化劳动参与了价值的转移，只有劳动创造了价值。

马克思在《资本论》中通过发现劳动力这一特殊商品的独特性质——创造能力——揭开了剩余价值的秘密。劳动力具有创造和生成能力，在资本主义条件下，其"生产性"就在于其创造剩余价值。一旦超越资本主义的狭隘性的局限，我们可以看到劳动的生产性所具有的最一般的含义，劳动的创造性则具有人的存在论的一般意义，劳动成为人的自由而全面发展的需要也由此呈现。然而生产出来的商品又受到市场供求竞争的影响，因而极易因价格的波动让人产生困惑，似乎资本、土地等也参与了价值的创造。这是一种错觉，它们只是提供了创造价值的条件，使劳动创造价值由可能性转变为现实性。不劳而获、坐享其成只是借给劳动提供价值创造的条件而分取一杯羹而已，而且这种生命的状态因缺失作为主体的能动性和创造性而不能呈现人之为人的自由、尊严和高贵。

大学生思想意识很容易受到外界因素的冲击和影响，相应地会出现大学生劳动意识淡薄的现象。大学生劳动意识的强弱不仅直接影响着自身能否健康快乐地成长，还与中华民族的伟大复兴息息相关。大学生作为中国特色社会主义事业未来的劳动者与建设者，如果劳动意识不强，势必要影响我们中华民族伟大复兴的进程。劳动是人类生活最根本的实践活动，无时无处不在彰显价值。人之所以能够从一般动物界脱颖而出，靠的是劳动；人之所以能够有各种发明发现，靠的是劳动；人之所以能够创造出多姿多彩的文明，靠的也是劳动。劳动可以改变命运，大到人类的命运（倘若没有劳动，人类有可能还会处在茹毛饮血的时代），中到一个国家和民族的命运（国家和民族的兴盛发达与否，依赖于人的劳动），小到个人的命运，靠投机取巧不行，最可靠的还是靠诚实劳动、辛勤劳动。劳动是人类的本质活动。包括中华民族在内的任何一个民族的优秀品格，都是在诚实劳动、辛勤劳动、艰苦劳动中熔铸出来的。

当今的时代，既是让人充满梦想的时代，又是可以让人梦想成真的时代。在这个时代里，人们往往容易聚焦于眼前的光鲜亮丽与成功，如崇拜资本的富有者等，却忘记了在这些光鲜亮丽与成功的背后，是当初劳动的辛劳与汗水。这里举一个案例，新希望集团是改革开放后民营企业的标杆，刘永好谈及兄弟几人在 20 世纪 80 年代初走出体制，从养鸽子、生产饲料，到走出四川，坚持主业的同时大力拓展产业的版图，励精图治，披荆斩棘，有胆有识有志有情有义，新希望的社会担当与美誉度有口皆碑。这是经过市场的千锤百炼才得以脱颖而出，其间的辛劳与智慧的付出可想而知。一个社会，如果不鼓励人们特别是青年人从基础做起、从基层做起，就不会有美梦成真的未来和希望。崇尚劳动、劳动光荣，是实现中华民族伟大复兴中国梦的基本前提。

我们说劳动体现人的目的性、能动性和创造性，其中创造性里集合了人试图克服和改变现实境况的创意和智慧，也就是说劳动的闪光之处即是创造：劳动创造财富，劳动创造文明，劳动创造智慧，劳动创造幸福。劳动过程的各种滋味恰是人理解自身与社会的内容与方式。人之所以劳动，是因为人把自身看作是一个能动自主的存在，而不是被动依附的存在。劳动是人找寻理解自我的根本之途，即便其中有汗水和辛劳的付出，它都是我们成为现实的人的不二之选。中华民族是勤于劳动、善于创造的民族。人们往往注重的是创造的结果，然而最伟大最持久的力量还在于创造的精神。在当下，我们要把劳动作为确证人的本质存在的基本方式展现得更为充分，就必须紧紧地抓住其创造性的特点。

第二节　培养劳动情感

从情感层面，劳动修养课关注的是如何增强大学生的劳动感情问题。劳动是人类的本质活动，劳动光荣、创造伟大是对人类文明进步规律的重要诠释。习近平总书记指出："劳动是财富的源泉，也是幸福的源泉。"我们要对自然敬畏、对生命感恩、对劳动尊重。对自然敬畏是因为人类的劳动过程实际上就是人与自然界打交道的过程。人类生活所需要的基本物资无不取自自然，在劳动的过程中人类的实践方式和作用于自然的强度、力度无不影响地球生物圈自身的再循环，要想人与自然之间物质、能量、信息正常顺畅地变换，我们需要对自然保持敬畏之心。对生命感恩是因为我们的生命的维系与发展有来自自然的馈赠，有来自社会的支持与提携，有来自亲人的给养与关怀。我们能有生命的健全与幸福，离不开生活世界的有力支撑，因而我们需要对生命怀有感恩之情。对劳动尊重是因为劳动是解决人生存与发展的根本之途，大自然不会自动满足人的需要，当人决心以行动来改变它时，劳动者、劳动本身、劳动的成果，不由得我们不心生敬意。

培养劳动情感，我们从三个方面说起：热爱劳动，自我担当；乐于劳动，身心愉悦；尊重劳动，感恩生活。

一、热爱劳动，自我担当

要做到热爱劳动，首先，心理上要对劳动没有排斥的情绪，且有意愿参与，有一试身手的想法；其次，同学们渐趋独立安排自己的生活，在自己日常的生活事宜上要能够料理得大体得体，自如妥帖，做好自我服务，以"一屋不扫何以扫天下"之心激发自己"我在，我行"的责任与担当；最后，克服意志软弱，把自己置于家庭和社会之中。长这么大，自己到底该做点什么力所能及的事情尚可确证自己的成长，进而培育自我对家庭的责任感和对社会的责任感。同学们在基础教育阶段似乎因为学业忙无暇参与劳动，甚至举手之劳的事情也推给父母，那么进入大学后则需要对自己重新定位，无论在校，还是居家，早先"甩手掌柜"的做法是否还需要保持？为自己独立操持的生活是否满意？为父母分担了哪些宽慰人心的家务和生活上的事宜？是否参与过社会的志愿服务活动？在既定的环境中，大家都尝试做过或做着什么？日常参与和担当了什么责任和角色？有何创意和提升？是否爱上劳动？对！你是否迈出了第一步？爱上劳动，自我担当！

二、乐于劳动，身心愉悦

乐于劳动，身心愉悦，是说在劳动的过程中要感受到劳动的趣味和愉悦。劳动教育的实践环节涉及的面比较广，它涵盖家庭、学校和社会，具体包括家庭劳动、学校劳动、社会公益劳动、实践基地的农事和各种技能型劳动。

在各种样式的劳动中，同学们是否有着对劳动的憧憬，在劳动过程中是否有着劳动的欣喜，在展现劳动的力量、习得劳动的技巧和技能并娴熟操练中是否有会心之意，对劳动的收获是否有踏实的成就感，能否体会劳动的那份光荣？这都是检视自我时需要扪心自问的。

当这些意味在心中洋溢和沉淀时，大学生就会懂得珍惜劳动成果，感受生活的美好。这对于健全社会人格，提升适应社会的能力极为有益。

同学们从现在起就需要积极地参与一些力所能及的劳动，用心汲取劳动的巧妙、美好与愉悦。当然，这种劳动的美妙与愉悦如果完整呈现，我们可能会发现参与劳动中的心理转化和适应过程：最初可能意愿不足，对自己能否做好或坚持下来心中有着犹豫，行动带着迟疑，置身其中，承受着整个过程的考验，劳动渐趋得法、上手、熟练、成果和成品带来的欢喜，最终汗水（或付出）与收获给予自我的整个身心舒畅。在校或在家，可否行动起来，哪怕是一件手工制作的作品，抑或烹饪了一道色香味俱佳的佳肴，看看能否给予自己劳动的欣喜？这里面有着丰富的蕴含，既有劳动成果带来的喜悦，又有劳动过程中身心付出的愉悦，还有劳动后整个身体因一番劳作而带来的舒爽。这三种喜悦是不同的，然而它们却以积极的方式肯定和激发着同学们的劳动兴趣，为知行合一奠定非常好的劳动态度。

三、尊重劳动，感恩生活

尊重劳动包含两重意思：尊重劳动者；尊重劳动成果。

劳动的过程意味着体力和脑力的付出，劳动的成果凝聚着劳动者的辛勤与汗水。当面对劳动者及其劳动的成果时，倘若有着人同此心，心同此理的人生体味的话，对劳动者及其劳动的成果抱以基本的尊重，既是题中之义，又是真实情感的流露。

在具体的劳动场景当中，同学们需要操练某种劳动的技艺，比如，居家由家长示范烹饪或裁剪，在校由老师借助于实训室、实验室、工艺室等演练，在工厂由师傅手把手传递技能，或者借助互联网来学习某些手艺，大家都要全身心地投入锻炼，体验技能的习得、劳动的磨砺与乐趣。当切实体会劳动的不易，尊重之心、敬重之意就会油然而生。每位同学要克服畏难情绪，尝试接受各种劳动技能的学习，学会换位思考，尤其是居家时要理解父母维持整个家庭运转的不易，父母柴米油盐酱醋茶、锅碗瓢盆交响曲、上有老下有小里里外外的持家养家，职场生计劳作，人际来来往往，只身平衡着老人与孩子、家庭与社会。父母所做的，恰恰给予在座的各位撑起一片天，大家能不感恩生活的馈赠、父母的辛劳吗？所以提议每位同学要向自己的父母致意！爱家先从爱父母开始，体味并尊重父母的劳动付出。不要让自己成为缺乏生活能力的人，勿做巨婴，心理寄生。在农村，掰玉米和拾棉花都是很考验人的农活，大人常年劳作已成为一种习惯，尤其是担心天气变化影响收成或作物的成色。比如，棉花定级，被雨淋过，便卖不上好价钱，大人要赶紧把能收的尽快收完。忙活了一季，希望颗粒归仓；骄阳当头，不是不累，不是不渴，而是希望在大好天人手足一鼓作气；农作物收到家，那是真喜！小孩子往往体会不到这种紧迫性，也受不了这种有强度和耐力的劳动考验。每每这时，大人就说话了：体会一下农活的苦，就能懂得教室学习的甜了。农活在没有机械化前的确非常繁重，改变面朝黄土背朝天的人生处境也就成为当时农村学子努力学习的主要动力之一。劳动增强我们的责任感，这一点对于审视自己的生活场景和社会处境时定位自己非常重要。我们作为有健全意识的人都具有尊重个人尊严的强烈情感，我们的行为必须符合我们自身的关系以及我们与他人之间的关系。[①] 感恩于父母，感动于他人，并做出相应的回应，学会尊重亲近的人的劳动，学会尊重身边人的劳动，学会尊重社会上每一个朴素的劳动者，感恩生活中体会自己生命的成长、精神的觉醒，独立面对现实，以劳修德，转识成智。这就是劳动带给我们的成长。

---

① 正如涂尔干所言，这恰是个人道德的本质所在。康德的准则一般这样表述：任何时候，我们都必须尊重人的人格，我们对己对人皆该如此。参见涂尔干. 社会分工论 [M]. 渠敬东，译. 北京：三联书店，2017：358.

第三节　养成劳动习惯

一、好的劳动习惯的概述

我们观察自己生活的周围，往往会发现有些人在劳动的过程中是非常利索的。对此，我们会说他（她）做事真是干净麻利快啊！利索、干净、麻利、快这样的词语，都是用来标示好的行事方式和做事习惯。那么，什么是习惯呢？

习惯就是人在生活里处理事情的过程中稳定的应对模式、行为方式和行为倾向。①

劳动习惯则是人在劳动过程中稳定的应对模式、行为方式和行为倾向，即做事的习惯。同学们在实践环节参与集体劳动、手工制作、志愿服务时会全面呈现各自平时做事的特点、习惯，你们也会发现自己肢体的协调度和反应力以及手脑并用的能力，看看自己哪些方面有待调整或改进，认识到思维决定行动，心理创造快乐，重塑习惯回路，创建改变的意义，克服意志软弱，行动带来改变，一心一意，激励自己，循序渐进，持之以恒，以形成更为合理的劳动习惯。

一般而言，好的劳动习惯体现在这些方面：劳动过程中，善于谋计划，分清轻重缓急，能够回馈，善始善终，热情主动，勤于动手，有主见，能够独当一面，全力以赴，有责任心，善于合作，细致严谨，方法得当，有序参与，规范操作，落实到位。这些方面都是好的劳动习惯的样本。无论同学们在大的劳动场景还是小的劳动场景，只要行动中能够做相应的落实，就可以说有着好的劳动习惯。好的劳动习惯在不同的职业中有着格外强调的关键点，比如，劳动的岗位要求好的劳动习惯是细致严谨、规范操作，那就对劳动者给出了明确的要求，此岗位绝不容许粗粗拉拉、嘻嘻哈哈。让你操作此按钮，却因你的马虎大意误按了其他的按钮，会造成安全事故或生产的质量问题。无论你将来从事的职业是媒体人、法律人、工程师，还是语言工作者、商务人士等，你都需要仔细揣摩老师所提供的好的劳动习惯的样本，审视自身成长的实际状态，结合自己的专业和未来的职业发展趋向，有意识地调整自我，改正与自己的生活和发展相抵牾的不好的行为方式和倾向，养成好的劳动习惯，

---

① 对于习惯，有论者曾就习惯是什么、好习惯与坏习惯、习惯的力量有多强、坏习惯怎么了、我们本性如此、找到坏习惯的诱因、替换而不是抹去、思维决定行为、看清楚坏习惯、创造快乐、重塑习惯回路、改变总会痛苦、创建改变意义、行动带来改变等展开研讨。参见路璐. 习惯陷阱［M］. 北京：中华工商联合出版社，2020.

立己成人。同学们在大学这一视野开阔、生活和谐的理想化的环境里，用心体会自身职业的发展其实是生活、智能与道德上的成长，自我省察自身的行为习惯，使自己的生活更趋宽广深化，在知晓自己适合做什么中得到伸展志趣的机会，以收获幸福。

二、养成好的劳动习惯

好的劳动习惯的养成，得益于以下三条必备的好的劳动习惯的养成之道和九个日常的修习事项。

（一）好的劳动习惯的养成之道

1. 勤于动手

做好工作日志，及时总结。对工作岗位或劳动事宜的要求要烂熟于心，逐条逐项落实确认。以防万一，可本着"好记性抵不过烂笔头"，做好相应的记录。勤于动手，及时总结，很大程度上就能避免挂一漏万，消除百密一疏的问题。胡适先生对"勤于动手"给出了四字方针：勤（Deligent）、谨（Discreet）、和（Peaceful）、缓（Gradual）。对此四个字具体展开就是勤勉、严谨、平和、和缓。勤奋严谨是劳动或做事应有的姿态，平和与和缓是劳动或做事的情绪拿捏。实际上胡适先生说的和、缓也是一种修养和心态，劳动或做事中的心急火燎、慌三毛四既不是得体的样子，又可能造成一些差次。所以强调和、缓意在提醒我们劳动或做事时要保持一颗笃定沉静的心。

2. 劳动有序

做好计划，明确承诺。计划是纲，事项是目，纲举目张，有先有后，落实到人，持续推进。分清计划中事项的轻重缓急，明确相应板块的劳动内容，务实部署，有序安排。前后协调，及时反馈，确保劳动任务与劳动的完成之间相匹配，做到善始善终。复核查验，不留死角。

老师提醒同学们要用心揣度"劳动有序、善始善终"，意在让同学们明了劳动或做事要有章法，有条不紊，而不是乱作一团、责无定位、摩擦碰撞。

3. 规范操作

在劳动的场景中要明晰规范和操作的工艺流程并熟练操作，因为规范和操作的工艺流程既是成品质量的保证，又是安全生产的保证。劳动过程中出现的意外和事故，大多是由于规范缺失或规范遵守不到位，没有遵照操作要求造成的，造成财产的损失、设施的损坏，更糟糕的是人的伤亡（如误操作引发的火灾伤亡、伤到手臂或腿脚、女工头发卷进机器、不系安全带施工高空坠亡等）。所以规范操作无小事，一旦疏忽大意，都是覆水难收，教训惨重。基于此，我们任何人身处劳动的场景都需要务必严格遵照规范和流程执行劳动中的相应操作。只有如此，整个生产过程才能顺畅进行，产品或劳动的成果有质量保证，劳动者安全无忧，万无一失。要学会独当一面，坚持全面规范操作。在劳动的场景中每个劳动者要能够独立完成相应流程的规范性操作或某一劳动技能的展示，通过对操作流程的熟悉，实现全方位的掌握。在这个过程切忌不懂装懂，一定要善于学习与请教，有针对性地学习与请教。对于大学生而言，无论在劳动还是学习的过程中，都应如此。

以上是三个好的劳动习惯的养成之道，下面我们来看九个日常的修习事项。

（二）日常里好的劳动习惯的养成

基于大家现在还未走上社会，日常的生活里，无论在学校还是居家，都要敦促自己养成好的劳动习惯。老师给出了日常里九个方面的修习事项。

1. 自立——自己的事情自己做

自己大学宿舍里的个人内务要做好。居家生活时，自己的衣袜要自己洗，自己的床铺要自己整理整齐。切记！千万不要让父母或爷爷奶奶（外公外婆）来给你收拾残局！我们每个人要明白，尽力做好自己的事（自己的发展、自己的职责范围内的事宜）是第一要务。

2. 担责——家里的事情主动做

读大学意味着你真正地长大，在家里已不能衣来伸手饭来张口，作为家庭的一分子，要主动承担起相应的家务。这对你而言既力所能及，又能帮父母分担家庭的事务，还能锻炼你未来小家的操持能力。家里的卫生、洗刷和烹饪都可以承揽起来，其中的烹饪可以在妈妈奶奶姥姥传帮带中练习，亦可借助网络获得烹饪大招。当你从最初烹饪时的手忙脚乱，到烹饪的驾轻就熟，这其实是一种非常好的历练！其间体会到父母劳动的不易，体会为父母分担的喜悦，体会到技能提升后的自信，这都是未来进入社会必备的劳动素养。

3. 助人——别人的事情帮助做

首先要弄清楚别人的事情帮着做的缘由。别人的事情唱主角的还是别人，在这样的事情上处于配角的位置，发挥着帮扶的作用，做搭把手、拉一把、推一下的举手之劳。即便如此，我们如果能够坚持做下来，那都是非常不错的成长与人生历练。中国文化中"己欲立而立人，己欲达而达人""穷则独善其身，达则兼济天下"，这都是我们作为社会人不需要付出许多，又没有道德负担的有修养的体现。帮助别人的过程，也是成就自己的过程。这样力所能及的付出，本身也是我们社会化的一种方式，因为你我他之间构筑的是一个社会合作的体系。

4. 循规——按操作程序劳动

劳动的顺利开展，需要有相应的操作规程。参与劳动要依循之，熟悉它。不然，劳动就不成其为劳动，而是添乱。

5. 共事——学会共同劳动

学会共同劳动是指把自己努力融入一个劳动的群体，学会与人合作共事。在一个劳动群体中，倘若我们仔细观察，会发现不同的做事方式和劳动样态，有的积极投入、认真对待，有的不拨不转、敷衍了事，而后者恰恰是没有真正地融入劳动的群体中做事。

6. 防护——劳动中注意自我保护

劳动的场景中有一些注意事项，它直接关乎我们的安全，不可小觑。这一点要和按操作程序劳动结合起来。危险时时处处都或隐或现地存在着，媒体报道的矿难、火灾、事故、意外等，包括我们正在防控的新冠疫情，都一再警示我们安全重于泰山。究其原因，要么是操作失误，要么是自我保护不够。这也提醒我们不要因为自己的失误伤了别人，也不要因为自己没有眼色或麻痹大意伤了自己；劳动小场景中劳动者有眼色，劳动大场景中设施可靠有保障，我们一以贯之的操作有规范，把每一个环节落实到位，责任心与技术精湛同在，消除隐患，安全相伴。

7. 求巧——找窍门探索巧干

同样的事情，有的人做得笨手笨脚，有的人做得心灵手巧。平时常说"外行看热闹，内行看门道"就是这个理儿。每位同学要仔细琢磨，看看能否参透其理，悟得其门。手巧、耐心、创意、精细、实用、美观、精心、参与、碰撞、发现。理解和明晰劳动之于我们生活的意趣所在！参与、尝试，心领神会中技艺在手。一旦入得其门，这里面既有着劳动的技巧，又有着生活的趣味，还有着对生活的整体应对。我们每个人都想着过有意思的生活，那么这个意思就在你我他的技能、审美、兴趣和用心里，它全方位地展现了同学们的心灵手巧、做事的特点与习惯以及制作过程中应对挑战的勇气和耐心。

8. 清场——劳动结束后整理现场

切忌劳动的现场乱糟糟的！显然劳动过后乱糟糟的情形一是反映做事不利索，二是有碍观瞻。这种窘境其实是在说还未有好的劳动习惯。不知大家在家中小试牛刀一展厨艺过后厨房的灶台和砧板是个什么样子？如果不堪一睹的话，那就赶快清理现场吧！也请记住，任何劳动结束后不要留有尾巴！

9. 爱惜——爱护和珍惜劳动成果

对劳动成果的爱护和珍惜实际上是对劳动本身给予的一份尊重；而劳动又是确

证人的本质存在的基本方式，所以对劳动的尊重，就意味着对人的尊重，进而也是对自己的一份尊重。

倘若我们在日常生活中把这九个方面的修习事项逐一落实，或许我们离养成好的劳动习惯就不远了。

思考题

1. 如何理解劳动意识的三重蕴含？
2. 人的天性是好逸恶劳吗？
3. 如何爱上劳动？
4. 结合你的成长经历和社会体验，谈一谈如何养成好的劳动习惯。

第 五 章

锤炼劳动品格， 弘扬劳动精神

清明时节话劳动——在二十四个节气中，既是节气又是节日的只有清明。由于二十四节气比较客观地反映了一年四季气温、降雨、物候等方面的变化，所以古代劳动人民利用它来安排农事活动。《淮南子·天文训》云："春分后十五日，斗指乙，则清明风至。"按《岁时百问》的说法："万物生长此时，皆清洁而明净。故谓之清明。"清明一到，气温升高，雨量增多，正是春耕春种的大好时节，故有"清明前后，点瓜种豆""植树造林，莫过清明"的农谚，可见这个节气与农业生产有着密切的关系。

节气是我国物候变化、时令顺序的标志，而节日则包含着一定的风俗活动和某种纪念意义。

清明节古时也叫三月节，已有 2000 多年历史。

清明扫墓，祭奠祖先，缅怀先知、先烈，以尽思时之敬。

清明祭祖的情景，在唐代诗人杜牧的《清明》诗中这样写道："清明时节雨纷纷，路上行人欲断魂。借问酒家何处有？牧童遥指杏花村。"这首诗写出了清明节的特殊气氛。"祭奠"是为了让人记住，"酒醉"是为了让人忘却。清明祭祖踏青成了中国人生活里遵循至今的风俗与时令。

清明作为节气，提醒人们清明一到，耕作田园。今天的我们，农事耕作已全部机械化，日常生活中也习惯了动动手指外卖送来，语音指令机器人擦地。那么，劳动离我们已经远去了吗？强调劳动品格和劳动精神是否必要？正如前面所探讨的"劳动是确证人本质存在的基本方式"，我们将进一步厘清劳动品格和劳动精神是人之为人不可缺失的东西。

第一节　劳动品格和劳动精神概述

一、劳动品格

（一）劳动品格的概念

品格是一个人的基本素质，它决定了这个人回应人生处境的模式。相应地，劳动品格在早先"品格"一般性说明中融进了"劳动"这个关键词，便被表述为一个人劳动（做事）的基本素质，它决定了这个人回应劳动、职业等人生处境的模式。

劳动品格是通过行为来呈现的。我们日常的生活、学习、工作都是最好的体验塑造环境。体验塑造过程有一个转化的机制，即体验—认知—内化—行为。在这样一个转化机制的流程中，我们需要捕捉关键的点，使得劳动品格得以检视、拷问、磨砺、夯实、成形。首先要在具体的劳动情境中体验劳动到底是怎么一回事，比如居家生活中承担家务，烹饪一道美食或者一桌丰盛的晚餐，从食材的准备、制作（色、味、美的调制搭配、出笼或出锅）、上桌，全程走下来，大家方能体味爸妈一日三餐操持的情形，自然洗涮碗筷、打理庭院居室也是既琐碎又需要用心，正应了一句俗语"持家方知生活味"。

"劳动修养"课开展的手工制作（编织、废品利用、组装、粘贴、缝制、打磨等）、技能操练、集体劳动中团队合作的事宜等，只有亲自体验、尝试，才能发现并触及真实生活或工作场景中四体不勤、眼高手低、手忙脚乱、搭配不一的问题。无论是居家操持家务，还是劳动修养课中的手工制作、技能操练、团队合作，大家持续性地去做，才能品尝生活的滋味，克服其中因情绪、习惯、认知上的偏差而导致无能为力的境况。体验劳动之后便是对劳动的认知，这个认知包括对劳动过程中如何落实到位（检视自己考虑事情、处理问题是否周到）、如何经受考验（检视自己做事是否细致有耐心，万一失败，是否有从头再来的信心与勇气（如烹饪一道美食，并不是一下子就能成功，尤其是火候和用料的掌控），在经受考验中如何给自己打气，渐续从屡试不爽、屡败屡战、越战越勇中"柳暗花明"）、如何独当一面（对劳动过程中分配的任务或承担的事项是否有能力胜任，如何锻炼和强化相应技能）、如何分工与合作（在一个团队中怎样做到既各司其职又彼此联手，实现 1 + 1 > 2）。

经过体验和认识，就转向第三个环节——内化，有了劳动的体验和认知，在反复的掂量和揣度中与自身的心智状态、心理调适能力挂靠，形成踏实做事的心态、稳定操作的应对方式、责任感、成就感、自我价值实现的意愿。一旦内化完成，在随后的劳动中，我们就乐于参与其中，付诸行动，这就到了第四个环节——行为。行为如果呈现为稳定做事的心态和可靠的应对方式，那么就意味着形成了劳动、做事中一以贯之的回应模式，即劳动品格就有了基本的雏形，在未来的历练中，将会进一步整固，成为人格结构的基础要件。

"劳动修养"课给予大家一个设身处地地接触、感受、理解现实生活的方式、途径和过程，意在让我们知悉在摆脱物质短缺的生存困境之后强调勤劳俭朴、吃苦耐劳、艰苦奋斗、团结合作的真正内涵。告别短缺时代的社会处境，勤劳之勤，俭朴之俭，艰苦中的苦，绝不是让我们停留于原有的生活状态里，而是用"勤"来获取更丰硕的成果、更有创意的探索、更为自如健康的生活处境，用"俭"来应对资源约束条件下满足正常需求的合理的生活方式，用"苦"来磨砺宽裕生活境况中遇事，特别是事关人生发展和重大攻关时对意志品质的挑战，用"耐"来检视日常做事的耐受力。倘若"勤""俭""苦""耐"成为我们生命中的基本素养，那么，无论是人生发展还是职场历练，将因经得住考验而立乎其大，成就斐然。

因而，我们在劳动教育中试图创设教育与修养既分殊两途的训练与磨砺，又省思践悟而合一的情境，体味勤劳俭朴、吃苦耐劳的味道，养成艰苦奋斗、团结合作的精神品质，在日常生活中形成尊重劳动、热爱生活的优秀品格，引领青年人在走向社会时能够成为道德成熟、负责任、合群、自律的劳动者。锤炼劳动品格就是让同学们真正地担负起劳动、做事的责任。

（二）劳动品格的类型

基于劳动品格的形成机制，我们发现保障劳动能践行、践行须协同、协同出成果、成果展创意、创意有品质的劳动品格有以下五种类型：诚实守信、精益求精、团结协作、持之以恒、敢为人先。劳动品格关乎劳动者个体或群体的劳动素养，更多的时候是聚焦具体劳动场景中的劳动者个体，从一起一落、一收一放、一张一弛、一快一慢的劳动举止中，我们可以一窥"是那么一回事""不是那么一回事"的品格修为状况。

二、劳动精神

（一）劳动精神的概念

劳动精神是人们关于劳动的思想意识和心理状态的总括，是每一位劳动者为创造美好生活而在劳动过程中秉持的劳动态度、劳动理念及其展现出的劳动风貌。从劳动精神的基本界定中我们看到劳动精神的内涵包括两个方面：一是人类劳动的理念认知和行为实践的集中体现；二是人类劳动的精神风貌。

1. 人类劳动的理念认知和行为实践的集中体现

劳动精神是关于劳动的理念认知和行为实践的集中体现。在理念认知上表现为全社会尊重劳动、崇尚劳动、热爱劳动，在行为实践上表现为劳动者辛勤劳动、诚实劳动、创造性劳动。两者构成劳动精神内涵的整体。

(1) 劳动精神的理念认知层面

尊重劳动是指对劳动的认识，把劳动作为人类的本质活动，作为创造财富和获得幸福的源泉，尊重一切有益于人民、造福于社会的劳动者及其劳动价值；崇尚劳动是指对劳动的态度，认为劳动价值有大小，劳动分工无贵贱，劳动最光荣、劳动最崇高、劳动最伟大、劳动最美丽；热爱劳动是指对劳动的情感，焕发劳动热情，积极投身劳动，珍惜劳动成果，把劳动与实现自身价值紧密结合起来。

尊重劳动、崇尚劳动、热爱劳动这三个层面涉及我们对劳动的理性认知、感性把握和内在情感，体现为对劳动共通的从社会认识到个人的品行追求这样一个由表及里、逐步内化的过程。

(2) 劳动精神的行为实践层面

辛勤劳动是指勤奋敬业、埋头苦干，是劳动者应有的基本要求，是诚实劳动、创造性劳动的基础和保障；诚实劳动是指脚踏实地、恪尽职守，遵守法律法规和政策，遵循职业道德规范和工作标准，实事求是地认识和对待劳动过程和劳动成果，是辛勤劳动的升华，也是创造性劳动的前提；创造性劳动是指敢闯敢试、开拓创新，体现了体力劳动和脑力劳动、简单劳动和复杂劳动的结合，是辛勤劳动和诚实劳动的发展和提升。辛勤劳动、诚实劳动、创造性劳动既可以是三者聚合于人类整体、群体或个体的劳动实践中，又可以是因实践能力、认知能力或技能水准的差异而分散在不同的劳动群体或劳动个体身上。

2. 人类劳动的精神风貌

人类劳动的精神风貌呈现为：劳动创造财富、劳动使人幸福的为民精神，劳动最光荣、劳动要勤奋的敬业精神，劳动出智慧、劳动靠智慧的科学精神，劳动靠大家、协做出成果的团队精神。劳动精神是人类为了自身的幸福而不懈努力奋斗的精神体现，和谐相处、合作共事的精神体现，解放思想、富于创新的精神体现，讲求效率、追求完美的精神体现。劳动精神是做一名合格的劳动者应该有的精神。劳动精神应该成为所有劳动者都必须拥有的精神。

(二) 劳动精神的类型

基于劳动精神与劳动品格具有一致性或者说相对应，劳动精神对照劳动品格的五种类型，即诚实守信、精益求精、团结协作、持之以恒、敢为人先，从而呈现为契约精神、工匠精神、团队精神、奋斗精神、创新精神。

三、弘扬劳动精神的意义

（一）劳动精神是习近平总书记系列重要讲话精神特别是关于工人阶级重要论述的组成部分

劳动是推动经济社会发展的根本力量，是人的本质。全面建成小康社会，进而建成富强、民主、文明、和谐、美丽的社会主义现代化国家，根本上靠劳动创造。明确提出和弘扬劳动精神，是中国共产党全心全意依靠工人阶级的根本方针，"尊重劳动、尊重知识、尊重人才、尊重创造"的重大方针的深化，是对以人民为中心的发展思想的坚持和发展。

（二）劳动精神是对广大劳动者劳动实践的高度肯定与科学总结

在革命、建设和改革开放的时代演进中，广大劳动者展示了奋勇拼搏、艰苦创业的风采，成为激励一代又一代劳动者的强大精神力量。随着社会发展和科技进步，资本、知识、技术的力量凸显，人们对劳动的理解发生了很大变化，有人忽视劳动的价值，低估劳动者的作用，急功近利、心态浮躁，期望走终南捷径、一夜暴富。纵观人类劳动的历史与场景，正反两方面的事实证明，无论劳动的具体形态、劳动与其他生产要素之间的关系怎样变化，劳动是价值的唯一源泉这一点没有改变。劳动精神的提出和弘扬，对于进一步焕发广大劳动者劳动热情，释放创造潜能，为协调推进"四个全面"战略布局、实现中华民族伟大复兴的中国梦建功立业，将产生重要的推动作用。

（三）劳动精神是对马克思主义劳动价值论、劳动观的丰富和发展

劳动至上是马克思主义的重要原则，劳动价值论是马克思主义政治经济学的理论基石。马克思主义认为，劳动是人类最基本和最重要的社会实践，是人类社会生存和发展的根本前提，"它是整个人类生活的第一个基本条件，而且达到这样的程度，以致我们在某种意义上不得不说：劳动创造了人本身"（"劳动创造了人本身"此处不只是指向人类的起源，而且指向人之为人的存在本身。"劳动创造了人本身"从人类发生学的角度说明了人类的由来，更根本的则是从哲学和人的本质层面对人的存在给予了最深刻的理解基础），"在劳动发展史中找到了理解全部社会史的钥匙"。提出和弘扬劳动精神，对劳动在人类活动中的地位及劳动者的尊严给予了应有的肯定和褒扬，是新时代马克思主义劳动观的坚持和延伸。

（四）劳动精神是社会主义核心价值观的应有之义，与劳模精神、工匠精神相互包容

践行社会主义核心价值观，要求恪守爱国、敬业、诚信、友善的个人行为准则，敬业就是对劳动的尊重、崇尚和热爱，就是要求做到辛勤劳动、诚实劳动、创造性劳动，这与劳动精神高度一致。"爱岗敬业、争创一流，艰苦奋斗、勇于创新，淡泊名利、甘于奉献"的劳模精神彰显劳动的价值、展现劳动者的境界，是劳动精神的集中体现。工匠精神体现劳动者钻研技能、精益求精、敬业担当的职业精神，是对劳动精神的精粹提升。因而我们说，劳动精神是劳模精神、工匠精神的基础，与劳模精神、工匠精神一脉相承又各有侧重，劳动精神面向广大劳动者，劳模精神面向劳模群体，工匠精神更多的是面向有一技之长的产业工人。

在劳模精神六个词汇中，爱岗敬业是本分，争创一流是追求，艰苦奋斗是作风，勇于创新是使命，淡泊名利是境界，甘于奉献是修为。做一个守本分、有追求、讲作风、担使命、有境界、有修为的人，是每一位劳模的精神风范，更是每一位劳动者应该追求的目标和人生参照。

劳动精神是做一名合格的劳动者应该有的精神，劳模精神则是成为劳模必须有的精神。如果做劳动者不合格，那么做劳模更不可能。没有劳动精神，也很难有劳模精神。所以，劳动精神应该成为所有劳动者都必须拥有的精神。劳模精神也是所有劳动者都应该学习的精神。两者是方向和基础的关系，劳模精神是方向，劳动精神是基础。

劳模精神是所有劳动者都应该学习的精神，是影响和引领每一位劳动者从平凡走向不平凡的外力。我们平时说"榜样的力量是无穷的"，劳模精神就是从外部影响每一位劳动者学先进、做先进。工匠精神则是每一位劳动者都应该具有的精神，是激发和激励每一位劳动者不断自我挑战和自我超越的内力。工匠精神从内部唤醒每一位劳动者不断成为最好的自觉。劳模精神是超越别人的精神，劳模就是因为超越了很多劳动者才脱颖而出。工匠精神是超越自己的精神，在精益求精上，世上最大的对手不是别人，而是自己。工匠精神是让劳动者成为自己的"劳模"，劳模精神是让劳动者成为别人的"模范"。工匠精神点亮了自己的生命，劳模精神则照亮了别人的生命。

"一勤天下无难事"。无论哪个时代的劳模，都是在某个方面有所建树的劳动者。"人间万事出艰辛。越是美好的未来，越需要我们付出艰苦努力"。我们盘点劳模，发现他们身上有一个共同点，那就是穿越眼前的迷雾，相信并为"美好的未来"而奋斗。在生产劳动的一线，各行各业都涌现出照亮别人生命的劳模，此处我

们仅举出几位，让同学们明白为什么有所作为、尽力而为、做出卓越是我们在学业、职业、技能的发展中追求的精神。

（1）中国电子科技集团公司第五十四研究所钳工夏立，多次参与卫星天线预研与装配、校准任务，装配的齿轮间隙仅有0.004毫米，相当于一根头发丝的1/20粗细。正是具有精益求精的工匠精神，多做一点点、创新一点点，日积月累，终于"高原"就成了"高峰"，推动中国制造向中国创造转变。

（2）全国劳模、中国建筑一局塔吊工人王华吐露心声："我热爱高高的塔机，喜欢它那长长的铁臂、炽热通往天路的神梯，热爱钢铁般的气息。"对自己从事的工作有着无限的热爱。

（3）全国劳模、时代楷模天津电力抢修工人张黎明，无数次沿着电力线路"溜达"，闭上眼睛能说出他负责的线路沿途有多少个高压塔、多少根电线杆。

（4）在火箭总装一线奋战30余年的崔蕴，持之以恒，兢兢业业，在平凡中走向不平凡。

（5）秉持"第一次就把事情做好"、平均年龄只有32岁的动车组装班，是团体劳模，协同行动出精品。

（6）深耕高端数控机床研发、"代表中国冲击世界一流"的女设计师盖立亚。

（7）执着于探索金融精准扶贫模式、见证阜平贫困发生率由54.4%下降到13.8%的"金领"李二国。

从以上劳模的事迹中，我们看到劳动不仅没有随着科技的进步离我们远去，反而深深植根于我们的生活之中，因而劳动品格的锤炼、劳动精神的弘扬是我们劳动修养不可缺失的方面。同样，经过新冠疫情的考验，同学们心中对劳动的内涵、劳动者的品格和各种职业的敬业奉献精神，尤其是对直面病毒救死扶伤的医者有了深刻的理解和感动。这是生命成长的真正拔节，会为大家进入社会后懂得尊重劳动、尊重不同职业者的付出埋下真诚仁爱的种子，同时也为中国社会的健全奠基。因为人的生命里涌动着"把人当人看，使人成为人"的人道主义精神。

没有哪代人的青春是容易的。重温他们的故事，想想这些平凡人何以把不可能变为可能，心底就有"相信"，眼中便有光彩。基于此，习近平总书记动情而富有哲理地说："在我们这么一个有着14亿人口的国家，每个人出一份力就能汇聚成排山倒海的磅礴力量，每个人做成一件事、干好一件工作，党和国家事业就能向前推进一步。"

劳动精神是所有劳动者的共性，每一位劳动者都应该有劳动精神。工匠精神则揭示了不甘于平庸的劳动者的个性，是成就优秀劳动者的必要条件。个性不仅是产品和企业的核心竞争力，也是劳动者的核心竞争力。这里所说的劳动者的个性主要是指劳动者在自我超越过程中彰显出的个人优势及其精神状态，也就是工匠精神。换句话讲，没有工匠精神的劳动者很难有出色的成就和骄人的业绩。精益求精、追求极致是践行工匠精神的核心，也是成就杰出劳动者的根源。

按照马克思主义的基本观点，劳动创造了人本身。劳动精神是成为人的精神，工匠精神是成为更加优秀的人的精神，劳模精神则是成为影响别人的人的精神。成为人、成为更加优秀的人、成为影响别人的人，三者是一种逐步递进的关系。我们每个人在琢磨自身由小到大，由"小我"转向"大我"，何尝不是成为人、成为更加优秀的人，成为影响别人的人呢？我们现在弘扬劳动精神、工匠精神、劳模精神，目的就在于让每一个人都热爱劳动，成为自食其力、有所担当的劳动者，更要成为优秀的劳动者，甚至成为广大劳动者群体中的佼佼者和大家学习的榜样。

在技术进步、知识经济的时代，锤炼劳动品格，弘扬劳动精神，打造知识型、技能型、创新型劳动者群体，尊重劳动，尊重知识，尊重人才，尊重创造，涵养崇尚劳动的社会氛围，为保障劳动者权益创造更好的制度环境，就能激发亿万人民用劳动托举梦想的豪情，汇聚实现中华民族伟大复兴中国梦的磅礴力量。

第二节　锤炼劳动品质，弘扬劳动精神的举措

一、诚实守信，弘扬契约精神

诚实守信是中华民族的传统美德，是我国公民道德建设的重点，是社会主义核心价值观的一条重要准则，是职业道德的重要内容，也是民法活动的重要原则。诚实就是真实无欺，既不自欺，也不欺人；守信就是重诺言，讲信誉，守信用。诚实和守信是统一的。就个人而言，诚实守信是做人的本分；就社会而言，诚实守信是正常秩序的基本保证；就国家而言，诚实守信是文化软实力的标志。中国特色社会主义进入了新时代，新时代是奋进者的时代。我们要在全社会砥砺诚实守信，提倡通过诚实劳动来实现人生的梦想、改变自己的命运。诚实劳动是指脚踏实地、恪尽职守，遵守法律法规和政策，遵循职业道德规范和工作标准，实事求是地认识和对待劳动过程和劳动成果，是辛勤劳动的升华，也是创造性劳动的前提。诚实守信的劳动品格要求我们在劳动、做事时要靠谱，要靠得住，不能够掺水分，不能够投机取巧、耍奸溜滑，不破坏劳动工具，遵守劳动纪律和法律。

田野里辛勤耕种的农民，建筑工地上挥洒汗水的工人，严寒酷暑下指挥交通的

警察，环卫工人在美容我们的城市，三尺讲台上讲授知识的教师，埋首实验室苦心钻研的科学家……新中国70多年的辉煌成就，就是他们用诚实的劳动干出来的；中华人民共和国的坚实大厦，就是他们用一砖一瓦砌成的。没有诚实的劳动，就没有创新创造；没有诚实的劳动，就没有我们今天的幸福生活。"我们要在全社会大力弘扬劳动精神，提倡通过诚实劳动来实现人生的梦想、改变自己的命运"。习近平主席强调，劳动是财富的源泉，也是幸福的源泉。人世间的美好梦想，只有通过诚实劳动才能实现；发展中的各种难题，只有通过诚实劳动才能破解；生命里的一切辉煌，只有通过诚实劳动才能铸就，也就是说我们在人世间所遭逢的一切，只有通过诚实劳动才能使我们如愿以偿。在同学们学业发展的过程中，我们应自觉地对诚实守信劳动品格的磨炼施加要求。

党的十九届四中全会首次把社会主义市场经济确定为社会主义基本经济制度，既体现了社会主义制度的优越性，又同我国社会主义初级阶段社会生产力发展水平相适应，是党和人民的伟大创造。把按劳分配为主体、多种分配方式并存和社会主义市场经济体制上升为基本经济制度，与多年来作为基本经济制度的公有制为主体、多种所有制经济共同发展，三者相互联系、相互支撑、相互促进。这一重大创新，标志着我国社会主义经济制度更加成熟、更加定型。市场经济本身有多种称谓——信用经济、法治经济、契约经济、风险经济、竞争经济等，这些称谓里蕴含着整个市场良性运作需要把握的基本点。实际上，财富从根本上是由每一个诚实劳动、公平守信的人在市场中创造出来的，相应地，公平规则下的财富创造凝聚着勤奋、智慧和诚信的美德。社会主义市场经济中，信用观念、契约精神、法治意识是其活动的重要意识规范，也是信用经济、法治经济的基本观念。社会主义市场经济条件下的任何一名劳动者，没有诚信都是寸步难行的。契约精神则是存在于商品经济社会并由此衍生出来的契约关系与内在原则，是一种自由、平等、守信的精神。契约精神不是单方面强加或胁迫的霸王条款，而是自由平等的各方真实意思表示一致的守信精神。

案例："一个人的生产线"

袁传伟，苏州盈码精密机械有限公司生产负责人。他的企业是生产过氧化氢消毒器的。2020年春节，他接到了一份为武汉生产消毒设备零部件的紧急订单，但是他的工人却全都回家了，也回不来。为了兑现诺言，1月27日（大年初三），袁传伟紧急联系政府相关部门办理复工手续，当晚生产线正式启动。与以往5人协作不同，这次只有他一名"工人"。幸好，袁传伟是个"多面手"，编程、刀具、加工、调试都精通。从复工开始，袁传伟吃住都在工厂，一天24小时连轴转。完成手工操作后，机器会进入自动切割模式，20 分钟刚好够他打个盹儿。一套设备共有 10 多个零部件，在 5 名员工齐备的情况下，做完全部订单200 套大约需要 15 天时间，而袁传伟自己一个人硬是只多用了一天的时间，也就是 16 天，完成了全部订单。2 月 12 日，完工交货。随着工厂的合作企业陆续复工，原料短缺问题得到解决，袁传伟当即决定，再接210 套零部件生产任务，继续战斗。

袁传伟说到做到，弘扬契约精神，保质保量，社会责任感强，将个人的前途命运和国家、民族的前途命运紧密相连。

在日常生活与职业发展中，当代大学生处理日常事务，发展职业规划，所锤炼和弘扬的首要的劳动品格和劳动精神就是诚实守信与契约精神。我们要确立通过劳动创造幸福生活的信念，通过自己辛勤的双手和智慧的大脑来创造美好生活。在学习、劳动和未来的就业过程当中，我们要养成诚实守信的良好品质，不抄袭，不作弊，不投机取巧，踏踏实实做事，勤勤恳恳做人。

诚实守信是职业道德的重要内容，也是民法活动的重要原则。劳动者要脚踏实地、恪尽职守，遵守法律法规和政策，遵循职业道德规范和工作标准，实事求是地认识和对待劳动过程和劳动成果。社会主义市场经济条件下要弘扬契约精神，即各方在自由平等基础上的守信精神。我们要通过诚实劳动来实现人生的梦想、改变自己的命运。

二、精益求精，弘扬工匠精神

精益求精是敬业最准确的诠释，它既是劳动者认真做事的态度体现，又是劳动者技能水准的自我要求，还是劳动者品格的自觉磨砺。精益求精作为劳动品格，需要反复打磨，在"好"字上不断地下功夫。每一位劳动者都应该有劳动精神。工匠精神则揭示了不甘于平庸的劳动者的个性，是成就优秀劳动者的必要条件。工匠精神是每一位不甘于平庸的劳动者在平凡的工作中不断对自己提出更高的要求，并不断自我超越、自我提升、自我完善，始终追求做更好的自己时所表现出的工作态度、工作境界、工作习惯以及整体工作的精神面貌。工匠精神包括职业技能、职业素养、职业理念等多个层次，是一种钻研技能、精益求精、敬业担当的职业精神。我们每一位同学，对自己的生活、对于学业、对未来的职业发展，应该以工匠精神为要求，不断地从内驱动自己、激励自己，实现自我超越、自我提升、自我完善，以使自己成为一个卓越的人。工匠精神通常表现为六个方面：坚守执着、精益求精、专业专注、追求极致、一丝不苟、自律自省。从工匠精神的角度看，坚守执着是一个人的本分（守住自己的一亩八分地持续不懈），精益求精是一个人的追求（在"好"字上做足功夫），专业专注是一个人的作风（术业专攻，心无旁骛），追求极致是一个人的使命（没有最好，只有更好地孜孜以求），一丝不苟是一个人的境界（不容懈怠，严谨精细），自律自省是一个人的修为（自我管控，律己省察）。我们每个人都应认识到工匠精神对于我们成为一个不断战胜自己的人意义重大。对于大学生而言，最核心的事情就是不断地做好建设自己这门功课，诚如易卜生在给一位青年的信中所言，想方设法把自身塑造成一块像样的材料。工匠精神作为每一位劳动者都应该具有的精神，是激发和激励每一位劳动者不断自我挑战和自我超越的内力，它从内部唤醒每一位劳动者不断成为最好的自己。

案例："振超效率"

许振超，男，汉族，中共党员，1950年1月出生，山东荣成人，青岛前湾集装箱码头有限责任公司固机高级经理。他立足本职，干一行、爱一行、精一行，自学成才，苦练技术，练就了"一钩准""一钩净""无声响操作"等绝活，先后七次刷新集装箱装卸世界纪录，使"振超效率"享誉全球。他勇于创新，敢于开拓，带领团队积极开展科技攻关，持续破解安全生产难题，填补国际技术空白，为国家节约巨额成本。在工作中创造出"振超工作法"，为青岛港提速建设发展提供了宝贵经验。在他的激励下，全国广大青年职工掀起了立足岗位、学习技能的热潮。

现代社会，生活注重质量，技能要求精细、高端、有技术含量，当代大学生要做有水准的事情，在时代和社会的竞争洪流中才能脱颖而出。因而在日常的学业训练、技能提升、劳动实践中要恪守精益求精之品格，弘扬工匠之精神。第一，要有执着的事业心、进取心，树立"没有最好，只有更好"的观念，不断实现自我超越。第二，干一行、爱一行，专一行、精一行，避免学一门丢一门，干一行弃一行，不要不思进取。第三，要珍惜韶华、不负青春，努力学习和掌握科学文化知识和专业技能，练就过硬本领，以真才实学服务人民，以创新创造贡献国家。

三百六十行，行行出状元。任何一名劳动者，要想在百舸争流、千帆竞发的洪流中勇立潮头，在不进则退、不强则弱的竞争中赢得优势，在报效祖国、服务人民的人生中有所作为，就要孜孜不倦学习、勤勉奋发干事。一切劳动者，只要肯学肯干肯钻研，练就一身真本领，掌握一手好技术，就能立足岗位成长成才，就都能在劳动中发现广阔的天地，在劳动中体现价值、展现风采、感受快乐。

三、团结协作，弘扬团队精神

马克思在《资本论》第一卷，指出许多人在同一生产过程中有计划地一起协同劳动，即协作，不仅提高了个人生产力，而且创造了一种生产力，这种生产力本身必然是集体力。这是因为在大多数生产劳动中，单是社会接触就会引起竞争心和特有的精神振奋，从而提高每个人的个人工作效率。因此，12 个人在一个 144 小时的共同工作日中提供的总产品比 12 个单干的劳动者每人劳动 12 小时或者 1 个劳动者连续劳动 12 天所提供的总产品要多得多。经济学最新的研究表明，人类社会超越普通动物世界就在于人的本性的趋社会性。经济学家金迪斯和鲍尔斯合作的一项成果，通过"一个超越经济学的经济分析"发现：人类的合作或谋求合作的意向"可能是人类行为、人类心智与人类社会包括人类文化与人类制度共生演化的最终原因。建立一个更完善、更有效率的合作秩序，也许是我们这个物种在生存竞争中的最大优势"[1]。这种"强互惠"的合作行为，表现在"在团体中与别人合作，并不惜花费个人成本去惩罚那些破坏合作规范的人（哪怕这些破坏不是针对自己），甚至在预期这些成本得不到补偿的情况下也会这样做，即利他惩罚"[2]。他们揭示利他主义不只是有应然价值的规范性范畴，而且就其维持合作剩余不可替代的效率而言，体现为一种实然，可纳入实证性分析的范畴。由此可见，道德与效率、应然与实然之间，并不存在无法逾越的鸿沟。此种经济学分析使人的趋社会性——团结合作获得坚实的科学根据。习近平总书记说，"抱着宁为鸡头、不为凤尾的想法，抱着自己拥有一亩三分地的想法，形不成合力，是难以成事的"，强调强强联合比单打独斗效果要好。人类发展到今天，无论是科技攻关还是重要事情的完成，不能像过去那样分散，必须有一个团队，协同发力。2020 年抗击新冠疫情中科研人员和医疗人员组成的研究团队、医疗团队，承担着科研攻关、病理分析、病毒基因图谱的测定和提供协同研究而出具的治疗方案，在联防联控中做到了可防可控。当代大学生因早先的成长环境所致会面临融入群体合作共事的考验，如何做到团结协作？这是一个不小的问题。每一个同学需要意识到，在一个社会合作的共同体中，个人对自己的责任就是对社会的责任，它们与某种集体的情感是相互对应的。

国际 21 世纪教育委员会于 1996 年 4 月向联合国教科文组织提交了报告《教育——财富蕴藏其中》。报告认为，为了实现人的全面发展，教育必须围绕四种基本的学习过程来重新设计、组织，即学会求知、学会做事、学会共处和学会做人。

---

① 金迪斯，鲍尔斯，等．人类的趋社会性及其研究——一个超越经济学的经济分析［M］．浙江大学跨学科社会科学研究中心，译．上海：上海人民出版社，2006：40．金迪斯、鲍尔斯把人类的合作秩序演化分为三个阶段：自然为人类立法、个人为社会立法、社会为个人立法。此处的合作指"非亲缘个体之间的合作关系"。

② 金迪斯，鲍尔斯，等．人类的趋社会性及其研究——一个超越经济学的经济分析［M］．浙江大学跨学科社会科学研究中心，译．上海：上海人民出版社，2006：34．

学会共处就是指培养人类活动中的参与和合作精神，就是要培养学生的团结协作精神。没有团队的参与，重大的科研攻关就难有突破。

团队精神包含三个层面的内容：首先是团队的凝聚力。团队的凝聚力来源于共同的信念和感情，团队精神表现为团队强烈的归属感和一体性，每个成员都能强烈感受到自己是团队当中的一分子，自觉地把个人工作和团队目标联系在一起。其次是团队的合作意识。团队成员间相互帮助、互相关怀，大家彼此共同提高。在一个团队中，只有每个成员都能最大限度地发挥自己的潜力，并在共同目标的基础上协调一致，协同整合，才能发挥团队的整体威力，产生整体大于各部分之和的协同效应。最后是团队的高昂士气。它体现了团队成员对团队事务的态度，表现为团队成员对团队事务的尽心尽力及全方位投入。

最为显著的一个案例就是"中国女排精神"。2019年国庆70周年前夕，习近平总书记会见了刚从日本获得世界杯冠军的中国女排。本届女排世界杯，全国人民都在关注，每一场比赛都有亿万人民为中国女排加油。38年前，中国女排首夺世界冠军时，举国上下心潮澎湃，亿万观众热泪盈眶。中国女排"五连冠"，万人空巷看女排。广大人民群众对中国女排的喜爱，不仅是因为她们夺得了冠军，更重要的是她们在赛场上展现了祖国至上、团结协作、顽强拼搏、永不言败的精神面貌。女排精神代表着一个时代的精神，喊出了为中华崛起而拼搏的时代最强音。平凡孕育着伟大。女排姑娘天天坚持训练，咬牙克服伤病，默默承受挫折，特别在低谷时仍有一批人默默工作、不计回报。正是因为有这么一批人，才有了中国女排今天的成绩。

女排是竞技项目，更是集体项目。这里有一个大的团队，这个大的团队中包括复合型教练员团队和队员这个团队。复合型教练员团队中有领队、主教练、助理教练、各单项教练、外聘教练体能师、营养师、信息情报研究人员、医生、数据分析人员等，他们各自发挥特长，有的研究战略战术，有的进行单项技能的训练，有的进行体能的训练，有的做病痛的医治和康复，有的进行情报收集、数据分析等，在发挥各自特长的基础上形成强大合力。

在队员这个团体当中，有主攻手、副攻、二传、自由人等。没有主力和替补之分，只是根据比赛需要进行有针对性的科学配置，每位队员在完成各自的职责范围之内还要自觉帮助队友和团队。女排主攻手朱婷曾经说："我之所以有扣那个一下子，离不开队友们的拼搏努力，有自由人的起球、救球，二传手出其不意的传球、喂球，有副攻的战略掩护和强硬拦网，等等。"中国女排取得好的成绩，离不开整个团队的辛勤、无私付出。中国女排是发挥团结合作精神的成功典范。

当然，在新中国70多年的风雨中，除了女排之外，涌现出不少振奋国人的伟大团队:"两弹一星"团队、"神舟"团队、"北斗"团队、"嫦娥"团队、"抗击新冠疫情"团队,等等。他们为我们树立团结协作、弘扬团队精神的高标,启迪着我们在新时代学会合作共事。习近平总书记对人才团队建设方面强调团结引导、政治引领,提出更有包容力的团队建设理念:要有"识才的慧眼、爱才的诚意、用才的胆识、容才的雅量、聚才的良方",团结凝聚"人人渴望成才、人人努力成才、人人皆可成才、人人尽展其才"。

在宽裕生活环境成长起来的新时代青年,要具备团结协作的劳动品格。弘扬团队精神,首先,要有基本的合作理念:强强联合优于单打独斗,团队能产生集体力,能够产生 1 + 1 > 2 的协同效应;充分认识团队精神的发挥,需要每一个成员积极地融入团队,尽最大的努力把自己的潜能发挥出来,与组员更好地加强合作,提高合作共事的能力,形成一个有凝聚力、向心力、战斗力的团队。其次,建立和谐的信赖关系,营造良好的人际氛围。最后,以培养学生合作精神,发展协作能力为导向,使学生在教育教学活动中体验、领会、理解,相互尊重、爱护、支持,学会宽容、学会妥协、学会"双赢"等团队精神的素质内涵。

人类发展到今天,无论是科技攻关还是重要事情的完成,不能像过去那样分散,必须有一个团队。团队精神包含着团队的凝聚力、合作意识、高昂士气三个方面的内容。每一个成员都要积极融入团体,加强合作,提高合作共事的能力,把事情做成功。

四、持之以恒,弘扬奋斗精神

从历史和实践角度看,伟大的奋斗精神不是一天炼成的,是由一个个鲜明具体的"坐标"组成的,进而形成一个可以长久滋养后人的价值谱系,包含了百折不挠、艰苦奋斗、求新求变精神。

持之以恒,就是长久坚持下去,不能一曝十寒、半途而废。养成持之以恒的劳动品质,要求懂得劳动的意义和有必胜的信念、决心,这是能做成一件事的内在驱动力。坚信只要坚持不懈地奋斗下去,必有成功的一天。尤其对于一些复杂的重大工程或目标,需要一代又一代人接力奋斗才能完成,每一代人还需要有甘于成为总体成功铺垫的奉献精神。持之以恒,要求有足够的耐心,因为有些劳动过程是一个长期的甚至有些是单调的重复的过程。持之以恒,要求有克服困难和挫折的意志、毅力、恒心。因为劳动过程不是一帆风顺的,而是长期的曲折的过程,在这期间必然会遇到这样或者那样的困难和挫折。只要我们目标一致,矢志不移,日复一日,年复一年地做下去,积量变为质变,金石可镂,滴水能穿石,定能做成事。

　　崇尚奋斗是中华民族自强不息的精神基因。伟大奋斗精神深深根植于博大精深的中华文明，勃发于火热的社会实践，升华凝结于中国人日新月异的创新创造，是中华民族立于世界民族之林、引领时代潮流、实现民族复兴的强大精神支撑。

　　幸福都是奋斗出来的，而且奋斗本身就是一种幸福。只有奋斗的人生才称得上幸福的人生。奋斗显然充满各种考验，是艰辛的，艰难困苦、玉汝于成，在艰辛中体味奋斗的蕴含，在艰苦奋斗中净化灵魂、磨砺意志、坚定信念。奋斗是长期的，前人栽树、后人乘凉，伟大事业需要代际之间持续地接力、持续地奋斗。奋斗是曲折的，"为有牺牲多壮志，敢教日月换新天"，奋斗中有着极限性的历练，需要有无畏前行的精神和无私奉献的情怀。经由此大开大合的磨砺与考验，奋斗者的精神则最为富足，其本人也恰恰最懂幸福、珍惜幸福。包括丰厚的物质文明和丰富的精神文明在内的中华文明，都是靠奋斗积淀而凝成的结晶。《周易》中"天行健，君子以自强不息"，《论语》中"士不可以不弘毅，任重而道远"，《列子·汤问》中"愚公移山"，还有神话传说中女娲补天、精卫填海，汇聚成奋斗的精神，生生不息，薪火相传。我们说"中华文明具'仁者'之寿，汇钟灵毓秀之智"，归根结底在于中华民族具有一往无前、同心奋斗，自强不息、厚德载物的品质。

　　民族复兴离不开持之以恒、充满韧性的伟大奋斗。对个人而言，只有奋斗才能勇敢面对并克服前进道路上的各种挑战与困难，实现自我的理想。对国家与民族而言，奋斗精神则关乎生死存亡。中华文明绵延不绝，正是靠着这种拼搏进取的奋斗精神，虽历经磨难，却能如凤凰涅槃，浴火重生。奋斗是建设中国特色社会主义的内在动力，习近平总书记说："只有不忘初心、牢记使命、永远奋斗，才能让中国共产党永远年轻。"① 回首中国共产党百年的奋斗历程，其实就是直面时代风险挑战、坚持问题导向，在战胜一个又一个艰难险阻中艰苦奋斗、曲折向前，在解决一个又一个重大矛盾中获得持续发展的动力。党的十九大报告指出："实现中华民族伟大复兴是近代以来中华民族最伟大的梦想。"这就需要我们做好各种攻坚克难的准备，前进道路上，有需要攻克的"娄山关""腊子口"（长征途中的重要关口），也有各种苦辛和曲折；有发展中的问题，也有发展起来后的烦恼；有长久以来社会主义制度和资本主义制度两种制度的全球较量，也有世界变局中的风险挑战甚至阻力与障碍（"黑天鹅"与"灰犀牛"）。要在这条充满艰难险阻的路上走下去，必然需要恒心、决心和毅力，需要激扬始终奋进在新时代潮头的精气神。奋斗不在于有

<hr>

　　① 习近平. 铭记党的奋斗历程时刻不忘初心　担当党的崇高使命矢志永远奋斗［N］. 人民日报，2017－11－01.

什么响亮的口号，而是不驰于空想，不骛于虚声，从做好每一件小事、完成每一项任务、履行每一项职责中见其精粹。

案例："诺奖青蒿素"

本案例讲述的是诺贝尔生理学或医学奖获得者屠呦呦的奋斗历程。1969年1月，国家"523"抗疟药物研究的任务下达到中医研究院，39岁的屠呦呦以执着的科研精神，成为中医研究院中药抗疟科研组组长的不二人选。屠呦呦从本草研究入手，编纂了载有640种药物的《疟疾单验方集》等资料，进行300余次筛选实验，确定了以中药青蒿为主要研究方向。中医古籍《肘后备急方》中"青蒿一握，以水二升渍，绞取汁，尽服之"给屠呦呦带来启发，在经历了190次失败后，她创建了低温提取青蒿抗疟有效成分的方法。

1971年10月，屠呦呦团队成功实现191号青蒿乙醚中性提取物样品对疟原虫的抑制率达到100%，这是青蒿素发现史中最为关键的一步。1972年11月，又进一步从抗疟有效部位中分离提纯得到有效单体——青蒿素。青蒿素的发现，标志着人类抗疟历史步入新纪元。

当时的科研条件差，屠呦呦和她的团队不畏艰辛和健康风险，夜以继日地工作。她们曾以多口民用水缸作为提取容器，在缺乏通风设备条件下，接触大量有机溶剂。为使青蒿提取物尽快上临床，屠呦呦率先以身试药，团队成员争相参与，屠呦呦还几度深入海南疫区进行临床疗效验证。

屠呦呦获得诺贝尔生理学或医学奖，是实至名归。我们不仅要看到她站到最高领奖台时神圣的光环，我们更应该看到她和团队40年来艰辛的历程，查阅和研究古籍，无数次提取青蒿素的实验，以身试药，等等。这就是我们要学习并体味的持之以恒和奋斗精神。

对于当代大学生而言，做事情要经受住耐力和恒心的考验，在锲而不舍中历久弥坚，务必做到持之以恒，弘扬奋斗精神。每位同学要有这样的自信，但凡智力水平中等及以上者，把持之以恒的事情拿捏住，做到位，总能达到预期与出彩。同学们首先要知道：现在，青春是用来奋斗的；将来，青春是用来回忆的。青年时代，吃苦意味着双重的收获（品格与意志的磨砺，事业的发展与突破），付出奉献中使自己有了厚实的支撑与重托。其次，劳动是艰辛付出的过程。在劳动的过程中，会有各种困难与挑战，我们要磨炼意志，拥纳战胜困难与挑战的勇气和智慧。最后，劳动是一个长期的持续的过程，我们要有功成不必在我、功成必定有我的奉献与担当精神，绵绵用力，终能到达成功的彼岸。

伟大的奋斗精神不是一天炼成的，是由一个个鲜明具体的"坐标"组成的，进而形成一个可以长久滋养后人的价值谱系。百折不挠、艰苦奋斗、崇尚奋斗是中华民族自强不息的精神基因。奋斗是艰辛的、长期的、曲折的，我们要培养恒心、决心和毅力。奋斗创造历史，实干成就未来。我们要为实现中华民族伟大复兴的中国梦而不懈奋斗。

五、敢为人先，弘扬创新精神

人类演进到今天，整个经济社会的发展更多地依赖于技术的创新、理论的创新、制度的创新、文化的创新。时代赋予的庄严使命呼唤敢于担当者勇立潮头、引领创新、开拓进取、突破瓶颈，实现跨越式发展、创新性发展。而青年人则往往朝气蓬勃、思维活跃、好奇心强、求知欲盛，敢于尝试新生事物，因此要培育他们敢为人先的劳动品质。敢为人先是一种与时俱进的风貌，一种敢闯敢试的胆气。不驰于空想、不骛于虚声，以更加强大的创新劲头去开创新生活、创造新奇迹。我们要久久为功，推进理论创新、制度创新、科技创新、文化创新等各方面创新。创新是一个社会充满活力的表征，是经济增长的主要推动力量，也是就业的重要保障。弘扬敢为人先、宽容失败的创新精神，坚持年轻人的闯劲、钻劲和干劲，善于洞察先机，敢于试错"无人区"，使锐意创新的勇气、敢为人先的锐气、蓬勃向上的朝气聚集于身，而心生动力。年轻人的闯劲就是打开一片，或引领方向，或涉足新的领域；年轻人的钻劲则是锚住一处，鼎力而为；年轻人的干劲就是胜任一行，士气高涨。

创新求变、生生不息是中华文化绵延有力的优秀传统，"周虽旧邦，其命维新""苟日新，日日新，又日新"。纵观人类社会的演变，创新也始终是一个国家一个民族发展的重要力量，又是推动人类社会进步的重要力量。当今时代，科技突飞猛进，国际竞争加剧，不创新不行，创新慢了也不行。倘若一个国家、组织或个人不识变、不应变、不求变，就可能陷入战略被动，错失发展机遇，甚至被时代远远地落在后面。新科技革命的到来，使核心技术成为关乎一个国家生存发展的关键因素。实践反复证明，关键核心技术是要不来、买不来、讨不来的。只有把关键核心技术掌握在自己手中，才能从根本上保障国家经济安全、国防安全和其他安全。没有核心技术，不能实现科技领域的自给，无异于被人"卡脖子"。所以中国的立足点要放在自主创新上。自力更生是中华民族自立于世界民族之林的奋斗基点，自主创新是我们攀登世界科技高峰的必由之路。不能总是用别人的昨天来装扮自己的今天，不能总是指望依赖他人的科技成果来提高自己的科技水平，更不能做其他国家的技术附庸，永远跟在别人后面亦步亦趋。创新从来都是九死一生，但我们必须有"亦余心之所善兮，虽九死其犹未悔"的豪情。当代青年，作为新时代的劳动者要敢于担当、勇于超越、找准方向、扭住不放，牢固树立敢为天下先的志向和信心，敢于走别人没有走过的路，在攻坚克难中追求卓越，勇于创造引领世界大势的创新成果。

案例："中国天眼"之父——南仁东①

1993年，在日本东京召开的国际无线电科学联盟大会上，南仁东获悉，科学家们希望能在全球电波环境继续恶化之前建造新一代射电望远镜，以便接受更多的外太空信息。自那时起，南仁东的全部生命就只有一个重心，那就是建造中国自己的新一代射电望远镜。靠着南仁东的执着和坚持，历时22年，FAST项目最终在2016年9月建成。

作为一位有世界影响力的科学家、曾经的国际天文学会射电天文分部主席，南仁东的学术履历有些特别，或者可以说有些"简单"。无论是中文的还是外文的，整整齐齐全是关于大射电望远镜，甚至全是FAST研究，从上到下依次是《大射电望远镜（LT）国际合作计划建议书》《大射电望远镜FAST预研究》《FAST关键技术优化研究》《500米口径球面射电望远镜（FAST）项目建议书》《500米口径球面射电望远镜（FAST）项目可行性研究报告》，除此之外，竟然"身无长物"。

南仁东身上有一股子敢为人先、坚毅执着的科学精神，盯住尖端科技、国际前沿，进行心无旁骛的研究。他身上有一种攻坚克难、忘我奉献的精神，有一种真诚质朴、精益求精的品格，坚持走遍每一个窝凼，对每一个细节都不轻易放过，对每一个关键点都亲力亲为。"中国天眼"因为有了南仁东的生命浸润，同样也具备了相应的品格——规模宏大、难度高超、细致绵密、精益求精。或许也正因为把自己的全部生命都奉献给了"天眼"，项目完成"天眼"启动还不到一周年，南仁东便倏焉而去，留下他呕心沥血的杰作，在世界科技前沿中引领人类大步前行。他的生命，已然在FAST这个国之重器中延续。人生为一大事来，南仁东耗尽22年的心血，创造出了世界一流的科技成果，让中国天文观测一举占据世界制高点。

我们在对南仁东致以敬意的同时，也要创新体制机制，使更多的科研人员敢于数十年如一日专研一件事情，专心一项工作，没有后顾之忧，不用患得患失，敢于把全部身家性命，都安放在自己愿意为之付出生命代价的科学事业中去。唯有如此，才能不断涌现出像南仁东一样的创新人才，不断创造出像FAST项目这样的世界一流科技成果，推动中国在各领域的创新。创新从未像今天这样如此深刻地影响着中国社会，创新意识和创新能力已成为我们实现跨越式发展和中国现代化转型的关键因素，科技创新历史性、整体性变革已是我们亟须解决的现实问题。在新一轮科技

---

① 肖罗. 生命在国之重器中延续 [N]. 光明日报，2017 - 09 - 28.

革命和产业变革中，从根本上改变核心技术短缺与匮乏的现实境况，通过激励自主创新，突出价值导向，才能助力中国实现现代化强国的建设。

当代青年要培养和提高自己的创新意识和创新能力，要有敢为人先的锐气，打破迷信经验、迷信本本、迷信权威的惯性思维，摒弃不合时宜的旧观念，提升思想认识，打开工作的新局面；在大众创业、万众创新的时代洪流中，敢于走别人没有走过的路，做到人有我有，人有我强，人强我优，让创新有为蔚然成风。

当代大学生要能敢为人先，弘扬创新精神，务必在学业、能力、才干、人格等方面加强建设，从如下四点做起：第一，继承和弘扬中华优秀传统文化，学好专业知识，这是开展创新的前提和基础。离开继承，创新是不可能的。第二，形成自己的问题意识。爱因斯坦说过："提出一个问题往往比解决一个问题更重要。"同学们在劳动实践过程当中，要善于发现问题，提出问题。第三，要勇于、善于通过各种途径去探索解决问题的办法。这是将创新落到实处，也是最为关键和最困难的。第四，社会营造鼓励创新，宽容失败的氛围。

锤炼劳动品格，弘扬劳动精神。当代大学生只要谨遵诚实守信，弘扬契约精神；恪守精益求精，弘扬工匠精神；形成团结协作，弘扬团队精神；经受持之以恒，弘扬奋斗精神；笃定敢为人先，弘扬创新精神，则人生与事业必有所成。因而同学们在学业进行的过程中，要有意识地在观念与行动上提高对自我的要求，力求诚实自律，形成严谨求真的学术品格，从系好学业道路上的"第一颗纽扣"做起，一步一步地实现做人、做事和做学问的统一。同时要有朴实沉毅的处世态度，顺境时竭力追梦、拼搏奋斗，逆境中笃定气韵、抱朴守拙，坚守"素位而行"，方可牢记初心、锚定方向，保持志气不改、锐意不衰。不为名利所惑，不为浮华所扰，真正静下心来，刻苦钻研、不懈追求。

思考题

1. 新时代为什么要大力弘扬劳动精神？
2. 谈谈你对诚实守信劳动品质的认识。
3. 工匠精神的实质是什么？
4. 怎样理解团队精神？
5. 谈谈你对"幸福都是奋斗出来的"的看法。

第 六 章

注重劳动安全， 依法维护劳动权益

第一节　劳动安全概述

一、劳动安全的内涵

（一）安全的定义

宋朝诗人赵师侠在《诉衷情·茫茫云海浩无边》一诗中写道："茫茫云海浩无边，天与谁相连。舳舻万里来往，有祷必安全。"诗中表达了诗人对于安全的企盼。那么什么是安全呢？让我们先从"安全"的字源谈起。

在甲骨文中，"安"字写为 ⟨图⟩，从字形上来看，它由三部分构成：外面的半包围结构表示的是房子，房子里面分别是一个端坐的女人和止（脚）的形象。其含义为一个妇女从外面走进屋内坐了下来。联系远古时代的情形可推知，当时生产力不发达，人抵御自然的能力很低，经常会受到野兽等的袭击，尤其妇女，其体力和耐力都不如男子，因此在室内是相对安全的。因此，我们的祖先便以"女坐于室内"造"安"字，表安全、安宁之意。

"全"字在战国时期的小篆中有两种写法：一写为 ⟨图⟩，许慎的《说文解字》中解读为"完也，从人，从工"。清代的文字训诂学家段玉裁解读为"从工者，如巧者之制造必完好也"。第二种则写为 ⟨图⟩，许慎释为："篆文全，从玉，纯玉曰

— 120 —

全。"段玉裁则注："篆当是籀之误，全全皆从人，不必先古后篆也。今字皆从籀，而以仝为同字。"也就是说，仝全为同一字，战国时代的"全"是从玉，不是从工。从结构上看，"全"字表示内府所珍藏之良玉。《周礼·考工记·玉人》记载说"天子用全"。这里的"全"字即是表示纯洁无瑕的美玉。所以全字又被引申为"纯""纯粹"之意。后进一步引申为"完备""齐整"等意。

因此，将"安"与"全"结合起来，则表示非常安宁、完整未受破坏等义。《现代汉语词典》对安全的解释为"没有危险，不受威胁，不出事故"。① 英语中的 safe 也是表示"不存在危险"或"没有危险的状态"。

那么该如何给安全下个定义呢？事实上，国内外学者对于安全的定义多种多样，但总括以来，大致有以下三种：第一种认为安全是指不发生死亡、伤害、职业病或财产、设备的损坏或损失以及环境危害的状态。这是最具代表性的一种说法，这个定义也反映了人们对于安全的最基本和最广泛的一种理解。

第二种则认为安全是指不因人、机、媒介的相互作用而导致系统损失、人员伤害、任务受影响或造成时间损失。这种说法的关注点更广泛，除了人和物的直接损失，还包括时间等间接损失。

第三种则认为，安全是指可以容忍的风险程度。② 该定义实则从安全与危险的辩证关系出发，认为不存在绝对的安全，安全是相对的，在人们当下认识的范围之内、达到相应的标准即可认为是安全的。它来自人们对安全与危险关系的评估，安全标准随着时代和条件的变化也会发生相应的变化。

本文认同上述第三种定义。

（二）劳动安全

安全与劳动是密切相关的，劳动安全其实就是指的在劳动过程中如何避免危险、不出事故。具体我们可定义如下：

一般意义上讲，劳动安全是指在劳动过程中，通过劳动者与劳动对象、劳动工具、劳动环境之间的和谐运作，使劳动过程中潜在的各种事故风险始终处于有效控制状态，以切实保护劳动者的安全与健康。

---

① 中国社会科学院语言研究所词典编辑室.现代汉语词典（第5版）［M］.北京：商务印书馆，2011：7.

② 邵辉，等.安全行为管理［M］.北京：化学工业出版社，2008：2.

二、劳动安全的意义

（一）做好劳动安全是防止伤亡事故和职业危害的根本对策

全世界每年死于工伤事故和职业病危害的人数约为 200 万（据国际劳工组织报告），职业领域每天有 5400 多人死于工作；每分钟有 4 人因工伤导致死亡。因此，劳动工伤和职业病成为人类最严重的死因之一。就我国来说，情况也不容乐观。以 2002 年为例，该年我国各类安全事故（工伤事故、交通事故、火灾等）死亡总人数约 14 万人。[①] 而越来越多的统计表明，在诸多的劳动安全事故中，因为人的因素导致的占 70% 以上。[②] 因此，做好劳动安全教育，提高劳动者的安全意识和技能成为防止伤亡事故和职业危害的根本对策。

（二）做好劳动安全是贯彻落实"安全第一，预防为主，综合治理"方针的基本保证

"安全第一，预防为主，综合治理"是我国的安全生产方针。"安全第一"指的就是在劳动过程中要把安全放在最重要的位置上，切实保护劳动者的生命安全和身体健康。这充分体现了以人为本的理念。"预防为主"则指出了做好劳动安全的根本途径，要通过教育、培训、定期检查、设备维护等诸多的方式和手段，增强安全防范能力，从而构筑起坚固的安全防线。"综合治理"则指的是安全生产的基本手段，由于安全生产工作的复杂性、长期性和艰巨性，就要求要综合运用经济、法律、行政等多种手段进行管理。从我国安全生产的基本方针来看，把人放在首位，将预防作为根本途径，这是非常明智的。因此，做好劳动安全也就是认真贯彻了国家的安全生产方针。

（三）做好劳动安全能促进经济效益的提高

一般来说，在价格不变的情况下，降低生产成本就能促进经济效益的提高。做好劳动安全，在某种意义上其实就相当于降低了生产成本。因为，一次劳动安全事故，就可能让一个企业付出巨大的代价，轻者是厂房、设备损坏，严重的则会导致人员伤亡，显然这在无形中增加了企业的成本。所以，从生产企业的角度看，如果能提高劳动安全系数，消除安全隐患，则毫无疑问会促进经济效益的提高。

（四）劳动安全关乎家庭的幸福和社会的和谐稳定

每个劳动者都是家庭的一分子，家庭成员健康其实就是一个家庭最大的幸福。

---

① 罗云.现代安全管理（第 3 版）[M].北京：化学工业出版社，2016：前言.
② 邵辉，等.安全行为管理 [M].北京：化学工业出版社，2008：26.

孟子曾说："君子有三乐，而王天下者不与存焉。父母俱在，兄弟无故，一乐也；仰不愧于天，俯不怍于人，二乐也；得天下英才而教育之，三乐也。"在这里，孟子就将父母兄弟都健在作为人生第一大乐事。事实上，假如因为劳动安全事故导致家庭成员健康严重受损甚至去世，那对一个家庭的打击和伤害会很大，并且这种打击和伤害是无论什么都弥补不了的。从社会的角度来看，如果更多的家庭不会因劳动安全事故而保持完整和健康，这无疑会大大增强人民的幸福感，从而也有利于社会的和谐与稳定。

（五）做好劳动安全是"以人为本"理念的体现

以人为本的理念，主张人是发展的根本目的，也是发展的根本动力。对于劳动安全与以人为本的关系可以从以下三个方面来理解。

一是从马克思的观点来看，实现人的全面发展是共产主义社会的基本特征，而教育与生产劳动相结合则是实现人的全面发展的唯一方法。因此，劳动对于个人来讲就具有非常重要的意义。马克思 1875 年在《哥达纲领批判》中进一步指出："在共产主义社会高级阶段，在迫使个人奴隶般地服从分工的情形已经消失，从而脑力劳动和体力劳动的对立也随之消失之后；在劳动已经不仅仅是谋生的手段，而且本身成了生活的第一需要之后；在随着个人的全面发展，他们的生产力也增长起来，而集体财富的一切源泉都充分涌流之后，——只有在那个时候，才能完全超出资产阶级权利的狭隘眼界，社会才能在自己的旗帜上写上：各尽所能，按需分配！"① 这段话指出，在共产主义社会中，劳动会在事实上成为生活的第一需要。因此，劳动不仅是实现人全面发展的方法和手段，也是生活的第一需要。劳动所具有的地位和意义可见一斑。但是如果劳动安全出了问题，由此导致个人身心受损、失去劳动能力甚或失去生命，那么以人为本也就无从谈起。

二是从党的执政理念上看，以人为本也是执政的目标和追求。习近平总书记在党的十九大报告中指出："中国共产党人的初心和使命，就是为中国人民谋幸福，为中华民族谋复兴。"这里，幸福和复兴当然不是从天而降的，习近平总书记还指出，"功崇惟志，业广惟勤"，"我国仍处于并将长期处于社会主义初级阶段，实现中国梦，创造全体人民更加美好的生活，任重而道远，需要我们每一个人继续付出辛勤劳动和艰苦努力"②。所以，美好生活要靠劳动来创造。因此，劳动安全问题也就具有了特别重要的意义。

---

① 马克思，恩格斯. 马克思恩格斯选集：第 3 卷［M］. 北京：人民出版社，2012：365.
② 习近平. 习近平谈治国理政［M］. 北京：外文出版社，2014：41.

三是从发展的理念上看，人是发展的根本目的，经济发展、GDP 增长，归根到底都是为了满足广大人民群众的物质文化需要，促进人的全面发展。在劳动过程中，人是首要考虑的对象，以人为本，就含有首先要保证劳动者的安全和健康的意涵。

三、劳动安全理论基础

（一）事故致因理论①

1. 海因里希（Heinrich）因果连锁理论

最早的事故致因理论是由美国人海因里希（Heinrich）提出的，他用该理论详细阐述了事故发生的诸因素之间的因果联系。该理论的要点是：伤亡事故的发生不是一个孤立的事件，而是一系列事件相继发生的结果。后来，又有不少学者对该理论进一步总结和完善，但其核心思想没有变，即事故的发生是由于诸要素之间存在的前后相继的因果关系。

海因里希提出的事故因果连锁过程包括如下五种因素：

第一，遗传及社会环境（M）。遗传及社会环境是造成人的缺点的原因。遗传因素可能使人具有做事鲁莽、偏执、易怒、暴躁等性格，这些性格会对安全不利。社会环境则可能培养和助长不利于安全的一些品行，这些可通过同辈群体、风俗习惯、舆论等来形成。

第二，人的缺点（P）。即由于遗传和社会环境因素所造成的人的缺点。人的缺点是使人产生不安全行为或造成物的不安全状态的原因。这些缺点既包括诸如鲁莽、固执、神经质、轻率等性格上的先天缺陷，也包括诸如缺乏安全生产知识和技能的后天不足。

第三，人的不安全行为或物的不安全状态（H）。这两者是造成事故的直接原因。海因里希认为，人的不安全行为是由于人的缺点而产生的，是造成事故的主要原因。

海因里希曾经调查了 75 000 起工伤事故，发现其中有 98% 是可以预防的。在可预防的工伤事故中，以人的不安全行为为主要原因的占 89.8%，而以设备的、物质的不安全状态为主要原因的只占 10.2%。按照这种统计结果，绝大部分工伤事故都是由于人的不安全行为引起的。当然，受制于时代的局限，海因里希认为物的不安全状态也是由于工人的错误导致的。

第四，事故（D）。事故是一种由于物体、物质等对人体发生作用，使人体受到

---

① 饶国宁，等. 安全管理［M］. 南京：南京大学出版社，2010：26.

伤害或可能受到伤害的、出乎意料的、失去控制的事件。

第五，伤害（A）。即直接由事故产生的人身伤害。

上述的 M－P－H－D－A 构成了事故因果连锁关系，可以用5块多米诺骨牌形象地加以描述。如果第一块骨牌倒下（M 出现），则发生连锁反应，后面的骨牌就会相继倒下，即骨牌代表的事件相继发生。

该理论的积极意义就在于，如果移去因果连锁中的任一块骨牌，则连锁被破坏，事故过程中止。海因里希认为，企业安全工作的中心就是要移去中间的骨牌——防止人的不安全行为或物的不安全状态，从而中断事故连锁的进程，避免伤害的发生。

海因里希的理论有明显的不足，它对事故因果连锁关系的描述过于简单化，事实上，各个骨牌之间的关系是非常复杂的，前面的骨牌倒下，后面的不一定就会倒下。事故不一定都会形成伤害，不安全行为或物的不安全状态也并不必然会造成事故等。虽然该理论存在着这些缺陷，但它却为人们认识事故的发生提供了一个非常好的视角，也成为后来诸多理论的先导。

2. 博德（Bird）事故因果连锁理论

博德在海因里希的事故因果连锁理论的基础上，提出了与现代安全观点更加吻合的事故因果连锁理论。

博德的事故因果连锁过程同样为5个因素，但每个因素的含义则有所不同。

第一，管理缺陷。对大多企业来说，完全依靠技术来预防事故既不经济，也不现实，只能通过安全管理工作，经过较大努力，才能防止事故的发生。安全管理系统要随着生产的发展和技术的进步而不断完善，但要管理系统做到完美无缺是很难的，安全管理存在缺陷，就可能使其他造成事故的原因出现。

第二，基本原因。主要是指个人及工作条件的因素。个人因素主要包括缺乏安全知识、意识和技能，行为动机不正确，生理或心理问题等。工作条件因素则包括安全操作规程不健全，设备、材料有问题以及温度、湿度、照明、噪声、工作场地状况（如障碍物、支撑物不结实等）等不利安全的因素。只有找出并控制好这些因素，才能有效防止后续原因的发生，从而防止事故的发生。

第三，直接原因。人的不安全行为或物的不安全状态是事故的直接原因。这是安全管理工作中必须加以重点关注的原因。如果能及时预测及发现这些作为管理缺陷的直接原因，并采取恰当措施，则有助于预防事故发生。

第四，事故。这里的事故被看作是人体或物体与超过其承受阈值的能量接触，或人体与妨碍正常生理活动的物质接触。因此，防止事故就是防止接触。可以通过对装置、材料、工艺等的改进来防止能量的释放，或者操作者提高识别和回避危险的能力，佩戴个人防护用具等来防止接触。

第五，损失。人员伤害及财物损坏统称为损失。人员伤害包括工伤、职业病、精神或心理创伤等。

在许多情况下，可以采取恰当的措施使事故造成的损失最大限度地减小。例如，对受伤人员进行正确抢救、对设备进行抢修及平时对有关人员进行应急训练等。

3. 能量意外转移理论

在生产过程中人类利用能量以实现生产目的。在正常生产过程中，能量在各种约束和限制条件下，按照人们的意志流动、转换并做功。如果由于某种原因能量失去了控制，发生了异常或意外释放，则称发生了事故。

如果意外释放的能量转移到了人体，并且其能量超过了人体的承受力，则人体将受到伤害。能量的种类有很多，如动能、势能、电能、光能、化学能、声能、生物能等。人受到伤害都可以归结为上述一种或若干种能量的异常或意外转移。

1961年，吉布森（Gibson）提出了事故是一种不正常的或不希望的能量释放，各种形式的能量是构成伤害的直接原因。因此，应该通过控制能量或控制到达人体媒介的能量载体来预防事故。在吉布森研究的基础上，1966年，哈登进一步完善了能量意外释放理论，提出"人受伤害的原因只能是某种能量的转移"的观点并提出了能量逆流于人体造成伤害的分类方法，他将伤害分为两类：第一类伤害是由于施加了局部或全身性损伤阈值的能量引起的；第二类伤害是由于影响了局部或全身性能量交换引起的，主要指中毒窒息和冻伤。哈登认为，在一定条件下某种形式的能量是否产生伤害，造成伤亡事故主要取决于能量大小、接触能量时间长短和频率以及集中程度。根据能量意外释放理论，可以利用各种屏蔽来防止意外的能量转移，从而防止事故的发生。

4. 轨迹交叉论

轨迹交叉论的基本思想是：伤害事故是许多相互联系的事件顺序发展的结果。这些事件概括起来不外乎人和物两种因素。当人的不安全行为和物的不安全状态在各自发展过程中（轨迹），在一定的时空内发生了接触（交叉）时，就会发生伤害事故。

该理论基于这种事实，即人、机、物、环境各自的不安全（危险）因素的存在，并不立即造成事故，而是需要其他不安全因素的激发或耦合。例如，去除了保护罩的高速运转皮带轮处于不安全状态，如果穿着不符合安全规定衣服的人员与之接触（不安全行为），就有可能会造成人身伤亡事故。

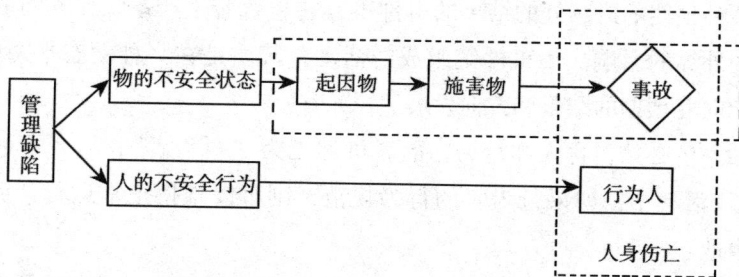

图6.1 轨迹交叉论

该理论着重于伤亡事故的直接原因：人的不安全行为和物的不安全状态，以及背后的深层原因：管理失误。我国国家标准《企业职工伤亡事故分类》（GB/T6441－1986）就是基于此事故因果连锁模型而制定的。事故是由于物与人之间发生了不希望的接触所致，之所以发生这种接触，是因为存在物的不安全状态和人的不安全行为，而物的不安全状态和人的不安全行为是安全管理的缺陷造成的。

在多数情况下，由于企业管理不善，使工人缺乏教育和训练或者机械设备缺乏维护、检修以及安全装置不完备，导致了人的不安全行为或物的不安全状态。不过需要注意的是，人和物事实上是相互影响、互为因果的，有时是设备的不安全状态导致人的不安全行为，而人的不安全行为又会促进设备出现不安全状态。因此，事故的发生有时并不是简单地按照人和物的两条轨迹独立地运行，而是呈现出复杂的因果关系。

事实上，在构成伤亡事故的人与物的两大连锁系列中，人的失误要占绝对地位，纵然伤亡事故完全来自机械或物的危害，但机械还是由人设计和操纵的，物质也是由人支配的。

日本曾对104 638起事故进行调查，结果表明：从人的系列分析，属于不安全行为的98 910件，占94.5%；从物的不安全状态分析，由于物的不安全状态导致的为87 317件，占83.5%。杜邦公司对最近10多年事故研究表明，96%的伤害事故是由于人的不安全行为造成的。

轨迹交叉论作为一种事故致因理论，强调人的因素和物的因素在事故致因中具有同等重要的地位，按照该理论，可以通过避免人与物两种因素的运动轨迹的交叉，来预防事故的发生。同时，该理论对于调查事故发生的原因，也是一种较好的工具。

5. 扰动起源事故理论

本尼尔（Benner）认为，事故过程包含着一组相继发生的事件。这里，事件是指生产活动中某种发生了的事情，如一次瞬间或重大情况的变化，一次已经避免的或导致另一事件发生的偶然事件等。因而，可以将生产活动看作是一个自觉或不自觉地指向某种预期的或意外的结果的事件链，它包含着生产系统元素间的相互作用和变化着的外界的影响。由事件链组成的活动，其实是在一种动态平衡中进行的，在其运动中向着预期的结果和方向发展。

事件的发生必然包含人和行为，前者可称之为"行为者"，后者可称之为"行为"。在生产活动中，如果行为者的行为规范，则可以维持正常运行；反之，则可能会引发事故。

生产系统的外部环境是经常发生变化的，有时可能会偏离正常的预期。这里称外界影响的变化为"扰动"。扰动会作用于行为者，产生扰动的事件称为起源事件。

当行为者能够适应这种扰动且不受伤害时，生产活动则可以正常进行，以维持动态平衡。而如果行为者不能适应这种扰动，则自动平衡就被打破，由此开始一个新的事件过程，即事故过程。事故过程可能会使行为者承受不了过量的能量从而带来伤害，甚至这些伤害有可能会带来连锁反应，带来连续的损坏和伤害。

综上所述，可以将事故看作由事件链中的扰动开始，以伤害或损坏等事故为结束的过程。这种事故理论也被称为"P理论"（Perturbation 理论）。这种理论的示意图如下所示：

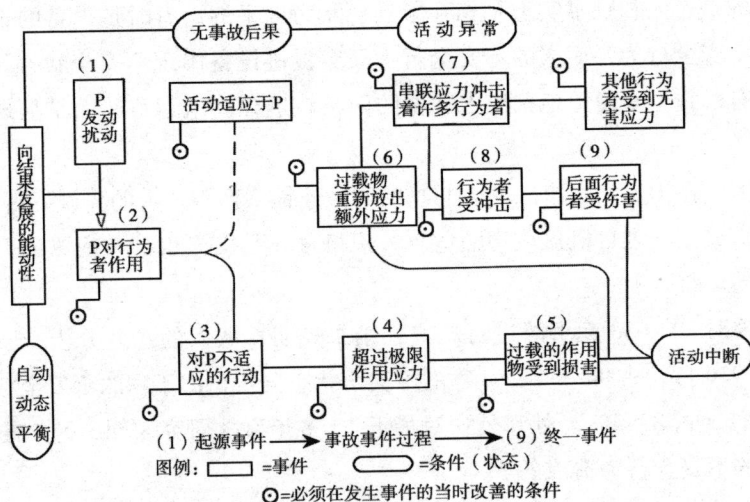

图 6.2　事故的"P"理论

6. 人失误事故理论

这种理论是基于人体信息处理过程中由于失误而导致事故的观点。具体来讲，它也分几种不同的观点：

（1）威格尔斯沃思模型。威格尔斯沃思（Wiggles Worth）在 1972 年提出，人的失误构成了所有类型事故的基础。他把人失误定义为"（人）错误地或不适当地响应一个外界刺激"。

他认为：在生产操作过程中，行为者会接受各种各样的信息，这些信息会给行为者带来刺激。假若操作者能够对这些刺激做出正确的反应，则不会发生事故；反之，如果对刺激做出错误的反应，则就可能出现危险。

威格尔斯沃思的事故模型如图所示，该模型描绘出了人失误导致事故的一般模型。

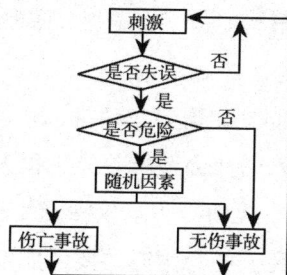

图6.3　威格尔斯沃思事故模型

（2）瑟利模型。瑟利（Thiele）把事故的发生过程分为危险出现和危险释放两个阶段。这两个阶段各自包括诸如感觉、认识和行为等类似人的信息处理过程。在危险出现阶段，如果人的信息处理的每个环节都正确，危险就能够被消除或得到控制；反之，只要任何一个环节出现问题，就会使行为者直接面临危险。在危险释放阶段，也是同样的情况。瑟利模型如下图所示：

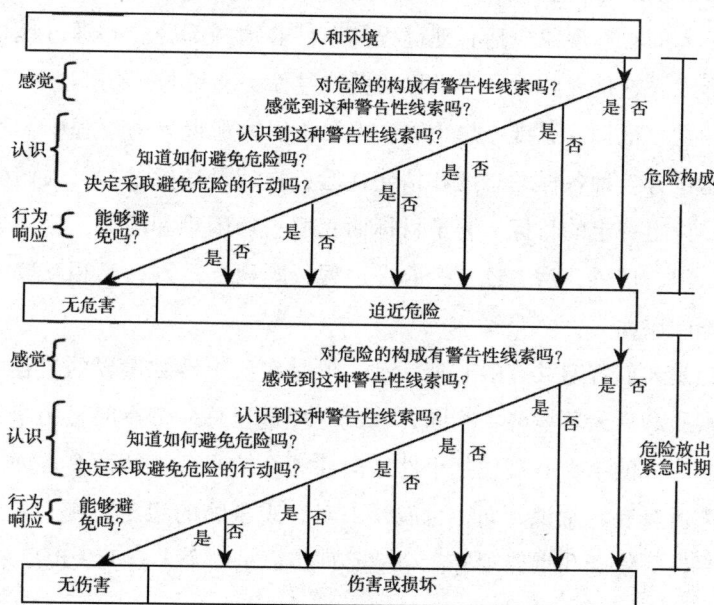

图6.4　瑟利事故模型

由上图可以看出，两个阶段具有类似的信息处理过程，每个过程均可被分解成六个方面的问题。这六个问题，前两个都是与人对信息的感觉有关的，第三至第五个问题是与人的认识有关的，最后一个问题则是与人的反应有关的。这六个问题涵盖了人处理信息的全过程，在此过程中可能会发生诸多失误，从而导致事故的出现。

瑟利模型适用于描述危险出现较慢，但如果不及时改正就有可能导致事故的情况。对于迅速出现的事故，它的解释能力就有了很大限制。

（二）人的行为与安全

不同个体的行为特征不尽相同，如需要、动机、兴趣、信念、能力、性格、气质等都会有不小的差异，加之个人的社会经历差异也很大，因此当面临外界的刺激时，做出的反应差别也是巨大的。人的行为不仅深受个体本身的心理特征的影响，也受外在客观环境的影响。在研究人的行为时，要考虑众多的因素，但这其中最重要的仍是个体的主观心理特征。

根据对全国某行业系统曾发生的 51 起安全生产死亡事故的案例统计，发现在这些事故中，与麻痹大意、安全意识淡薄、怕麻烦图方便、存在侥幸心理有关的伤亡事故 38 起；与凭经验、骄傲自大、办事逞能有关的事故 12 起；与素质差、技术不良有关的事故 22 起；由于判断失误造成的事故 10 起；其他如与从众心理、逆反心理等有关的事故 13 起。[①]

上述的事故统计分析表明，人的心理因素在事故的构成中占据了极大的比重。心理学认为，人的心理现象包括心理过程和个性心理两部分。心理过程是人的心理活动的基本形式，它是人脑对客观世界的反映过程。最基本的心理过程是认识过程，包括感觉、知觉、记忆、思维、想象等。人在认识客观世界的过程中，不是无动于衷的，而总是包含各种各样的态度和情绪体验，这就是情感过程。人们根据对客观世界的认识，设定一定的目标，为了目标而克服一切困难和阻力，这一过程则属于意志过程。认识、情感、意志这三个心理过程，既相互区别，又相互联系，是心理过程的三个不同层面。

心理过程是人们普遍共有的心理活动，但是在认识客观世界的过程中，由于每个人的先天素质和后天环境各不相同，因此心理过程总会带有明显的个人特性，这就是个性心理。人的个性心理包括个性倾向性和个性心理特征两个方面。个性倾向性是指一个人所具有的意识倾向，也就是人对客观事物的稳定态度。它主要包括需要、动机、兴趣、信念和世界观等。个性心理特征是一个人身上表现出来的本质的、

---

① 邵辉，等. 安全行为管理［M］. 北京：化学工业出版社，2008：80.

稳定的心理特点，如有的人活泼，有的人沉静，这属于气质方面的差异；有的人做事保守，有的则喜欢标新立异，这是性格的差异；有的人擅长逻辑推理，有的擅长艺术创造，这属于能力的差异。能力、气质、性格都属于个性心理特征。

个性倾向性和个性心理特征都要通过心理活动来体现和形成，而个性心理一旦形成后又会对个体的心理活动产生影响和制约。事实上，心理过程和个性心理是心理现象的两个不同侧面，既不存在不带个性心理的心理过程，也不存在没有心理过程的个性心理。在劳动过程中，人的行为深受心理现象的影响和支配，因此研究人的心理现象对于更深入地认识劳动安全问题具有非凡的意义。

1. 能力与劳动安全

能力是指人们顺利完成某种任务的心理特征，影响能力的因素有很多，如感觉、知觉、记忆、思维、想象等。

（1）感觉、知觉和观察力。感觉是大脑对直接作用于感觉器官的客观事物个别属性的反映，而知觉则是大脑对感觉的客观事物的整体反映。感觉是知觉的基础，没有感觉也就不可能有知觉，感觉越丰富，知觉就越完整、越准确，知觉是感觉的升华。另外，对于客观事物来讲，人们对它的认识很少光有单纯个别属性的感觉，而是以知觉的形式反映出来。所以人们通常把感觉和知觉统称为感知。例如，经验丰富的车工凭声音的变化便能准确感知到机器什么地方出了问题。

感觉的产生依靠客观刺激的程度，而知觉则更依赖于人们的知识、经验等，由于人们在劳动中不断积累经验，从而使知觉变得更加发达、更加精确。

观察是有目的、有计划、比较持久地认识客观事物的知觉过程，它是知觉的高级形式，包含知觉、思维、言语等综合的智力活动过程。人们全面、正确、深入地观察事物的能力，叫作观察力。观察力是智力结构的重要组成因素之一，在劳动过程中，它要求劳动者具有敏锐的观察力，善于及时发现各种不安全因素和事故隐患，以便及时采取相应的措施。

（2）注意。注意是指心理活动对一定事物或活动的指向或集中。注意本身不是一种独立的心理活动过程，而是伴随着感觉、知觉、记忆、思维、情感等心理过程的心理特性，注意与它们同时产生并贯穿于它们的始终。注意的作用在于保证心理过程的顺利进行，及时发现客观事物的变化，使人更好地适应环境，在劳动中具有特别重要的意义。劳动者在劳动过程中需要集中注意力，这是减少失误、避免事故的重要保证。

案例：注意力未及时转移引起事故

某天上午，某厂竹工组几位师傅为扩建工会办公室而搭建竹脚手架，"井"字竹架搭至第6排时，陆师傅站在第3排往上递毛竹。就在此时，基建科小王驾驶一辆三轮卡车由北朝南而来，途经"井"字架下面的人行支道时，车速虽然减慢，但车辆拐弯角度太小，致使车尾碰撞了一根靠在架子上正要传递的七米长毛竹。毛竹突然倒落在陆师傅脚上，致使他站立不稳，从高空坠落，经救治无效，当天死亡。

这起事故的发生，不是"没有注意到"，而是没有正确运用注意而引起的。小王在驾驶过程中由于过分紧张，以至于注意指向范围相对缩小，当车需要转弯时，注意力又没有及时转移，就导致了事故的发生。

（3）记忆。记忆是人脑对经验过事物的识记、保持、再现或再认，是过去感知过的事物在大脑中留下的痕迹，是进行思维、想象等高级心理活动的基础。

在安全生产中，记忆力的好坏强弱是影响事故发生的因素之一。为了保证劳动安全，劳动者需要学习安全知识、熟悉劳动环境、牢记安全操作规程、掌握劳动工具的使用方法等，所有这一切都离不开记忆。

牢记安全知识，掌握安全生产技能，对于在劳动过程中防止错误操作、预防安全事故的发生具有重要的意义。

（4）操作能力。操作是人通过运动器官执行大脑的指令对机器进行操纵控制的过程，操作能力水平的高低对劳动安全非常重要，因为在操作性强的劳动中，它直接影响人身和设备的安全。

上述的这些能力，贯穿于劳动的全过程，每种能力都与劳动安全密切相关。因此，在平时的劳动中要注重这些基本能力的训练和培养，这对于提高劳动安全系数、预防劳动安全事故的发生都具有重要的意义。

2. 性格与劳动安全

性格是每个人所具有的、最主要的、最显著的心理特征，它是一个人对现实的稳定的态度以及与这种态度相应的、习惯化了的行为方式中表现出来的人格特征，性格一经形成，便具有稳定性。

从不同的角度划分，性格可以分为不同的类型。如根据知、情、意三者在性格中何者占优势，把人们的性格划分为：理智型、情绪型和意志型。理智型的人，通常以理智来评价、支配和控制自己的行动；情绪型的人，往往不善于思考，其言行举止易受情绪左右；意志型的人，一般表现为行动目标明确，主动积极。从劳动安全的角度看，情绪型的人由于不能很好地控制自己的情绪，可能更容易带来安全问题。

根据人的心理活动倾向于外部还是内部，把人们的性格分为：外向型和内向型。根据个体独立性程度，把人们的性格划分为：独立型和顺从型。独立型的人，善于独立思考，不容易受外来因素的干扰，能够独立地发现问题和解决问题；顺从型的人，易受外来因素的干扰，常不加分析地接受他人意见，应变能力较差。从劳动安全的角度看，顺从型的人如果受到不守劳动纪律的人的影响的话，可能也会带来安全隐患。

3. 气质与劳动安全

气质是表现在心理活动的强度、速度、灵活性与指向性等方面的一种稳定的心理特征。人的气质差异主要是先天形成的，受神经系统活动过程的特性所制约，当然后天的因素如教育程度和社会影响也会改变人的气质。

人的气质可以分为多血质、胆汁质、黏液质和抑郁质四种类型，不同类型的气质其特征也各不相同。

多血质：这种气质类型的神经系统的特点是强、均衡、灵活，具有这种气质的人活泼好动，反应敏捷，喜欢与人交往，注意力容易转移，兴趣多变。

胆汁质：这种气质类型的神经系统的特点是强而不均衡，这种气质类型的人往往直率、热情、精力旺盛，但情绪易于冲动、心境变换剧烈等。

黏液质：这种气质类型的神经系统的特点是强、均衡但不灵活。具有这种气质的人安静、稳重、情绪不外露、反应缓慢，注意稳定且难于转移等。

抑郁质：这种气质类型的神经系统的特点是弱、不均衡和不灵活。具有这种气质的人孤僻、行动迟缓、体验深刻、善于觉察别人不易觉察到的细小事物等。

人的气质对安全行为有很大影响，因为不同的工作对人也有不同的要求，比如要求迅速做出反应的工作任务如飞机驾驶员、大型动力系统调度员等由多血质的人来完成就比较合适，要求有条不紊、认真细致的工作任务如会计等由黏液质的人来做就比较合理。所以在安全生产工作中由不同气质的人来担任其合适的工作，能够发挥其所长，较好完成任务，也能在很大程度上保证劳动安全，减少事故的发生。

4. 需要、动机与劳动安全

动机由需要产生，合理的需要能推动人积极从事相应的活动，顺利高效地完成工作任务，达到有益的效果。

根据心理学家马斯洛的观点，随着社会的发展，人为了更好地生存与发展，在满足了基本层面的物质需求之后，就会追求更高层次的如安全的需求、社交的需求、尊重的需求、自我实现需求等，这其中第二个层次就是安全需求，实际上，安全既是每个人的需求，也是家庭、单位和社会的需求，只有将安全意识内化于心，在劳动中自觉将安全放在第一位，在掌握必备的安全知识和技能的基础上，才能避免事故的发生，真正做到劳动安全。

5. 情绪、情感与劳动安全

情绪是由肌体生理需要是否得到满足而产生的体验，属于人和动物共有的；而情感则是人的社会性需要是否得到满足而产生的体验，属于人类特有。情绪带有冲动性和明显的外部表现，而情感则很少有冲动性，其外部表现也能被加以控制。情绪则带有情境性，它由一定的情境所引起，并随情境的改变而消失，而情感则既有情境性又有稳定性。

在劳动过程中常常会有以下几种影响到安全的情绪：

急躁情绪。主要表现为干活虽然利索但比较毛躁，求成心切但不够谨慎，工作粗心大意，有章不循等。

烦躁情绪。主要表现为沉闷、不愉快、精神不集中，严重时不能协调自身的器官。

不良情绪发展到一定程度会使人的意识范围变窄，判断力降低，甚至会失去理智和自制力。这些都会给劳动安全带来不小的挑战。

6. 意志与劳动安全

意志就是人自觉地确定目标，并调节自己的行动克服困难，以实现预定目标的心理过程，它是意识的能动作用表现。

人们在日常生活和工作中，尤其是在恶劣环境中工作，必须有意志活动的参与，才能顺利地完成任务。古人云：有志者事竟成，说的就是这个道理。

坚强的意志品质主要是指意志的坚定性、果断性、自制性和恒久性较强，而意志薄弱则正好相反。良好的意志品质对于劳动安全也非常重要，尤其对那些需要克服许多困难、越过很多阻碍、持续很久时间的工作来讲，更是如此。当面临危急情形时，意志更能发挥其强大的作用，尽力保障劳动安全。

案例：坚强的意志可以挽回损失

某矿山的一台电动机车因中途断电而停止运行，由于司机粗心，没采取安全措施就离车而去，以致恢复供电后，这台无人驾驶并牵引这一列矿车的电机车自动地跑起来，由慢而快，在主巷道运输线上狂奔，并直冲竖井。情况非常危急，此时若前面过来对头车，一场车毁人亡的惨剧就会发生。一青年工人发现险情后，临危不惧，毅然向电机车追去。可是由于车速快、巷道窄，他几经努力都没成功，反被电机车压断了两个手指。在这种情况下，他忍着剧痛，迅速奔跑，终于在一段宽巷道上追上了电机车，然后他马上上去拉下了刹车柄，紧急刹住了电机车。从这一事例中可以看出，正是依靠着顽强的毅力、坚强的意志，才使得青年工人能克服伤痛，从而保证了国家财产和人民的生命免受损失和伤害。

四、怎样做到劳动安全

（一）要筑牢安全意识，杜绝侥幸心理

前面的诸多劳动安全理论都明确地指出，人是影响劳动安全的最重要因素，大多数劳动事故的发生，都与安全意识有极大的关系。事实上，"安全第一"应该成为劳动者的座右铭，要将其内化于心、外化于行，让其成为劳动者的首要准则。筑牢安全意识，在任何时候都不要有侥幸心理。"千里之堤，溃于蚁穴"，海因里希法则明确指出，无数的小事故终会酿成大事故，因此，一定要防微杜渐，从身边事做起，从每一件不起眼的小事做起，不冒风险，不存侥幸，将各种事故隐患都消灭在萌芽之中，以最大限度保障劳动安全。

（二）熟悉劳动环境，做好安全预判

对于劳动者来讲，劳动对象、劳动工具及周围的环境是其劳动得以开展的客观物质条件，因此，熟练地掌握使用方式及熟悉劳动环境就是对劳动者最基本的要求。在熟悉的基础上，当出现任何微小的异常时，劳动者都应及时觉察并识别，并及时做出准确的安全预判。这是劳动者的一项基本素养，也是做好劳动安全的必然要求。

（三）明确劳动规范，遵循劳动程序

不同的工作对于劳动都有不同的要求，相应的，也会制定劳动规范和劳动程序，这些都是为了更高效、更安全地完成工作，是对实践经验的总结。作为劳动者来讲，要认真学习并熟练掌握劳动规范，严格遵循劳动程序，以确保劳动安全。

（四）做好劳动防护，消除安全隐患

在劳动的过程中，存在着诸多可预见和不可预见的危险因素，因此，做好劳动防护工作就显得尤为必要。当然，不同的工作对于劳动防护也有不同的要求，如从事危险的矿山、井下、建筑等工作时，除了作业现场的防护要到位外，个人的防护也是非常重要，如按要求佩戴安全帽、防护服等。其他相对来讲危险系数小的工作也要注意劳动防护，如配备消防器材、注意防火防电等。而对于一些安全隐患，则要及时做好排查工作，如设备老化、固定装置松动、线路连接不合理、安全通道堵塞等，要将这些危及劳动安全的要素一一化解。

（五）遵守劳动纪律，珍惜生命健康

劳动纪律是在劳动过程中，为保证生产或工作的顺利完成而制定的对所有劳动者有约束力的强制性规则。因为现代社会的生产和劳动，基本已经不是单个人的劳

动,而在集体劳动的过程中,要想发挥最大的效力,就必须进行好集体的协作,客观上得有一套有约束力的规则,这些规则对劳动的程序、步骤、方法、人的行为等都有详细的规定。对于劳动者来讲,遵守劳动纪律是劳动者一项必备的素质和要求,从安全的角度来讲,劳动纪律也是保障劳动安全的一项重要的制度规定。

小知识——劳动安全生产的十项法则

01 墨菲法则

在生产经营活动中,只要存在安全隐患,事故总会发生。

差别只是早晚、大小、轻重而已。

在安全工作中,首要任务就是消除各种安全隐患。

02 海因里希事故概率法则

1:29:300:1000,每一起严重的事故背后,必然有 29 起较轻微事故和 300 起未遂先兆以及 1000 起事故隐患相随。

事故的发生绝非偶然,必然存在大量隐患,排除各种隐患是安全管理的首要任务。

03 不等式法则

$10\ 000 - 1 \neq 9999$,安全是 1,位子、车子、房子、票子等等都是 0。

有了安全,就是 10 000;没有了安全,其他的 0 再多也没有意义。

每名员工在工作中必须严格遵守安全操作规程和安全工作标准,保护生命才是通往幸福生活、尊严人生的前提。

04 慧眼法则

各级领导和管理人员要了解、掌握本单位生产实际和安全生产管理现状,不断改进安全生产工作。

05 罗氏法则

$1:5:\infty$,即 1 元钱的安全投入,可创造 5 元钱的经济效益,创造出无穷大的生命效益。

任何有效的安全投入都会产生效益,而安全生产的目的,就是保障人的生命安全和人身健康。

06 九〇法则

安全生产责任、安全生产工作、安全生产管理,绝不能发生层层递减。

07 南风法则

在安全工作中,有时以人为本的温暖管理带来的效果,会胜过严厉无情的批评教育。

08 金字塔法则

系统设计 1 分安全性 = 10 倍制造安全性 = 1000 倍应用安全性。

在安全生产工作中，要预防为主，把任何问题都消灭在萌芽状态，把任何事故都消灭在隐患之中。

09 市场法则

1 个人如果对安全生产工作满意的话，他可能将这种好感告诉 8 个人；如果他不满意的话，他可能向 25 个人诉说其不满。

生产安全事故是，好事不出门，坏事传千里。

10 桥墩法则

任何一个安全事故的损失，我们只是看到了冰山一角，可能更大的损失我们无法计算。

第二节　依法维护劳动权益

案例："临时工"可以不上保险吗

程某于 2007 年 8 月被某公司招用，但是公司至今没有与他签订劳动合同，也没有为其缴纳养老保险，奖金也只是其他职工的一半。询问原因，公司答复说，根据公司规定，临时工不签订劳动合同，也不参加社会保险，这是惯例。程某多次与公司协商未果。请问：公司的做法对吗？为什么？

上述案例的核心其实是关于劳动权益保护的问题，而对于劳动者的劳动权益，在《中华人民共和国劳动法》中都有非常详尽的规定。那么这些规定具体来说都有哪些呢？接下来我们就一起来了解一下。

一、劳动法对劳动者权益的规定

（一）劳动权（就业权）——劳动者最基本的权利

1. 就业条件

①年龄；②文化；③有劳动能力；④行为自由。

2. 主要内容

（1）平等就业权。凡符合就业条件的公民不分民族、种族、性别、宗教信仰，都有平等地获得劳动机会的权利，禁止就业歧视。

（2）自由择业权。劳动者有权根据自己的意愿、才能、教育程度，并在考虑社会需求的情况下，选择职业和工种。

（二）劳动报酬权——职工生存和生活的保障

1. 劳动报酬权

职工有权按照自己提供劳动的数量和质量取得劳动报酬的权利。

2. 具体内容

①有权要求用人单位按照有关规定以货币形式支付工资；②有权获得最低工资保障和工资支付保障；③女职工有权要求实行男女同工同酬。

3. 工资构成（劳动法）

①基本形式：计时工资、计件工资、奖金、津贴。

②辅助形式：补贴、加班加点工资，特殊情况下支付的工资，劳动分红和劳动提成等。

4. 不属于工资的收入

（1）单位支付给个人的社会保险福利费用，如丧葬费、独生子女费等；

（2）有关离退休（职）人员的各项支出；

（3）劳动保护费用，如解毒剂费用等；

（4）按规定未列入工资总额的各种劳动报酬及其他劳动收入，如创造发明奖、国家星火奖等；

（5）稿费、讲课费及其他专门工作报酬；

（6）出差伙食补助、误餐补助、调动工作的旅费及安家费；

（7）支付给购买本企业股票或债券的职工的股息和利息。

5. 用人单位支付工资的规则

（1）应遵守货币支付的规则；

（2）应遵守直接向本人支付的规则；

（3）应遵守定期支付的规则；

（4）应遵守足额支付的规则；

（5）应遵守优先支付的规则，如企业破产、清偿顺序，首先支付本单位劳动者工资。

（三）休息休假权——劳动者身体健康的保障

1. 休息、休假权

劳动者按法律规定享有的休息、休养和休假的权利。

2. 主要内容

①劳动者有权在法定工作时间之外免予履行劳动义务；

②劳动者有权在休养和休假期间享有规定的各项待遇；

③劳动者有权要求用人单位不得违反法定最高工时和加班加点的法律规定。

3．法定工作时间

1995 年国务院规定：每周工作 5 日、40 小时，每天工作 8 小时（适用于所有用人单位）。

（1）加班加点：每日延长工作时间，不得超过 1 小时，特殊情况不得超过 3 小时，每月不得超过 36 小时。

（2）加班加点报酬。

①延长工作时间（加点）支付不低于工资的 150% 的工资报酬。

②休息日安排劳动者工作又不能补休的，支付不低于工资的 200% 的报酬。

③法定休假日工作的，支付不低于工资 300% 的报酬。

4．休息、休假时间

（1）公休假日：就是周休息时间，即星期六、星期天。

（2）法定节假日：法律统一规定的劳动者用于进行纪念、庆祝活动的休息时间。

（3）探亲假、婚丧假、年休假。

5．侵犯职工休息、休假权应承担的法律责任

（1）用人单位未与工会和劳动者协商，强迫劳动者延长工作时间的，给予警告、责令改正，并按每名劳动者延长工作时间 1 小时罚款 100 元以下的标准处罚。

（2）用人单位每日延长劳动者工作时间超过 3 小时或每月超过 36 小时，给予警告，责令改正，并按每人、每小时罚款 100 元以下标准处罚。

（四）劳动安全卫生权——劳动者生命和健康的保障

1．劳动安全卫生权

指劳动者在劳动过程中获得安全与健康的权利。

2．具体内容

（1）劳动者有权获得符合标准的劳动安全卫生条件，用人单位必须建立、健全劳动保护制度，严格执行国家劳动保护规程和标准；

（2）有权获得法定的休息、休假的待遇；

（3）有权获得本岗位劳动安全卫生知识、技术的学习和培训；

（4）劳动者有拒绝权，用人单位违章指挥、强令冒险作业，有权拒绝执行；

（5）劳动者有建议权，有权对用人单位执行劳动保护情况进行监督，并提出建议；

（6）劳动者有批评、检举和控告权，对用人单位危害生命安全、身体健康的行为，有权提出批评、检举和控告。

（五）特殊保护权——女职工和未成年工的权利

1. 女职工的特殊保护

见劳动保护篇。

2. 未成年工保护

未成年工指 16～18 岁。

劳动法规定：①不得安排从事矿山井下有毒有害工作。②不得安排从事国家规定的第四级体力劳动强度的劳动。③不得安排其他禁忌从事的劳动，具体指：森林伐木、归楞及流放作业；凡在坠落高度基准高 5 米以上（含 5 米）有可能坠落的高处进行的作业，即二级高度作业；作业场所放射性物质超过《放射防护规定》中规定剂量的作业；其他对未成年工的发育成长有影响的作业。④对未成年工定期进行健康检查。

3. 违反特殊保护权的处理

（1）由劳动和社会保障行政部门按每侵犯一名处以 3000 元以下罚款；

（2）造成身体伤害的，除提供医疗待遇外，还应支付其医疗费用 25% 的赔偿费用；

（3）对单位负责人和直接责任人：根据情节轻重给予行政处分；构成犯罪的，追究刑事责任。

（六）职业技能培训权——劳动者职业发展的保障

培训权：劳动者有权要求接受职业技能的教育和训练的权利。

（七）享受社会保障权——劳动者的安全网

社会保障权：指在劳动者暂时或永久丧失劳动能力或劳动机会时，有从国家和社会获得必要的物质帮助的权利。

社会保障：劳动者应享受的国家通过立法和行政措施设立的旨在保障劳动者基本经济生活安全的各种项目，包括养老、失业、医疗、工伤、生育保险等，它是劳动者的安全网。

（八）依法参加工会和组织工会及民主管理权

劳动者有权依法参加和组织工会。工会代表和维护劳动者的合法权益，依法独立自主地开展活动。

劳动者依照法律规定，通过职工大会、职工代表大会或者其他形式，参与民主管理或者就保护劳动者合法权益与用人单位进行平等协商。

（九）提请劳动争议处理权

定义：提请劳动争议处理权是指劳动者在劳动过程中因权益问题与用人单位发生争议时，享有的请求有关部门对争议进行处理的权利。

发生劳动争议时，劳动者有权提请有关机构解决，以保护自己的合法权益。

解决劳动争议，应当根据合法、公正、及时处理的原则，依法维护劳动争议当事人的合法权益。

（十）辞职权

劳动者享有辞去现有工作的权利，无须向用人单位说明理由，有权单方提出解除劳动合同，实现自主择业。

二、依法维护劳动权益

（一）要树立契约意识

契约，最初是指双方或多方共同协议订立的有关买卖、抵押、租赁等关系的文书，可以理解为"守信用"。

卢梭在其所著的《社会契约论》中，提出人类想要生存，个体的力量是微薄的，而要想得到更好的发展和保护，可行的办法就是集合起来，形成一个联合体，即国家。国家的目的在于保护每个成员的人身与财产。国家只能是自由的人民自由协议的产物，人生而自由平等，人民通过订立契约来建立国家。国家就是人民的契约的结合体。卢梭相信，一个理想的社会建立于人与人之间而非人与政府之间的契约关系。而所谓的契约首先就是一个法律规范用语，它是权利和义务的明确表示。"为了把权利和义务结合起来，使正义达到它的目的，就需要有约定和法律"。因此，社会要想正常运转，客观上要求每个人得遵守所订立的契约。从社会的角度看，具有契约精神是对现代公民的必然要求。

契约意识，用一种通俗的话来讲就是讲诚信、守信用的意识。我们的古人非常重视诚实守信。《左传》中说"失信不立"，孔子曰："人而无信，不知其可也。大车无輗，小车无軏，其何以行之哉？"意思是说，人如果失去了信用或不讲信用，不知道他还可以做什么。就像大车没有车辕与轭相连接的木销子，小车没有车杠与横木相衔接的销钉，它靠什么行走呢？《论语·学而》中说："吾日三省吾身：为人谋而不忠乎？与朋友交而不信乎？传不习乎？"其中就提到"与朋友交，要守信"。司马光的《温国文正公文集》中有言："信者虽有怨雠而必用；奸者虽有私恩而必诛。"意思是讲，对于有诚信的人即使是自己的仇敌，也要用他；而对于奸诈的人即使对于自己有恩，也要惩治他。

明朝名臣杨博的父亲杨瞻做过商人，以往在淮扬地方经商，当时有一位从关中来的盐商，将一千金的钱寄放在杨家，请杨瞻暂时代为保管。不料那盐商离开以后，竟然一去不回，杨瞻不知如何才好，便将那一千金埋藏在花盆中，上头种植花卉，并派人到关中去寻找，之后找到了盐商家，不料那盐商已经去世了，家中仅有一个儿子。

杨瞻得知消息后，便邀请那商人儿子到杨家来，指着花盆说："这是你父亲生前所寄托的金钱，此刻就交由你带回去吧!"那商人的儿子感到十分惊奇，不敢收取。杨瞻说："这是你家的财物，何必推辞呢?"于是说出缘由，那商人的儿子十分感动，于是叩谢携带那笔金钱回去。

杨瞻受人之托，自始至终忠人之事，虽然托寄人发生变故，不来取回，可是杨瞻不为钱财所动，并且千里迢迢，寻访其人，将财物交还遗孤，受人之托，一诺千金，这就是古人的诚信，真的让人非常感动和敬佩。

从劳动的角度看，契约意识应当体现在对于劳动合同的认真履行上，签订了合同则意味着认可了双方约定的条款，即认可了相应的权利和义务，这其实也是一种法律意识的体现。现代社会中，正是凭借用人单位和劳动者双方才构建出了劳动力市场。在市场经济条件下，劳动者自主择业，用人单位择优录用，这就是一种基于平等理念的双向选择过程。只有双方都能够切实遵守市场规则，市场经济才能维护下去。如果用人单位不按约定的条款履行其承诺，则势必造成劳动者的怀疑、鄙视和愤怒，最终失去的是信任。如果劳动者不履行其义务和承诺，则也会导致用人单位的担心和不信任，最终受害的则是自己。因此，信任是市场经济的根基，契约意识和精神则是市场经济的本质要求。

（二）要签好劳动合同

"双向选择，自主择业"是国家对大学生的就业政策，择业时要签订劳动合同是基本的程序，也是对劳动者与用人单位双方权益保障的依据。因此，劳动合同就具有非常重要的意义。

1. 劳动合同的内涵和意义

所谓劳动合同，指的是劳动者与用人单位确立劳动关系、明确双方权利和义务的协议。

签订劳动合同的意义在于明确劳动者与用人单位双方的责任、权利和义务，使劳动者和用人单位都能用劳动合同的有关规定来规范和约束自己的行为，使劳动关系双方的合法权益都能依法得到切实保障。

2. 签订劳动合同的注意事项

（1）明确劳动合同签订原则。合法、公平、平等自愿、协商一致、诚实信用。而像"3年不结婚，5年不生子""不签合同就下岗"等的规定都是不合法的。

（2）明确劳动合同签订的内容、程序。第一，要熟悉劳动合同的内容。一般来说，劳动合同的内容包括两个部分：一部分是双方约定的条款，另一部分则是法律法规禁止约定的条款。对于双方约定的条款，又包括以下两种。

必备条款：具体来讲，应该包含劳动合同期限、工作内容、劳动保护和劳动条件、劳动报酬、劳动纪律、社会保险、劳动合同终止条件、违约责任等。

可选择性条款：须经双方协商，确认后方可订立。

第二，要明确劳动合同签订的程序。参照《中华人民共和国劳动合同法》第十条，建立劳动关系，应当订立书面劳动合同。已建立劳动关系，未同时订立书面劳动合同的，应当自用工之日起一个月内订立书面劳动合同。用人单位与劳动者在用工前订立劳动合同的，劳动关系自用工之日起建立。

参照《中华人民共和国劳动合同法》第十六条，劳动合同由用人单位与劳动者协商一致，并经用人单位与劳动者在劳动合同文本上签字或者盖章生效。劳动合同文本由用人单位和劳动者各执一份。

用人单位与劳动者签订劳动应符合法律程序。具体来说，劳动合同的签订程序主要包括招收录用阶段和签订劳动合同阶段两个阶段。

招收录用阶段主要是公布招聘简章、自愿报名、全面考核和择优录用。

签订劳动合同阶段主要是提出劳动合同草案、介绍内部劳动规则、商定劳动合同内容、签名盖章和鉴证等。

两个阶段是紧密相连、不可分割的连续过程。

（三）依法维护自己的权益

劳动者的合法权益是受法律保护的，作为公民和普通劳动者，首先要懂法、知法。因此要认真学习《中华人民共和国劳动法》和《中华人民共和国劳动合同法》等法律法规，明白自己的权利和义务，在自己的权益受到损害时能够拿起法律武器，以维护自己的正当权益。

当劳动者与用人单位发生争议时，可与用人单位协商解决，也可以请工会或第三方共同与用人单位协商，如果当事人不愿协商、协商不成或达成和解协议后不履行，则可向劳动争议调解组织申请调解。当事人不愿调解、调解不成或达成调解协议后不履行时，则可直接向劳动仲裁委员会提出仲裁。上述劳动者与用人单位发生争议时，也可不经协商、调解而直接向劳动仲裁委员会提出仲裁。而如果劳动争议仲裁委员会不予受理或者逾期未做出决定，或者当事人对非一裁终局的仲裁裁决不服的，则可向人民法院提起劳动争议诉讼。上述维权之路可以表述如下：

投诉—协商—申请调解—申请仲裁—诉讼。

思考题

1. 请结合实际谈一谈在劳动中如何做到劳动安全。

2. 请简单评述一下因果连锁理论。

3. 请结合实际谈一下性格与劳动安全的关系。

4. 从维护自身权益的角度出发，说一说当与用人单位签订劳动合同时，应该注意哪些问题。

第 七 章

顺应时代潮流， 迎接劳动革命

第一节　科技发展对劳动的影响

一、当代科学技术的发展及特点

（一）科学技术概述

1. 科学技术的内涵

科学技术，简称科技，它实际包含两方面的内容：一是科学，二是技术。这是两个不同但又密切联系的概念。

科学是反应自然、社会、思维等客观规律的分科的知识体系。[①] 科学是人们对客观世界的认识，它建立在可检验的解释的基础上，科学的任务是揭示事物发展的客观规律，探求客观真理。

技术是人类在认识自然和利用自然的过程中积累起来并在生产劳动中体现出来的经验和知识。[②] 它也泛指根据生产实践经验和自然科学原理而发展成的各种工艺操作方法、劳动手段与技能。

---

① 中国社会科学院语言研究所词典编辑室. 现代汉语词典（第5版）[M]. 北京：商务印书馆，2011：769.

② 中国社会科学院语言研究所词典编辑室. 现代汉语词典（第5版）[M]. 北京：商务印书馆，2011：646.

在现代，随着科学技术化和技术科学化的趋势日益加强，科学和技术作为两个既有本质区别又有内在联系的概念已成为一个有机的整体。

2. 科学与技术的关系

首先，科学与技术相互区别，主要体现在以下几个方面：

（1）两者的目标和任务不同。科学的目标和任务是探求客观世界的规律，发现新知识，增加人类的知识财富；而技术则是运用已有的知识，形成新的技能、方法或工具等。科学注重研究，回答的是"为什么"的问题，属于基础研究；技术则强调实用，回答的是"做什么""怎样做"的问题，属于应用研究。

（2）两者的社会功能和价值标准不同。科学的社会功能，从物质层面来讲，是通过对客观世界的知识的掌握，来达到利用和改造客观世界的目的，因此，科学是潜在的生产力，它的水平高低，对一个社会的物质生产、人民生活、国家安全、综合国力等都具有重要的影响；从精神层面来讲，科学是一种精神和理念，它对于破除封建迷信、促进社会民主、树立新的价值观念、提供新的思维和方法等具有重要作用。从价值标准来看，能否证伪和是否产生新知识是它最重要的衡量标准。

技术的社会功能，主要体现在物质层面，即通过运用已有的科学知识，将科学转化为直接的生产力，从而推动社会的发展、人类生活质量的提高和劳动条件的改善。从价值标准来看，关键是能否促进技能的提高、劳动手段的改进和产生新的工艺方法。

（3）两者的研究过程和劳动特点各异。科学一般是从自身发展的逻辑（如科学理论自身的矛盾、科学理论与科学实验之间的矛盾等）中去找到要研究的课题，也可根据科学家自身的兴趣和好奇心去发现课题，然后建立假说，设计实验，进行实验，再对实验结果进行分析，进而总结出新的科学理论。不过科学研究的结果具有不确定性和难以预见性，科学探索本身和过程也很难总结出规律性的东西，这是科学研究的特点。

技术则主要从经济发展、国防建设、生活需要等去发现和选择研究课题，这种课题最重要的在于能够产生实际效益。与科学研究相比，技术研究有相对较明确的步骤、方法、经费预算，它的计划性和可预见性要更强。

（4）科学和技术的成果形式不同。科学的成果一般是以理论形态存在，即通过研究形成一种理论，该理论是对客观世界规律性的一种认识。技术成果则更多以物化形态存在，即以技术样品、模型、设计图纸等形式存在。

科学与技术虽然在诸多方面存在一定的区别，但科学和技术的关系是非常密切的，这主要表现在：

一是认识自然和改造自然目标的一致性。科学的目的是发现和掌握世界的规律。其实对于人类来说，掌握规律是一个方面，另一个方面则是利用规律来改造世界，技术的作用就在于此。所以科学和技术对人类来说，都很重要。实际上，科学和技术经常合在一起，我们称之为科技。

二是两者的发展互为前提，相互促进。现代科学革命之前，科学与技术是相互脱节的，比如，飞机就是在模仿鸟飞行的基础上制造出来的，但空气动力学原理则是在此之后很长时间才发现。同样，蒸汽机也要早于蒸汽机原理的发现。现代科学革命中的科学和技术，已经密切联系在一起了。科学技术一体化，早已成为现代科学技术发展的明显趋势，科学技术化，表现在科学活动的开展，需要借助高精密度的仪器装备。比如，高能物理学研究，离开高能加速器则寸步难行。显微镜，是根据凸透镜成像的原理制成的，而显微镜的出现，也大大加深了人们对生物和医学等的研究。技术科学化，则表现在任何技术创造活动都不再是单纯的经验总结，而是要在科学原理的指导下进行。比如，空间科学和空间技术，需要空间技术才能帮助研究者进入太空开展科学研究，而反过来，空间技术的发展则离不开空间科学的研究。

（二）当代科学技术的发展特点

1. 科学知识与科技成果迅速增长

自从近代科学诞生以来，科学的发展就呈现出一种加速发展的趋势，对于这种加速发展的现象，恩格斯曾分析到：近代科学在逐步摆脱了神学的束缚之后，尽管在其发展过程中还有很多对立观点的争执，"但是科学的发展从此便大踏步地前进"①。据美国科学史家普莱斯的观点，科学的发展呈现出的是一种指数增长规律。事实上，人类掌握的科学知识，在19世纪是每50年增长1倍，20世纪中叶则变成每10年增长1倍，到20世纪末则是每3年增长1倍。而进入21世纪后，互联网、基因工程、人工智能、自动驾驶等更是将科技推向了一个全新的高度，随着科学技术的迅猛发展，人类的知识将实现爆炸性增长，这无疑会对人类的生活产生异常深远的影响。

2. 学科发展交融化越发明显

从学科的角度看，在近代以前，自然科学的门类划分较为简单，经典自然科学主要是数学、物理、化学等门类；而当代的自然科学已逐步分化，形成了许多独立而完善的学科。同时，学科之间的交叉、融合也越来越多，边缘学科（如生物化

---

① 马克思，恩格斯. 马克思恩格斯选集：第4卷［M］. 北京：人民出版社，1995：263.

学、射电天文学、生态经济学等)、综合学科（如环境科学、能源科学、生态科学、材料科学、海洋科学、空间科学等）、横断学科（以客观世界的许多物质结构及其运动形式的某个特定的共同方面作为研究对象所形成的学科，如系统论、控制论、耗散结构理论等）等大量涌现。据统计，当代科学技术的专业门类已超过 6000 个，基础学科专业已超过 600 个。

3. 科学技术物化周期愈来愈短

进入 20 世纪的科学革命时期以后，从提出理论到在生产中加以应用，所用的周期越来越短。此前，一项科学理论要在现实社会中被应用，动辄需要几十年甚至上百年时间，但在现代科学革命中，这个时间间隔越来越短。比如，原子能从发现铀核子裂变到原子反应堆的建立，仅用了 3 年时间。再比如激光器，从实验室发明到在工业中应用，只用了 1 年时间。这充分说明，现代科学革命使科学加速发展的趋势更加显著。

4. 科学技术物化形态——产品和设备的更新周期不断缩短

随着人类科技水平的快速发展，大量新的科技成果不断涌现，与此相对的则是科学技术物化形态——产品和设备的更新周期不断缩短。一项新的科技产品的出现，可能会极大地改变人们的生活，带来更多的便利，但是产品很快便会推陈出新，不断优化，不断提升科技含量。如集成电路技术，从小、中规模集成电路发展为大规模集成电路和超大规模集成电路，平均更新换代周期仅 5 年。手机的发展是另一个很明显的例子，从早期功能单一的"大砖头"到之后的功能机，再到智能机，从 1G、2G 一直到 5G 移动通信技术，一部手机的发展史其实就生动地呈现了新技术、新产品的更换周期史。

二、科技发展对劳动诸要素的影响

当代社会，科技的发展日新月异，计算机、机器人、人工智能等的发展更对劳动带来了深远的影响。这些影响，主要体现在以下几个方面：

（一）科技发展对劳动者的影响

劳动者是科技创新的主体，科技创新的成果也会反作用于劳动者并对其产生深远的影响。如蒸汽技术的发展，诞生了火车轮船，并进而引发了工业革命，而工业革命的发生极大地改变了社会生产关系，大批劳动者实现了从农民到产业工人的身份转变，社会劳动生产率提高，资本主义制度得以确立；电力技术的发展，使人类的日常交通从畜力升级为电力，人类开始以分工的形式进行生产，劳动者的工作效率持续提升，同时使资本主义制度得以巩固，但与此同时，流水线上的劳动者个体从此失去独立完成一件产品的能力。由此可见，科技的发展对劳动者的影响是很大的。具体来讲，科技发展对劳动者的影响主要体现在以下几个方面：

首先，科技的发展使劳动者受教育时间普遍延长。科技是由劳动者发明的，但反过来，随着科技的迅猛发展，劳动者又为科技所规制，这在当代表现得尤为明显。如前所述，人类科学知识的总量从 19 世纪到 20 世纪，仅仅过了一个世纪，其增长速度就由每 50 年增加 1 倍快速提升至每 3 年增加 1 倍，知识的增长速度之快让人咋舌。因此，知识的这种爆炸式增长，客观上要求劳动者需要接受更长时间的教育，储备更多的知识才行。仅就我国的数据分析可知：1985—2017 年期间，我国劳动者的平均年龄从 32 岁提升至 37.62 岁，平均受教育年限从 6.38 年上升到了 9.02 年。[①]劳动者平均年龄的提高和受教育年限的延长客观上反映的是劳动知识的增长以及劳动手段和劳动工具复杂性的提高，现代社会中，脑力劳动所占的比重越来越大，而纯粹体力劳动占比越来越小。劳动复杂性的提高客观上就要求劳动者需要进行更多的学习、掌握更多的知识和技能才能跟上时代的步伐。而这一切的肇始，就是科学技术的发展，正是由于科技在当代社会和劳动体系中的独特位置，才使得人类的劳动出现如此重大的变化，而这首当其冲的就是劳动者，科技的发展对劳动者的要求越来越高，首先就是受教育时间的延长。事实上，从整个社会来看，随着义务教育的实施和高等教育大众化时代的到来，几乎所有的工作岗位对劳动者的学历要求都大大提高了。实际上，从劳动生产率的角度来看，如果劳动者受教育时间更长，掌握知识更多，则劳动技能提高越快，相应的对劳动者的岗位培训相对越简单，劳动者也越能适应竞争激烈的市场需求。因此，劳动者受教育时间的延长是科技快速发展的必然结果，也是提高劳动生产率的必然要求。

其次，科技的发展要求劳动者必须不断学习，加快知识的更新速度。科技的迅猛发展不仅使得知识的总量快速增加，而且使得知识的更新周期也大大缩短了。据联合国教科文组织的一项统计显示：18 世纪知识的更新周期是 80～90 年，21 世纪已经提速至 2～3 年。很多新知识还没有来得及用于生产就被淘汰了。例如，具有完美对称性的"纳米王子"富勒烯，它的三位发现者由于这个堪称人类科技史上划时代的重大发现获得了 1996 年诺贝尔化学奖。然而，富勒烯的相关技术还没来得及转化成产品形成真正的使用价值，就迅速地被制备成本更低廉、性能更强大的石墨烯所取代，时隔仅仅 14 年有关石墨烯的研究再次站在诺贝尔的颁奖台。知识推陈出新

① 孙烨，冯留建. 当代科技创新对劳动生产力基本要素的作用机制［J］. 兵团党校学报，2019（5）.

的速度快到令人目不暇接。① 古人云：活到老，学到老。这句话用在当下特别合适，一次性的学历教育并不能够保证劳动者能在自己的工作岗位上高枕无忧，劳动者只有不断地学习才能跟上时代的步伐。学会学习、终身学习的理念正逐步得到广泛的认同。对劳动者来讲，只有不断地学习，才能使知识不断更新，使劳动技能不断提高。因此，学会学习、终身学习是对劳动者的必然要求，也是现代劳动者必备的素质之一。

最后，科技的发展使越来越多的直接劳动者成为知识生产的主体。以前的科学研究，大都集中在高校和科研院所，但在现代，越来越多的直接劳动者开始参与到知识的生产和创造的过程之中，企业就是很具代表性的例子。

在现代企业中，科技创新所具有的作用越来越重要。在公平竞争的市场经济条件下，生产相同产品的企业，如果技术水平和管理水平相差不大，得到的其实只是平均利润，但如果有企业能够最先采用新技术，从而使得生产的效率大幅度提高，则在管理水平不变的条件下该企业就能获得远高于平均利润的超额利润。因此，为了在市场竞争中能抢先一步和获得超额利润，很多企业都高度重视研发。2020 年全球企业研发投资排行前三的企业分别是美国的 Alphabet、美国的微软和中国的华为，Alphabet 的研发投入达到了 231.601 亿欧元，华为也达到了 167.127 亿欧元。② 其实，正是因为这些企业在研究上的巨大投入，才使得它们在激烈的市场竞争中能够胜出。在我国 2017 年发明专利申请量和拥有量中，企业占比达 63.3% 和 66.4%，企业对我国国内发明专利申请增长贡献率达 73.5%，这一数据目前还在上升。以深圳为例，90% 以上的研发机构在企业，90% 以上研发人员集中在企业，90% 以上研发资金来源于企业，90% 以上的职务发明专利出自于企业。③ 因此，科技的发展使越来越多的直接劳动者成为知识生产的主体。

（二）科技发展对劳动工具的影响

在《资本论》中，马克思提出劳动工具是撬动历史杠杆的支点。④ 在这里，显然马克思高度肯定了劳动工具的作用。实际上，劳动工具演变和发展的历程也是人类文明进展的历程。马克思在《政治经济学批判大纲》中将劳动工具总结为"人类

---

① 孙烨，冯留建. 当代科技创新对劳动生产力基本要素的作用机制 [J]. 兵团党校学报，2019（5）.

② 2020 年全球企业研发支出 TOP50 [N]. 电商报，2020 – 12 – 31

③ 孙烨，冯留建. 当代科技创新对劳动生产力基本要素的作用机制 [J]. 兵团党校学报，2019（5）.

④ 马克思. 资本论：第 1 卷 [M]. 北京：人民出版社，2004：411.

之手创造出来的人类头脑和器官"。实际上，马克思认为人和动物的区别就在于是否会制造和使用劳动工具。劳动工具既然具有如此重要的意义，那么随着科技的快速发展，它对劳动工具又带来什么样的影响呢？

首先，科技的发展使当代劳动工具普遍呈现出高效化的特征。根据摩尔定律，获益于集成电路技术的进步，微处理器的性能则每隔 18 个月提高一倍，单位价格购买的有关计算机的使用价值，每隔 18 个月翻两倍。计算机也被称为电脑，事实上，现在几乎任何行业都离不开电脑，而随着电脑的运算能力的提升，它在提高劳动生产率方面也是贡献巨大。现在电脑在宇宙探测、火箭飞行、深海作业、桥梁施工、天然气开采、机械制造、自动化生产、网络通信、电子商务、物流运输等诸多领域都发挥着巨大的作用。事实上除了电脑，其他的像智能机器人、智能手机、自动化机械等也日益让劳动更加高效，这在某种程度上也解放了劳动者，使劳动者可以有更多的时间和精力去从事更具价值的工作。

其次，科技的发展使当代劳动工具的数字化程度提高。科技的发展带来的一大改变就是劳动工具的数字化，借助计算机劳动者可以在生产过程的各个环节对劳动对象实现更加精准的控制，这是现代化生产的一大特点。这主要体现在以下几个方面：第一，在生产之前，数字化可以使劳动者获得更加精准的对产品的需求信息，从而可以对产品的设计进行改进，以更加符合市场的需求。第二，在生产的过程中，通过数字化可以对劳动对象进行更加精准的加工和控制，降低不合格产品的发生率，节省成本，从而大大提高生产的效率。比如，港珠澳大桥海底隧道最终接头重达 6000 吨，就是借助世界最大的单臂全旋回起重船——"振华 30"才得以顺利完成，"振华 30"能达到 15 毫米的吊装精度，而这一切都离不开计算机的精准控制。第三，在产品的售后和服务环节，数字化可以及时获取市场的反馈信息，发现产品的不足和市场的新需求，为下一步的产品改进打下基础，从而形成一种良好的循环。数字化通过对生产各环节的控制，使得产品的生产和销售更能符合市场规律，从而不断提高产品的竞争力，因此可以说，数字化体现了当代社会生产的显著特点，它当然是科技进步和发展所带来的结果。

最后，科技的发展使劳动工具的智能化程度显著提高。随着网络技术、人工智能、大数据等技术的发展，智能化成为当前生产生活发展的重要趋势。智能化的本质是由于算法的改进所带来的运算速度和运算质量的显著提升。生产组织在智能化技术的促进下不断优化，单位时间内创造的使用价值不断提高。机器将大规模替代很多现有的人工劳动，将劳动者从清洁、计算、搬运等繁重的、重复的、危险的劳动中解放出来，劳动者可以将精力投入进一步提高劳动生产力的探索中。根据牛津大学的最新统计，至 2033 年，美国现有的 47% 的工作岗位将实现自动化，电脑将更加全面地取代人脑，机器将在更大范围内替代人工。① 可以预见的是，在未来社会，更多的智能化的机器设备将会全面进入生产和人们的日常生活中，智能化是一大趋势。

科技的快速发展对劳动工具的影响是全面和深刻的，高效化、数字化和智能化是其中几个显著的特点，随着科技的持续进步，对劳动工具的变革也将持续进行下去。劳动工具的这种提升对劳动者、对社会、对整个生产过程的影响都是革命性的，无疑它会使劳动者的工作更便利、更高效，会给我们带来更多、更好的使用价值，提升我们的生活品质，提高社会的生产力，也使人类的文明更上一层楼。

（三）科技发展对劳动对象的影响

马克思在《资本论》中提出，各种经济时代的区别，不在于生产什么，而在于怎样生产，用什么劳动对象生产。劳动对象不仅是人类劳动力发展的测量器，也是劳动借以进行的社会关系的指示器。马克思在这里所说的劳动对象既包含劳动工具也包含劳动对象。劳动对象是劳动者创造使用价值的基础，劳动对象范围越大，产品的种类会随之增加，劳动者创造的使用价值也随之增加。

首先，科技的发展会不断扩大劳动对象的范围。科技创新使劳动者对很多自然中存在物的利用能力显著提高、范围广泛拓宽，很多生产资料能够更加轻易和便捷地获取。之前无法利用的材料现在经过新技术的加工重新纳入劳动对象的范围，成为"新劳动对象"。例如，过去由于技术原因没有被利用的比石油储量大得多的页岩气，现在已逐步成为未来我国能源的重要组成部分。据国家能源局的报告，全国累计探明页岩气地质储量 5441 亿立方米，全国页岩气技术可采资源量 21.8 万亿立方米，其中海相 13.0 万亿立方米、海陆过渡相 5.1 万亿立方米、陆相 3.7 万亿立方米。目前全国共设置页岩气探矿权 44 个，面积 14.4 万平方千米。《页岩气发展规划》提出到 2020 年力争实现页岩气产量 300 亿立方米，2030 年则实现页岩气产量 800 亿 ~1000 亿立方米。不过目前我国深层开发技术尚未掌握，埋深超过 3500 米页岩气资源的开发对水平井钻完井和增产改造技术及装备要求更高。② 不过我们有理由相信，随着技术的不断进步和完善，在未来我们一定能攻破技术难关。

页岩气是一个很好的例子，它说明随着科技的发展，新的劳动对象不断涌现，

---

① 孙烨，冯留建. 当代科技创新对劳动生产力基本要素的作用机制 ［J］. 兵团党校学报，2019（5）.

② http://zfxxgk.nea.gov.cn/auto86/201609/t20160930_2306.htm.

这大大丰富了人类劳动对象的种类和数量，创造了重要的使用价值，提高了生产力。另一个例子是可燃冰。可燃冰常见于深海沉积物或陆上永久冻土中，在标准状况下，一单位体积的天然气水合物分解最多可产生 164 单位体积的甲烷气体，由于可燃冰分布浅且储量巨大、能量密度高，有望在未来成为主要替代能源，因此受到世界的高度关注。2013 年，日本在世界上首次开采出海底可燃冰。2017 年 5 月，中国首次海域天然气水合物（可燃冰）试采成功。2017 年 11 月，国务院正式批准将天然气水合物列为新矿种，从而可燃冰也被纳入我国的能源系列，成为新的劳动对象。

在能源领域，随着煤炭、石油等的消耗日渐枯竭，新的能源就变得更加重要，页岩气、可燃冰的发现及其利用表明了科技发展的巨大作用和力量。可以预见，在未来将会有更多新的劳动对象出现，它们将造福人类、深刻地改变我们的生活。

其次，科技的发展催生了新型劳动对象的发明和合成。例如，被称为"新材料之王"的石墨烯是石墨通过微机械剥离等方法制备出来的，这一新材料未来的发展前景非常广阔，将广泛应用于半导体器件、透明显示器、传感器等领域。将石墨烯材料加工成的超级电池能实现 1000 次充放电性能不减。再比如，被世界卫生组织称为"世界上唯一有效的疟疾治疗药物"的青蒿素，过去由于依赖植物提取的生产方式使原料供应市场稳定性较差。目前，科学家已经在实验室实现了青蒿素的人工合成，正在快速地走向规模化生产。未来更低成本、供应更加稳定的人工合成青蒿素将产生更大的使用价值，更好地服务于人类健康事业。[①]

最后，科技的发展增加了劳动对象的环境友好性。在当代，树立生态文明理念已经深入人心，我们要科学发展，我们要建立资源节约型和环境友好型社会。党的十九大报告指出，"我们要建设的现代化是人与自然和谐共生的现代化，既要创造更多物质财富和精神财富以满足人民日益增长的美好生活需要，也要提供更多优质生态产品以满足人民日益增长的优美生态环境需要"[②]。因此，以 GDP 作为单一衡量指标的经济发展模式已经不可持续，以破坏环境为代价的发展已经没有出路。事实上，随着科技的快速发展，利用新的科技来解决日益恶化的环境和生态问题，不仅非常必要，也已成为可能。例如，热电新材料和纳米锂电池材料等不但能够提高劳动生产率，同时还能降低废弃物的排放、减少对环境的污染、提高对自然的有效利用，从而实现生产力的可持续发展。

---

① 孙烨，冯留建. 当代科技创新对劳动生产力基本要素的作用机制［J］. 兵团党校学报，2019（5）.

② 习近平. 习近平谈治国理政：第 3 卷［M］. 北京：外文出版社，2020：39.

第二节　劳动革命与人的发展

一、劳动革命的产生及其特点

随着生产力的快速发展，尤其是科学技术的进步，当下的劳动的内涵和外延都发生了巨大的变化，劳动革命事实上已经发生了。那什么是劳动革命呢？美国经济学家杰里米·里夫金认为，建立在新技术基础之上的劳动革命，实质上是人类劳动结束的进程，并预言，再过一个多世纪，在多数工业化国家，很可能就不需要劳动。① 将劳动革命理解为人类劳动的终结，显然这种观点有失偏颇。马克思指出："劳动过程……是人类生活的永恒的自然条件，因此，它不以人类生活的任何形式为转移，倒不如说，它是人类生活的一切社会形式所共有。"② 显然，马克思认为劳动是不会消失和结束的。我国学者王永江认为，所谓的劳动革命，是指在社会发展的一定阶段上占统治地位的劳动对象、劳动手段、劳动方法、劳动条件、劳动时间、劳动空间等发生了本质性的变化。从实质上来看，劳动革命是指决定社会进步、经济发展的体力劳动，将逐渐被脑力劳动或知识劳动代替。③ 这种观点还是比较让人信服的。不过只认为劳动革命是由体力劳动向脑力劳动转变还是不够全面，因为劳动革命还包括由直接劳动向间接劳动转变、重复性劳动向创造性劳动转变等。我们认为，所谓的劳动革命，是指由于以信息技术革命和知识经济为代表的社会生产力的发展所引发的劳动形态的深刻变化，也即劳动对象、劳动方式、劳动条件、劳动目的等的本质性的变化。其特点具体表现为：直接劳动向间接劳动转变、体力劳动向脑力劳动转变、重复性劳动向创造性劳动转变等。

（一）直接劳动向间接劳动转变

马克思在《资本论》中曾说："产品从个体生产者的直接产品转化为社会产品，转化为总体工人即集合劳动人员的共同产品。总体工人的各个成员较直接地或者较间接地作用于劳动对象。因此，随着劳动过程本身的协作性质的发展，生产劳动和它的承担者即生产工人的概念也就必然扩大。为了从事生产劳动，现在不一定要亲自动手；只要成为总体工人的一个器官，完成他所属的某一种职能就够了。"④ 在这

---

① 里夫金. 劳动：走向革命 [N]. 费加罗报，1997-01-23.
② 马克思，恩格斯. 马克思恩格斯全集：第23卷 [M]. 北京：人民出版社，1972：208.
③ 王永江. 知识经济与劳动革命论纲 [J]. 经济经纬，1999（3）.
④ 马克思，恩格斯. 马克思恩格斯全集：第23卷 [M]. 北京：人民出版社，1972：556.

里，马克思提出了一个总体工人的概念，就是指直接劳动者和间接劳动者。那什么是直接劳动和间接劳动呢？所谓的直接劳动，就是指直接参与生产商品的劳动。而间接劳动，则是指为提高商品的竞争力而付出的非生产性劳动，如市场调研、产品设计与开发、售后服务、管理等。

在古代，由于生产力水平低，劳动工具简陋，所以劳动者的劳动更多地表现为直接劳动。但随着生产力的进步，劳动工具越来越先进，劳动者几乎不可能脱离劳动工具而劳动，在此情况下，以前密切结合在一起的劳动过程和生产过程开始出现分化，劳动者的直接劳动的内涵和外延也出现了重大变化。具体来讲，就是机器的广泛应用带来人的体力耗费的降低，人的体力劳动更多让位于机器，人的主要作用也由以前的直接作用于劳动对象变为控制机器、操纵机器，机器的发明和运用带来了工作效率的提高，于是个体的、小型的作坊式的劳动开始演变为集体的大工业社会化劳动，在此过程中，劳动也开始出现明显分化，有直接从事生产的劳动者，有脱离生产劳动的监督者、管理者、技术人员等间接劳动者。不过在机器大工业时期，虽然有了分工，但直接劳动者还是居于更重要的地位。而进入当代后，由于科技的高速发展，人工智能、自动化、机器人等得以广泛使用，这使得劳动过程进一步发生变革，劳动者的直接劳动进一步减少，由以前的操控机械进一步转变为监控和维护自动化机械。甚至，劳动者可以不用站在机器的旁边，进行远程控制，这样劳动的时间和空间都有了进一步的改变。美国学者希莱特曾经对自动化生产做过系统研究，他在《自动化与管理》一书中，把生产工艺的十七个等级概括为四大级别：手控、机械装置控制、信号控制和可变控制，证明人力在生产过程中的作用随着生产工艺级别的提高而递减。同时他也指出：在自动化的最高级别中，巡逻成为工人的主要工作，原来的操作工人变成了看守和监视员，也可以看成是机器和业务管理人员之间的联络员。① 其实，直接劳动的减少和改变，同时也意味着间接劳动的重要性的增加。正如马克思所说："随着大工业的这种发展，直接劳动本身不再是生产的基础，一方面因为直接劳动主要变成看管和调节的活动，其次也是因为产品不再是单个直接劳动的产品，相反地，作为生产者出现的，是社会活动的结合。"② 当然，在马克思所生活的时代，这只是个趋势，但发展到今天，信息化、自动化正逐步实现，科技革命方兴未艾，间接劳动正在取代直接劳动，并且日益凸显其重要作用和意义。事实上，在直接劳动逐步被机器所取代之后，像新产品的设计与开发，

① 陈永志. 新技术革命条件下现代资本主义生产劳动问题初探［J］. 福建学刊，1990（4）.
② 马克思，恩格斯. 马克思恩格斯全集：第 23 卷［M］. 北京：人民出版社，1972：222.

现代的企业管理、市场分析与预测、生产工艺的改进、售后服务等间接劳动正变得愈来愈重要，在激烈的市场竞争中，这些间接劳动很大程度上会决定一个企业的成败。

（二）体力劳动向脑力劳动转变

在原始社会，由于生产力水平低下，对于劳动者来说，他的劳动过程就是运用自身的肢体直接作用于劳动对象的过程，劳动者身上的器官就是他的劳动资料，后来随着人们开始用经过打磨的石块、削尖的木头、加工过的骨头等工具来进行劳动，这些工具，虽然简陋，但却是劳动的一次伟大革命，它能大大地提高劳动生产效率。到农业社会时期，土地成为劳动资料，加上犁等铁器的发明，人类改造自然的能力大大增强，这是人类历史上第二次劳动革命。进入工业社会后，随着机器大工业的出现，各种机器的广泛使用，更是将人类的劳动带到一个全新的高度，这是第三次劳动革命。这三次劳动革命，劳动资料越来越先进，劳动工具越来越发达，生产力水平也越来越高，劳动者从最初将自己的身体作为劳动资料，到工业社会中的各种机械作为劳动资料，劳动者成为流水线上的熟练工人，劳动资料的形式有了很大变化和提高，但是劳动者的体力劳动仍然占据最重要的地位。而随着智能自动化的广泛使用，人类劳动正迎来一次新的劳动革命，这次劳动革命的核心是由于科技的迅猛发展，知识和信息成为新劳动资料，因为知识的载体是劳动者，并且主要是脑力劳动者，事实上，像白领工人、金领工人的迅速增加与蓝领工人的日趋减少，就表明体力劳动正逐渐被脑力劳动所取代，这是这次劳动革命的一个显著特点。

我们正在迈向知识经济社会，知识经济的支柱产业是"知识产业"或"信息产业"。新增劳动就业岗位主要是由"信息产业""知识产业"提供的。美国经济学家大卫·伯契运用波拉特的理论进行研究，得出了如下数字：在美国 20 世纪 70 年代增加的 2000 万个新就业岗位中，只有 5% 属于制造业，而大约 90% 属于信息、知识和服务工作。① 而早在 1997 年 1 月 23 日，美国经济学家里夫金在与法国《费加罗报》记者菲利普·屈赞的采访谈话中，在谈到经济自动化和信息化的影响时，就明确地提出了传统的劳动将让位于完善的自动化系统、机器人和计算机进行。他说："在今后若干千年内，美国 1.24 亿个工作岗位中约 9000 万个将会由自动化系统代替去负责完成。"② 事实上，随着人工智能、自动化的逐步普及，可以预见的是，在未来纯粹的体力劳动的岗位将会越来越少。

---

① 王永江. 知识经济与劳动革命论纲 [J]. 经济经纬，1999 (3).
② 里夫金. 劳动：走向革命 [N]. 费加罗报，1997 - 01 - 23.

实际上，脑力劳动的确扮演着越来越重要的角色，这主要表现在：第一，在一般的生产性劳动中，通过操控机械设备进行流水生产的形式，逐步被按照编好的生产程序进行自动化生产的形式所取代，这使得编制生产程序、监控仪器和设备、操作计算机、维修和故障处理等脑力劳动成为主要的劳动形式；第二，在知识经济社会中，知识产业或信息产业本身就是高科技产业，自然是以脑力劳动为主；第三，知识经济社会中，第三产业高度发达，所占比重最大，而第三产业像信息传输、计算机服务和软件业、金融业、科学研究、技术服务、教育、卫生、公共管理、中介服务等，大都是以脑力劳动为主的产业；第四，即使是体力劳动者，体力劳动中的知识、技术含量也是不断提高的。比如，现代建筑业，需要操控更智能化的机器设备，这需要一定的知识做基础。

总的来看，从体力劳动向脑力劳动转变也是劳动革命的一大特点。

（三）从重复性劳动向创造性劳动转变

人类在很长时间里所从事的劳动基本是重复性劳动，这主要是由于科学和技术的发展太缓慢导致的，由于生产力水平低下，劳动工具简陋，所谓劳动主要依靠体力，靠日复一日，年复一年地重复劳动。比如在农业社会，虽然有犁等铁器作为重要的生产工具，但农业劳作还是主要依靠重复性的体力劳动。唐代诗人颜仁郁的《农家》一诗就非常形象地描绘出农民劳作的辛苦："半夜呼儿趁晓耕，赢牛无力渐艰行。时人不识农家苦，将谓田中谷自生。"工业革命之后，虽然机器大工业代表了社会生产力发展到一个全新的阶段，各种机械的广泛使用大大提高了劳动的效率，不过对于劳动者而言，其重复性劳动却达到了一种无以复加的地步：工人成为流水线的一部分，经过培训和不断训练，他们已经成为熟练的操作工，他们的工作就是机械的标准的不断重复的劳动。正是看到了这样的悲哀图景，马克思才对之进行了深刻的批判，并提出了异化劳动、片面发展等概念。

当然，重复性劳动有其存在的社会基础，也有其相应的价值。在生产力不发达的古代，正是依靠无数劳动者的重复性劳动，才为社会提供了最基本的生活资料，人类文明才得以延续和发展。而在工业时代，也正是依靠无数劳动者的重复性劳动，才极大地提高了劳动效率，创造出辉煌灿烂的工业文明。所以对于重复性劳动，也应以历史的眼光来看待其存在的意义。不过，重复性劳动毕竟是没有创新的劳动，对于劳动者而言，单调、枯燥、乏味、痛苦等感觉是常有的体验，事实上，也正是因为重复性劳动和创新的缺乏，劳动者才被终生固定在某一劳动岗位上，这又造成了劳动的异化。

不过随着科技的飞速发展，信息化、自动化等又带来了劳动的深刻变革，我们称之为第四次劳动革命。在这次劳动革命中，如前所述，直接劳动逐步被间接劳动取代，体力劳动逐步被脑力劳动取代，劳动者逐步从令人窒息的重复性劳动中解放出来。自动化的广泛应用，社会生产力的空前提高，使得劳动者的闲暇时间增多，劳动者就有可能去从事更有价值、更有意义的创造性工作，这也为人的全面发展创造了条件。事实上，在知识经济社会中，生产新知识成为常态，创造性劳动成为必然。像近几年引起广泛关注、发展迅速的人工智能，人工智能有远超人类工作的性能，但其背后则是人脑和人的劳动，它也表明了人的创造性劳动的无限可能。

三、劳动革命推动人的自由而全面的发展

劳动革命深刻地改变了人类劳动的形式，自动化生产、人工智能的出现将深刻地改变整个社会。对于劳动者而言，未来可能需要重新审视这个问题："劳动的目的和意义是什么？"因为在人类历史上相当长的时间里，对于个人而言，劳动只是谋生的工具，并且由于生产工具落后，生产力不发达，劳动几乎占据了人生活的全部。所以，劳动给人带来的更多的是自由的限制和发展的桎梏。那么这一次劳动革命的发生，将对人的发展产生非常深远的影响。

（一）马克思对未来劳动的展望

在马克思生活的时代，他看到的劳动更多的是对人的摧残和带来的异化："劳动对工人来说是外在的东西，也就是说，不属于他的本质；因此，他在自己的劳动中不是肯定自己，而是否定自己；不是感到幸福，而是感到不幸；不是自由地发挥自己的体力和智力，而是使自己的肉体受折磨、精神遭摧残。"[①] "当然，劳动为富人生产了奇迹般的东西，但是为工人生产了赤贫。劳动创造了宫殿，但是给工人创造了贫民窟。劳动创造了美，但是使工人变成畸形。劳动用机器代替了手工劳动，但是使一部分工人回到野蛮的劳动，并使另一部分工人变成机器。劳动生产了智慧，但是给工人生产了愚钝和痴呆。"[②] 因此，他设想在未来的共产主义社会，要彻底改变这种不人道和不平等的状况。马克思认为，在未来的共产主义社会，劳动将成为第一要义，劳动是实现自由的手段，劳动的目的是为了人的自由而全面的发展。马克思非常形象地描述出未来社会人的生存状态："在共产主义社会里，任何人都没有特殊的活动范围，而是都可以在任何部门内发展，社会调节着整个生产，因而使我有可能随我自己的兴趣今天干这事，明天干那事，上午打猎，下午捕鱼，傍晚从

---

① 马克思, 恩格斯. 马克思恩格斯文集：第1卷 [M]. 北京：人民出版社, 2009：158.
② 马克思. 1844年经济学哲学手稿 [M]. 北京：人民出版社, 2014：44-45.

事畜牧，晚饭后从事批判，这样就不会使我老是一个猎人、渔夫、牧人或批判者。"① 因此，在马克思眼里，真正的人类劳动是快乐的，由于生产力高度发达，人摆脱了为物所奴役的状态，真正复归到劳动的本质中去。

马克思描述的虽然是共产主义社会的劳动，但无疑为我们未来的劳动指明了方向，这对于当下劳动革命之于劳动者的发展也有很大的指导和启发意义。

（二）劳动革命如何促进人的自由而全面的发展

1. 人的自由而全面发展的前提条件：生产力水平大幅度提高，物质生产极大丰富正在逐步实现

劳动革命的先声，即以人工智能等为代表的科技革命，使劳动生产率得到前所未有的提高。马克思意义上的物质产品极大丰富将不再是奢望，智能化、机械化、信息化将实现高度融合，物质生产将达到一个新水平，人的生存问题将得以基本解决。在此情形下，人类就不必要为了满足基本的物质需求而被迫劳动。当然，这也得具备一些相应的条件，比如，整个社会的社会保障水平要达到一个相应的水准。不过，在生产力大大提高的情形下，这些问题应当可以解决。

2. 劳动革命使得人从大量简单重复的体力和机械劳动中解放出来

如前所述，在生产力低的社会状态下，人的体力劳动是异常重要的，直接劳动、重复和机械劳动是劳动的主要的表现形式，而劳动革命的发生，智能机器将逐步大范围代替人工，据报道："由于机器人的大量使用，专家们预测说，人工智能 20 年内将取代日本近半职业。据媒体报道，剑桥大学已经可以制造出母体机器人，它可以制造新机器人，而且可以按照不断优胜劣汰的方法提升自己。"② 人工智能的发展的确十分迅速，未来很多危险的体力劳动将由机器来承担，这样就将逐渐把人从繁重的枯燥的重复劳动中解放出来，马克思所描述的异化劳动将逐步消除，劳动也因此将进一步发生质的改变。

3. 劳动革命将进一步促使人的解放，并为实现自由而全面的发展创造条件

马克思曾形象地将人类历史划分为三个阶段："人的依赖关系，是最初的社会形式，在这种形式下，人的生产能力只是在狭小的范围内和孤立的地点上发展着。以物的依赖性为基础的人的独立性，是第二大形式，在这种形式下，才形成普遍的社会物质变换、全面的关系、多方面的需要以及全面的能力的体系。建立在个人全面发展和他们共同的、社会的生产能力成为从属于他们的社会财富这一基础上的自

---

① 马克思，恩格斯. 马克思恩格斯文集：第 1 卷 ［M］. 北京：人民出版社，2009：537.
② 何云峰. 挑战与机遇：人工智能对劳动的影响 ［J］. 探索与争鸣，2017（10）.

由个性，是第三个阶段。第二个阶段为第三个阶段创造条件。"① 在马克思看来，人的自由而全面发展的阶段是最高阶段，这是人类社会发展的趋向。事实上，劳动革命的发生，将使劳动者进入更具创造性和自我实现性的劳动中，实现人的自由而全面的发展将不再是梦想。

（1）劳动革命将使人逐步解放，劳动将越来越充满快乐性。关于人的解放思想贯穿了马克思主义理论，而人的全面发展是马克思主义理论的核心，同时它也是人的解放的最高形式。在人类的很长时间里，劳动只是满足人最基本生命需求的手段，过度劳累、超强度劳动对劳动者来讲司空见惯，当然也是迫于无奈。事实上，繁重的体力劳动和危险性的劳动对劳动者会产生非常消极的作用，但劳动革命将极大地改变这种状况，智能机器人和自动化设备的逐步广泛运用，将使人真正获得解放，摆脱为物所奴役的状态。实际上，劳动革命对劳动者产生的影响是广泛而深远的，其表现之一便是对劳动的感受和理解。

劳动创造了人类，劳动是人的第一需要，劳动本来应该是快乐的。马克思指出在未来的共产主义社会："一方面，任何个人都不能把自己在生产劳动这个人类生存的自然条件中所应参加的部分推到别人身上；另一方面，生产劳动给每一个人提供全面发展和表现自己全部的即体力的和脑力的机会，这样，生产劳动就不再是奴役人的手段，而成了解放人的手段，因此，生产劳动就从一种负担变为一种快乐。"② 但是在生产力不发达的情况下，在阶级社会中，普通的受压迫劳动者在很多情况下却感受不到劳动的欢乐，因为乏味的体力劳动、枯燥的重复性劳动，让劳动者更多体验到的是痛苦和无奈，这样的劳动是异化的。但劳动革命的发生，将改变这种状况，当劳动者摆脱了为物所奴役的状态后，人的自由而全面的发展就成为必然的要求，劳动也将复归到它的本真。在此情形下，劳动者的劳动，一方面要为社会的物质生产和精神生产做贡献，另一方面它将不再是被强迫的劳动，劳动者的劳动是其生命的彰显，是其自由意志的展现，在劳动中，劳动者将真正体验到劳动的乐趣，劳动将越来越充满快乐性。

（2）劳动革命将使劳动选择性越来越高，人们成为越来越自由的劳动者。劳动革命的发生，使得劳动者从繁重而又艰苦的简单体力劳动中解放出来，这就使劳动具有了多种选择的可能。在人类社会生产力比较低的时代，事实上劳动者对劳动没

---

① 马克思，恩格斯．马克思恩格斯全集：第30卷［M］．北京：人民出版社，1997：107 - 108.

② 马克思，恩格斯．马克思恩格斯选集：第3卷［M］．北京：人民出版社，1972：332 - 333.

有更多的选择，比如在农业时代，大多数劳动者只能从事农业劳动；在工业时代，情况有了很大的改进，但大多数劳动者也只能成为流水线上的操作工；而在这次以信息化、智能化为标志的劳动革命发生后，情况则有了根本性的变化。由于劳动者知识水平的普遍提高，由于社会生产力的极大发展，社会能提供的工作的种类和数量也大大增加，这使得劳动者对工作也具有了更多的选择性，劳动者根据自己的兴趣、特长、爱好去选择工作的可能性大大增加，对劳动者外在的制约不断减小，人们将成为越来越自由的劳动者，这也就意味着劳动者将更有尊严地参与劳动，从而实现自身的价值。

（3）劳动革命将使各种威胁人类生命的因素不断降低威胁程度。在人类历史上很长一段时间里，对劳动者来说，恶劣的劳动环境是其根本无法选择的，这对劳动者的身心都造成了巨大的摧残。原始社会时期，像猛兽的袭击、无法控制和预料的气候、部落战争、食物匮乏等，都是劳动者必须面对的；在农业社会，劳动者同样需要面对酷暑严寒、洪水、干旱、饥荒、瘟疫等，同时，简陋的劳动工具、营养不良、艰苦的田间劳作、医疗水平低下等，这些都会使劳动者的健康受到很大的威胁；而在工业社会中，虽然情况有了很大改善，但劳动者仍然会面临繁重的体力劳动、工伤的威胁、工厂的糟糕环境（如污浊的空气、照明不足等）、营养不良和落后的医疗条件等，这些因素都会严重威胁到劳动者的生命和健康。

劳动革命使得这一切都将发生根本的改变。首先，是劳动环境和劳动条件的改善。如前所述，智能化设备的广泛应用，将逐渐把劳动者从艰苦、危险的体力劳动中解放出来，这将从根本上降低对劳动者健康的损害。另外，现代化的工厂中，通风、照明等都会有极大的改观，劳动环境更友好、更具人性化。其次，是医疗水平的大幅度提升。各种先进的智能化的高科技产品在医疗上广泛应用，人类在疾病的预防和治疗上都取得了长足的进步，这在很大程度上也将疾病的危害降到一个极低的程度，从而大大提高了劳动者的健康水平。最后，是人类利用自然和改造自然的能力大大增强。得益于科技的进步，人类的海洋探索、空间技术等都有了巨大的发展，人类越来越能够自主地应对自然的威胁，从而越来越能够自主地决定自己的命运。

（4）劳动革命，将为人的全面发展创造条件。马克思认为，人的片面发展是与社会分工同时并进的。资本主义社会时期，不仅有社会内部的分工，还有企业内部的分工，这更进一步加剧了人的片面发展。马克思这样批判工厂手工业："工场手工业把工人变成畸形物，它压抑工人的多种多样的生产志趣和生产才能，人为地培植工人片面的技巧，……不仅各种局部劳动分配给不同的个体，而且个体本身也被分割开来，成为某种局部劳动的自动工具。"① 而随着资本主义的发展，机器大工业逐渐取代了工厂手工业，马克思认为虽然机器取代了手工，但是分工制度犹在，使人片面发展的本质并没有改变。马克思进一步指出："虽然机器从技术上推翻了旧的分工制度，但是最初这种旧制度由于习惯，仍然作为工场手工业的传统在工厂里延续着，后来被资本当作剥削劳动力的手段，在更令人厌恶的形式上得到了系统的恢复和巩固。过去是终身专门使用一种局部工具，现在是终身专门服侍一台局部机器。滥用机器的目的是要工人自己从小就变成局部机器的一部分。"② 马克思深刻地指出了资本主义社会中劳动者片面发展的表现及其社会根源，他认为片面发展是一种畸形的发展，是一种劳动的异化。马克思认为，只有到共产主义社会，人的片面发展问题才会得以解决，人的全面发展将真正得以实现。

而当下的劳动革命，正在使劳动的性质和社会结构发生深刻的改变，马克思意义上的人的全面发展将不再是一个遥不可及的梦想。

首先，劳动革命将使得劳动者能更有尊严地参与劳动。在劳动还只是一项职业，还只是个人谋生工具的时候，对劳动者而言，为获得工作而放下尊严是常有的事情，甚至在一些情况下，劳动者所从事的工作是艰苦的、卑贱的，同时也是报酬很低的，在此情形下，很难说劳动者的尊严体现在什么地方。在生产力水平还比较低、劳动分工仍然存在的情况下，劳动者的知识水平有高低之别、能力有大小之分，对于那些竞争力不强的劳动者来说，情况尤为如此。但劳动革命的发生，将使这种情况发生极大的改变，由于社会生产力的高度发展，全体劳动者的生存需求将得以解决，在此基础上，社会保障水平也将会大幅度提升，劳动者不用再担心谋生的问题。因此，劳动者作为人能更有尊严地去选择性劳动。

其次，劳动革命最大可能地增加了人类的自由支配时间，从而为全面发展提供了可能性。在人类社会早期，生产力很不发达，劳动也没有分工，劳动者需要完成完整的劳动程序，由于劳动工具简陋粗糙，劳动任务繁重，实际上也没有多少剩余的劳动时间。随着生产力的发展，生产工具不断改进，生产效率也就不断提高，因此，剩余产品开始出现，同时社会也开始了简单的分工，少部分人占有剩余产品同时占有了一定的自由时间，他们是不参加劳动的阶级，另一部分则是劳动者阶级，但不占有剩余产品，也没有剩余的自由时间。到了机器大工业时期，得益于机器的

① 马克思，恩格斯. 马克思恩格斯全集：第 23 卷 [M]. 北京：人民出版社，1972：399.
② 马克思，恩格斯. 马克思恩格斯全集：第 23 卷 [M]. 北京：人民出版社，1972：462 - 463.

广泛使用，生产力有了更大的提高，但与此同时，社会分工也更细，对于工人来讲，他们用自己的剩余劳动为资本家创造了高额利润，但是自己却并没有多少可支配的自由时间。当下的劳动革命则使情形开始发生根本的改变，智能时代的到来，使得无人化工厂开始普及，机器开始大范围地代替人的劳动，从而使得人们的必要劳动时间大大缩短。在此情形下，劳动者就有了更多的自由时间，利用这些时间，劳动者就可以全面发展自己的兴趣、爱好，从而使自己从以前的片面发展的桎梏中解放出来。

最后，劳动革命有助于异化劳动的克服，从而最大限度地消除各种不利于人的全面发展的因素。当劳动不再是迫于生计而从事的活动的时候，就可以在一定程度上促使"我在劳动中肯定了自己的个人生命"，"我的劳动是自由的生命表现，因此是生活的乐趣"①。换言之，劳动会逐渐变成快乐的事情。于是，人们就愿意通过发展自己而参与劳动。劳动革命前，各种阻碍人的发展的因素极大地限制了人的发展的可能性空间。按照霍华德·加德纳（Howard Gardner）的多元智力理论，人有多重智能，因而人的潜能是多方面的。这使有闲暇时间者获得自由而全面发展成为可能。当客观条件具备的时候，人们就能将自己的多种潜能发挥出来。在传统劳动组织形式下，人们不得不娴熟地专于某一项劳动技能，因而其他潜能很可能得不到应有的发展。这表明，传统社会里人的发展往往具有单向度性，是适应劳动竞争需要不得不顺从地发展起来的技能，而劳动革命使得人们可以最大限度地全面发展。

四、做有智慧的劳动者

（一）时代的发展呼唤智慧型的劳动者

如前所述，我们正迈向知识社会，在这样的社会形态中，体力劳动逐步被脑力劳动所取代，直接劳动被间接劳动所取代，在这样的时代，对劳动者的素质也提出了极高的要求，有知识、有文化、能适应迅速变迁的经济形态的劳动者是时代所提出的要求。对这样的劳动者我们不妨称之为智慧型劳动者。

智慧型劳动者具有如下几个特点：一是知识涵养高。未来的知识社会中，具有广博的知识涵养是对劳动者的必然要求，与此相对的则是体力劳动的重要性不断降低。二是学习能力强。因为在知识社会中，知识的更新速度加快，如果不会学习，因循守旧，就会很快被时代所淘汰。只有会学习、善动脑的才能适应变动不居的社会。三是具有创造能力。智慧型劳动者在工作中善于动脑，总能及时发现问题、找

---

① 马克思，恩格斯. 马克思恩格斯全集：第 42 卷［M］. 北京：人民出版社，1979：38.

到不足，并试图寻求多样化的、新颖的解决办法，这就是创新性人才。只有善于发现问题、提出问题的人，才能不断改进工作，提高工作效率，甚至创造出引领时代潮流的新产品。

（二）人的自由而全面发展是充分发挥人智慧的前提

马克思在批判资本主义社会时，曾指出资本主义大工业生产条件下，工人变成了机器的工具，为机器所奴役，事实上这就是劳动的异化，其结果是造成了人的片面发展，也使人的智力受到摧残，因此，片面发展是私有制的产物，是人受压迫的表现，是一种不自然的状态，理应受到批判和消灭。

但是现代大工业也具有两面性。在《资本论》中马克思论述道："现代工业从来不把某一生产过程的现存形式看成和当作最后的形式。因此，现代工业的技术基础是革命的，而所有以往的生产方式的技术基础本质上是保守的。现代工业通过机器、化学过程和其他方法，使工人的职能和劳动过程的社会结合不断地随着生产的技术基础发生变革。这样，它也同样不断地使社会内部的分工发生革命，不断地把大量资本和大批工人从一个生产部门投入另一个生产部门。"因此，"大工业的本性决定了劳动的变换、职能的更动和工人的全面流动性"①。

在马克思看来，机器大工业表现出一种悖论：一方面，它造成了人的片面发展；但另一方面，它客观上又要求人的全面发展。而从片面发展与全面发展的关系来看，显然，片面发展是一种畸形发展，它限制了人的发展，阻碍了人的潜能的充分实现，因此，也只有在全面发展的前提和条件下，人的智慧才能得以充分地发挥。

（三）智慧型劳动使得人最终摆脱被物所奴役的状态

马克思在批判异化劳动时指出，劳动者虽然创造出了劳动产品，但产品不仅不属于劳动者，反而成为奴役劳动者的异己力量。这种状况表现为："工人生产的对象越多，他能够占有的对象就越少，而且越受他的产品即资本的统治。"② 由此，劳动不再是劳动者自由发挥自己的脑力和体力的过程，而是肉体和精神受折磨的过程，是为物所奴役的过程。这种劳动，对劳动者来讲是一种强制下的被迫劳动，单调、枯燥、乏味，甚至难以忍受，但劳动者又不得不去面对。

智慧型劳动则与此相对，智慧型劳动下，劳动者的脑力和体力劳动将得到充分的发挥，劳动者是在一种自由的状态中从事劳动，他/她将从异化劳动的状态中解放出来，劳动不再仅仅是为了谋生，劳动也不再为资本所奴役，劳动者将真正进入劳

---

① 马克思. 资本论：第 1 卷 [M]. 北京：人民出版社，1975：533 – 534.
② 马克思，恩格斯. 马克思恩格斯全集：第 42 卷 [M]. 北京：人民出版社，1979：91.

动的本真之中，他/她将会充分发挥自己的智慧，最大限度发挥自己的潜能，劳动真正成为智慧型的劳动。

（四）智慧劳动是创造型的劳动

创造，顾名思义，就是把以前没有的事物给产生或造出来，创造型的劳动就是指制造新产品的劳动，因此，独创性、新颖性就成为创造型劳动的显著特点。创造型劳动和创造型人格、创造性思维、创造力等概念密切联系在一起。毫无疑问，具有创造型人格的人拥有创造性思维、具有较高的创造力。由于创造是一个从无到有的过程，它事实上并没有一个固定的模式，没有放之四海而皆准的定律，不过具有高创造力和创造型人格的人也大都具有一些相似的特征，如具有独立精神和意识、喜欢自由探索、不盲从、具有批判精神等，因此，在没有外在强迫，在符合个人兴趣爱好和自由探索的条件下，创造力能够得到最大限度的激发。

如前所述，智慧劳动就是劳动者摆脱了被物所奴役的状态、在实现了人的自由而充分发展的条件下的劳动，它不再是异化劳动，不再是人片面发展状态下的劳动，事实上这种劳动正是创造型的劳动。

思考题

1. 科技发展对劳动工具的影响是怎样的？
2. 劳动革命的特点包括哪些？
3. 谈谈你对智慧劳动的认识。
4. 你怎么看待劳动革命推动人的自由而全面的发展？

第八章

践履知行合一，收获劳动喜悦

知与行密不可分，知行合一对于劳动者而言具有特别重要的意义。本章我们将深入探讨知行合一的概念来源、知行合一的内涵、马克思主义的知行观、知行合一的重要意义以及知行合一的劳动过程与人的体验。

第一节　“知行合一”概念的形成与发展

一、“知”与“行”的字义来源

唐代诗人刘方平的《月夜/夜月》中有这样一句诗：“今夜偏知春气暖，虫声新透绿窗纱”，意思是今夜出乎意料地感觉到了初春暖意，还听得春虫叫声穿透绿色窗纱。“知”在这里含有“感知、感觉”之意，通过春虫鸣叫，天气变暖，感知到了春天的来临，这种感知，其实来自古人在劳动中的经验，通过天气、自然界的景物感知季节的变化。陆游有一首非常有名的诗叫《冬夜读书示子聿》：“古人学问无遗力，少壮工夫老始成。纸上得来终觉浅，绝知此事要躬行。”在这首诗中，陆游论述了学问之道，单纯地通过读书来获取知识是浅薄的，真正懂得要靠“躬行”，在这里陆游形象地阐释了“知”和“行”的关系。那么我们该如何理解“知”和“行”呢？我们先从字源来探讨一下。

“知”是“智”的本字。矢，既是声旁也是形旁，表示箭，借代行猎、作战。知，甲骨文是由（干，武器，借代行猎、作战）和（口，谈论）和

（矢，武器，借代行猎、作战），表示谈论和传授行猎、作战的经验。在远古时代，弯弓使箭是成年人的基本常识和重要经验。金文 🈷 在下面加了个"曰"字，以后就演变成"智"，意思也是强调谈论和传授经验。后引申为经验，常识，真理；又引申为聪明的，有战略的，觉悟的；由谈论和传授行猎、作战的经验引申为了解，懂得，通晓，明白，能体会；又由了解，懂得，通晓，明白，能体会引申为管理，主持。

从知的字源来看，正确的认识要来源于实践。在远古时期，狩猎是非常重要的一项活动，要成功捕获到猎物，需要具备一定的知识和技巧，这些知识和技巧都是在实践中产生的，正是通过无数次的实践，不断的总结、谈论，才能去掌握这些技巧。因此，"知"的本意绝不是空谈，而是有着极强的实践基础的，对于猎人来讲，正是在劳动中总结了经验，然后再进行经验的传授和交流，最后在劳动中去加以运用。也就是说，劳动和知识是密切相连、不可分割的，这对我们今天所讲的劳动，启发还是非常大的。

"行"，象形字。如图①所示，三千多年前"行"字的图形文字是十字大路。图②是甲骨文中的"行"字，图③是商周两代铸在钟鼎彝器上的金文中的"行"字，二者都还不失"十字路口"的样子。嬴政在秦王政二十六年（前221年）统一六国以后让李斯统一文字，李斯把"行"字讹改为图④的样字，全不像十字路了。之后的汉儒许慎则说"行"字是"人之步趋也，从彳，从亍"。其中，"彳"和"亍"都是小步走路、走走停停的意思。后来把"行"字当作动词来使用，"十字路"的本义渐失。图⑤是汉隶中的"行"字，图⑥是楷书中的"行"字。"行"字作为动词使用后便引申扩张出"去、离开""从事""所作所为""可以""经历""将，将要"等意义来。①

图8.1 "行"的字体演变

① 陈政．字源谈趣［M］．南宁：广西人民出版社，1986：92－93.

"知""行"合在一起则是认识与实行，或者说认识与实践的意思。《礼记·中庸》中说："君子之道费而隐。夫妇之愚，可以与知焉，及其至也，虽圣人亦有所不知焉。夫妇之不肖，可以能行焉，及其至也，虽圣人亦有所不能焉。"这段话的意思是说："君子的道广大而又精微。普通男女虽然愚昧，也可以知道君子的道，但道的最高深境界，即使是圣人也有弄不清楚的地方。普通男女虽然不贤明，也可以实行君子的道，但道的最高深境界，即使是圣人也有做不到的地方。"（汉）郑玄注："言匹夫匹妇愚耳，亦可以其与有所知，可以其能有所行者，以其知行之极也。"

虽然，这里高深的"道"带有一种神秘的先验的唯心主义成分，但很显然，这种所谓的"道"，对于普通人而言，可以通过学习来掌握，也可以在实践中去运用。"知"与"行"就结合起来了。

二、"知行"观的演变

最早论述知与行关系的据说是来源于《尚书》①，它的原文说："说拜稽首曰：'非知之艰，行之惟艰'。"② 显然，它的意思不难理解，就是"知易行难"。《尚书》中提出的"非知之艰，行之惟艰"的思想具有重要的意义，虽然它的这个观点并没有在后世得到一致的赞同，但其实它触及了认识论上一个重要的内容，即人的正确认识到底从哪里来。

孔子

对于知识来源的问题，孔子在《论语·季氏》中有论述："生而知之者，上也；学而知之者，次也；困而学之，又其次也；困而不学，民斯为下矣。"③ 这里，孔子提出了生知、学知、困知等不同的层次，"生知"是一种最高等级，是"圣人"才可能达到的，当然这是一种先验的唯心主义思想。"生知"几乎不可能达到，甚至孔子对自己本身也认为，他也只是"学知"。孔子说："我非生而知之者，好古敏以求之者也。"④ 孔子的学，其实包含的东西很广泛，比如学文，主要就是学习古代典籍，如《诗》《书》《礼》《乐》等；向别人学习，如"三人行，必有我师焉，择其

---

① 对于《尚书》的一些篇作的作者和时间学界有争议，比如学者方克立就认为"非知之艰，行之惟艰"的命题不可能产生于商朝。虽然有争议，但并不妨碍其学术价值，事实上，知行的关系是中国古代哲学的一个重要命题。

② 《尚书》的《说命中》篇。

③ 《论语·季氏》。

④ 《论语·述而》。

善者而从之，其不善者而改之"；① 也包括多闻、多见，如"盖有不知而作之者，我无是也。多闻，择其善者而从之，多见而识之，知之次也"；② 还包括"行"，孔子说："弟子入则孝，出则弟，谨而信，泛爱众而亲仁。行有余力，则以学文"、③ "君子食无求饱，居无求安，敏于事而慎于言，就有道而正焉，可谓好学也已"④，"君子欲讷于言而敏于行"⑤，从这些话里可以看到，孔子很重视行，"行"在"学"先，"学"中有"行"，当然这里的"行"，并不是今天意义上的"实践"，而主要指道德修养。

学者方克立认为，"在中国哲学史上，孔丘是第一个自觉地探讨了知行问题的思想家"⑥。孔子提出的知识来源问题、"重行慎言"的知行关系等对后世产生了深远的影响。

孟子

孟子继承了孔子的"生而知之"的知识起源说，并将之进一步发扬光大，他认为"善"是人的本性，并将这种本性称之为"良知"。孟子认为，像"仁""义"等是人的本性，这类本性不是外来的，而是人生来就有的，孟子的"四端说"就能对此进行很好的诠释："恻隐之心，仁之端也；羞恶之心，义之端也；辞让之心，礼之端也；是非之心，智之端也。人之有是四端也，犹其有四体也。有是四端而自谓不能者，自贼者也；谓其君不能者，贼其君者也。凡有四端於我者，知皆扩而充之矣。若火之始然，泉之始达。苟能充之，足以保四海；苟不充之，不足以事父母。"⑦ 意思是说：同情恻隐之心是建立人与人之间相互亲爱关系的开端，羞耻憎恶之心是选择最佳行为方式的开端，谦让之心是遵守社会行为规范的开端，是非辨别之心是开启智慧的开端。一个人之所以有这四个开端，就好比身体有四肢一样。具有这四个开端而自己说自己做不到的，是自暴自弃；认为君王不能做到的，是伤害君王的人。所有自身具备这四种开端的人，如果懂得就会将它们发扬光大，就像刚刚点燃的火会蔓延，就像刚刚喷出的泉水会流到远处。如果能充分发扬它，便足以使四海安定；如果不能充分发扬它，也就不足以侍奉父母了。显然，孟子认为"四

---

① 《论语·述而》。
② 《论语·述而》。
③ 《论语·学而》。
④ 《论语·学而》。
⑤ 《论语·里仁》。
⑥ 方克立.中国哲学史上的知行观［M］.北京：人民出版社，1982：23.
⑦ 《孟子·告子上》。

端"是人所固有的,从知行的关系上来看,孟子认为是知先行后的,求知的方式和途径是向内的,是要通过内心的追求,认识人的先天的固有的本性。所以孟子说:"尽其心者,知其性也。"① 同时,孟子还认为知和行是分离的,像他的著名的"劳心者治人,劳力者治于人"② 的思想就能对此加以说明。虽然劳心者与劳力者讲的是社会分工的问题,但显然也是将脑力劳动与体力劳动对立起来,将知与行分离开来。

荀子

荀子不同于孟子,他继承了孔子的"学而知之"的思想,认为像仁义等道德观念不是先天固有的,而是后天学习的结果。他说:"凡性者,天之就也,不可学,不可事。礼义者,圣人之所生也,人之所学而能,所事而成者也。不可学、不可事而在人者谓之性,可学而能、可事而成之在人者谓之伪,是性伪之分也。"③ 这里,所谓的"性",是指人的自然本性,主要是指人的感官等生理本能需求,这些是不须学的。而所谓的"伪",是指需要通过外在的教育和训练,才能具有"辞让""忠信"等礼义道德。性伪之分,实际上就是对人的自然本性和后天教化的区分。在对待知与行的关系问题上,荀子认为"行"是"知"的基础,理性认识高于感性认识,但又来源于感性认识。荀子说:"不闻不若闻之,闻之不若见之,见之不若知之,知之不若行之。学至于行而止矣。行之,明也。"④ 这段话的意思是说:没有听到的不如听到的,听到的不如见到的,见到的不如了解到的,了解到的不如去实践,学习的最终就是实践,实践了,就明白了。对于知行的问题,荀子还说"知有所合谓之智"⑤,这里的"智",就是"真知""真理","知有所合"就是主观与客观相符合之意,因此,荀子的这句话就包含有怎样检验知识正确与否的标准问题,即使在今天看来,这种思想还是熠熠生辉的。

墨子

墨子则认为感觉经验是认识的唯一来源,同时也是真理的标准。他说:"是与天下之所以有与无之道者,必以众之耳目之实,知有与亡为仪者也,请感(或)闻之见之,则必以为有;莫闻莫见,则必以为无。"⑥ 因此,在墨子看来,只有感觉经

① 《孟子·尽心上》。
② 《孟子·滕文公章句上》。
③ 《荀子·性恶》。
④ 《荀子·儒效》。
⑤ 《荀子·正名》。
⑥ 《墨子·明鬼下》。

验到的事物才是可靠的，他认为，抽象的知识都来源于感觉经验，并且只有经过感觉经验的检验，才能成为真正的知识。墨子的这种朴素唯物主义的思想是可贵的，当然过度强调感性就变成了狭隘的经验论，也就成了片面的。不过从知行的观点来看，墨子是把行放在第一位的。

老子

老子认为"道"是世界的本源，天地万物都是"道"派生的，但如何才能认识和把握"道"呢？老子反对人们通过感觉和实践来认识，甚至主张要将感觉器官与外部世界完全隔绝起来。老子说："五色令人目盲，五音令人耳聋，五味令人口爽，驰骋畋猎使人心发狂。"① 意思是不能过于追求颜色、声音、味道等外在的这些物质欲望，因为它们会影响个人获得"道"。老子否认"知"来源于实践，他认为认识不是由外而内、从实践中来，而是从内而外、不行而知的过程。老子说："不出户，知天下；不窥牖，见天道。其出弥远，其知弥少。是以圣人不行而知，不见而名，不为而成。"② 由此可推，"知"不是从"行"而来，"知"与"行"是分离的，"知"更多要靠个人的感悟、直觉等神秘的方法。

程颐

程颐（北宋）把知识分为两种：闻见之知和德行之知。程颐说："闻见之知，非德性之知，物交物则知之，非内也，今之所谓博物多能者是也。德性之知，不假闻见。"③ 德行之知是先验的，是人所固有的，它主要是关于道德律令的知识；闻见之知则要通过感觉经验来获知。不过在程颐看来，无论是闻见之知还是德行之知，都是人所固有的，德行之知不必外求，闻见之知的道理也早在个人心中，但与德行之知不同的是，它要通过穷究外物的道理来引发心中之理。因此，心中固有的"天理"，就是知识的唯一源泉。程颐认为，"因物有迁，迷而不知，则天理灭矣，故圣人欲格之"④，也就是说，只有通过格物（探究事物的道理）才能致知。程颐的格物致知说其实是知先行后说，知为固有，知在先，知不依赖行。程颐说："君子以识为本，行次之。"⑤ 他还说："君子之学，必先明诸心，知所养，然后力行以求至，所谓自明而诚也。"⑥ 在对于知行的关系上，程颐还提出另一个影响很大的观点，即

① 《老子》，第十二章。
② 《老子》，第四十七章。
③ 《河南程氏遗书》第二上。
④ 《河南程氏遗书》第二十五。
⑤ 《河南程氏遗书》第十五。
⑥ 《伊川文集·颜子所好何学论》。

"行难知亦难"，他说："故人力行，先须要知，非特行难，知亦难也……譬如人欲往京师，必知是出那门，行那路，然后可往。如不知，虽有欲往之心，其将何之？自古非无美材能力行者，然鲜能明道，以此见知之亦难也。"①

朱熹

朱熹（南宋）继承了二程（程颢、程颐）的思想，他认为："知行常相须，如目无足不行，足无目不见。论先后，知为先；论轻重，行为重。"② 显然，朱熹认为知先行后，但行要重于知，这是与程颐不一样的地方。之所以更看重行，是因为"行"才是目的："故圣贤教人必以穷理为先，而力行以终之"③；"行"也是检验"知"的尺度："欲知知之真不真，意之诚不诚，只看做不做，如何真个如此做底，便知知至意诚。"④ 另外，知行相互依赖，不可偏废："致知力行，用功不可偏，偏过一边，则一边受病。如程子云：'涵养须用敬，进学在致知。'"⑤ 也就是说，知行要并进，他还形象地把两者比喻成人的两足和鸟的两翼，两者是相互配合、相互促进的。同程颐一样，朱熹认为知的对象和目的是"天理"，那么如何才能达至对"天理"的认识呢？朱熹也认为要通过"格物"来"致知"。

王阳明

王阳明（明朝）是心学集大成者，他在吸收前人学说的基础上，首次提出了知行合一的思想。需要指出的是，王阳明的"知"并不等同于今天我们所谓的知识、理论等概念，它其实指的是"良知"，"夫良知者，即所谓'是非之心，人皆有之'，不待学而有，不待虑而得者也"⑥。这个良知，其实就是指看见父亲自然就知道要去孝顺，看见哥哥自然知道做弟弟的本分，见小孩掉进井中自然就知道怀有恻隐之情的良知，它内在于一个人的心中，不须外求。而"行"也有两层含义：一是所谓"行"指"致良知"的过程。在王阳明看来，"良知"外显的过程就是行，良知发动时产生的感情、意念等心理活动都可以叫作"行"，王阳明说："我今说个知行合一，正要人晓得一念发动处，便是行了。"⑦ 二是笃行。一个"笃"字表现出其"行"的特点，是志在必行之意。以上是"知"与"行"的含义。那么王阳明的

---

① 《河南程氏遗书》第十八。
② 《朱子语类》，卷九。
③ 《朱子文集》卷五四《答郭希吕》。
④ 《朱子语类》，卷十五。
⑤ 《朱子语类》，卷十五。
⑥ 《书朱守乾卷》。
⑦ 《传习录下》。

"知行合一"思想指的是什么呢？在他看来，知和行是一回事，知中有行，行中有知："知是行的主意，行是知的工夫；知是行之始，行是知之成"①，"行之明觉精察处便是知，知之真切笃实处便是行。若行而不能明觉精察，便是冥行，便是'学而不思则罔'，所以必须说个知；知而不能真切笃实，便是妄想，便是'思而不学则殆'，所以必须说个行，元来只是一个工夫"②。在王阳明看来，知和行的本体只有一个，知和行不能分开来做，知就是行，行就是知。王阳明的学生徐爱问："如今人尽有知得父当孝、兄当悌者，却不能孝、不能悌，便是知与行分明是两件。"先生曰："此已被私欲隔断，不是知行的本体了。未有知而不行者。知而不行，只是未知，圣贤教人知行，正是要复那本体，不是着你只恁的便罢。"③ 这段话表明，王阳明认为没有知而不行的人，知而不行，仍是不知。只有知行合一，才是对两者关系最好的诠释。

王夫之

王夫之（明末清初）否认人有天生的固有的知识，他认为感觉器官如耳目等是主体接受外界刺激的中介，然后通过主观与客观的交互作用，就形成了知："耳与声合，目与色合，皆心所翕辟之牖也。合，故相知。"④ 在这里，他与程颐、朱熹等显著不同，具有浓厚的唯物主义色彩。在知行的关系上，王夫之认为：行先知后，"知非先，行非后，行有余力而求知"⑤；行可兼知，"君子之学，未尝离行以为知也必矣"⑥；知行相互促进，对立统一，王夫之认为，知行始终是不相离的，同时知行也是可分的，他指出"知行相资以为用。惟其各有致功，而亦各有其效，故相资以为用；则于其相互，益知其必分矣"⑦，知行还是对立统一的，它是一个"由知而知所行，由行而行则知之"的循环往复、无穷发展的过程。

魏源

魏源（清朝），经历过鸦片战争，并提出了著名的"师夷长技以制夷"的口号，他反对空谈心性，而是致力于经世之学，他坚持知识来源于亲身经历、行而后知、不行不能知等观点，在当时也产生了较大的影响。魏源否认知识的先验性，认为知

---

① 《传习录上》。
② 《王阳明全集》中的《答友人问》篇。
③ 《传习录上》。
④ 《张子正蒙注·大心篇》。
⑤ 《尚书引义·说命中二》。
⑥ 《尚书引义·说命中二》。
⑦ 《礼记章句》卷三一。

识是后天学习的结果，是"亲历诸身"而获得的。魏源说："圣其果生知乎？安行乎？孔何以发愤忘食？姬何以夜坐而待旦？文何以忧患而作《易》?"①魏源用孔子、文王和周公等圣人的例子进行反驳，说明"生而知之"是不可能的。他的《海国图志》一书就是在广泛搜集各种书刊资料，甚至还采用亲自审问英俘的记录，这是他实践自己主张的一个成果。魏源认为知识来源于直接经验，但是需要通过"实事"来检验才行，他说："以匡居之虚理验诸实事，其效者十不三四。"②也就是说，闭门造车是经不住客观检验的。

孙中山

孙中山在从事民主革命的过程中，深感知行问题的重要，为此还专门写了一部著作《心理建设》来探讨此问题。孙中山认为，传统的"行之非艰，知之惟艰"的命题是不对的，应该是"知难行易"。孙中山认为，中国之所以积弱衰败，正是因为受传统的知易行难说的毒害，使人们遇事犹豫，不敢尝试，由此造成了极为深重的暮气。畏难心理的存在，使得天下事皆无可为。他以日本为例进行说明："日本乃中国属国也，而能强于中国，以中国堂堂上国，反不之及，乃一字害之也。夫日本人办事则不然，不知有一难字，冥行直逐，以得今日之成功。"③孙中山认为，不仅传统的行难说危害大，知易说也不符合真理，它容易使人轻视革命理论和科学知识，这也会对革命事业和人类的文明发展带来消极的影响。实际上，知和行相比的话，知是难的，行是容易的。孙中山说："天下事惟患于不能知，倘能由科学之理则，以求得其真知，则行之决无所难。"④

毛泽东

中国的新民主主义革命经历了不少的艰难曲折，20世纪30年代，面对当时党内存在的教条主义和经验主义的错误思想，毛泽东运用马克思主义的观点来分析中国革命，撰写了《实践论》，探讨了知与行的问题。《实践论》中的"知"为"认识"，是对客观世界的认识，包含两个阶段，从感性认识上升到理性认识，从理性认识到现实实践的升华，并在实践中验证和发展认识。毛泽东认为，人的认识是在物质的生产实践活动上产生的，起源于认识自然的规律性，在人与自然的接触中发生关系，经过生产活动，产生更复杂社会的人与人的关系，这一切都是在生产活动的基础上产生的。发展到一定阶段产生阶级，各阶级的社会成员，在生产力的决定

---

① 《默觚上·学篇三》。
② 《默觚下·治篇一》。
③ 《国强在于行》。
④ 《孙文学说》。

下，产生与之相配的生产关系，最终生产活动得到发展，人类生存的基本温饱得以保障，认识发展也在此产生。"行"指的是"实践"，它是指主体在个人目标的指引下对客体进行的一系列改造行动。毛泽东指出："人的社会实践，不限于生产活动一种形式，还有多种其他的形式，阶级斗争，政治生活，科学和艺术的活动"。[1] 毛泽东认为实践是永不休止的活动，是主观见之于客观的活动。毛泽东认为，"知"是可以能动反映客观实际的认识，又能动地指导"行"；"行"是能动地改造世界的活动，又是"知"的来源及其真理标准的检验。正确的世界观与方法论是正确"知"的前提条件，正确的"知"能够保障"行"的有效性，"行"是检验"知"的标准。当时党内大部分共产党人缺乏对"认识"与"实践"关系的科学理解，毛泽东认识到缺乏正确的军事指导思想，知行分离，这是中国革命队伍中产生错误思想的认识论根源，于是他论述发展了"知"与"行"的辩证关系，用科学的认识论引导革命的最终胜利，也开辟了知行统一的新道路。

综上所述，对待"知"与"行"的关系，在不同的时代中国的思想家提出了观点各异的理论，但总括起来，两者的关系主要包括两个层面，正是对这两个层面认识的不一致，导致了对知与行的不同的见解和观点。

一是难与易。知和行到底哪个更难？哪个更容易？传统的思想家们认识各异，由此导致了各自不同的学说，《尚书》中指出知易行难，"非知之艰，行之惟艰"。宋朝程颐则认为知难行亦难，"故人力行，先须要知，非特行难，知也难也"。孙中山则着重指出知难行易，"行之非艰，而知之惟艰"。对难与易的不同理解，造成了理论上的巨大差异。

二是先与后。知和行到底谁为先、谁为后呢？程颐提出知先行后的观点，"君子之学，必先明诸心，知所养，然后力行以求至，所谓自明而诚也"。清初王夫之则提出行先知后的观点，"行可兼知，而知不可兼行"，而王阳明则认为知行合一的观点，"某尝说知是行的主意，行是知的功夫，知是行之始，行是知之成"。

中国思想家在谈论知与行时，还有很重要的一点是对"知"与"行"的概念界定有时并不完全相同，事实上在近代之前，知与行更多地指道德认识与道德修养的问题，即社会的伦理道德如"仁""义"等是如何形成与实践的，两者能否一致起来、怎样一致起来的问题，在中国古代社会，这个问题至关重要，所以思想家们在探讨知行的问题时主要就是围绕着它来进行的。但是在步入近代以后，尤其是在面对强势的西方文明时，传统的知行观只讨论心性、道德的弊端就显现出来了，由此，

---

[1]　毛泽东. 毛泽东选集：第1卷 [M]. 北京：人民出版社，1991：282.

很多思想家开始将知和行的内涵与外延大大拓展了，知与行也并不再仅仅局限于伦理道德层面，"知"与"行"逐渐开始被赋予更广阔的含义。有学者认为，"乾嘉以降，作为明末遗民对理学反思的结果，清代理学接受了西方知识论体系，力图把知行问题转化为纯粹的认识论问题"①。"知"由单纯的道德认识扩展到对世界的认识和知识，"行"也由道德践行向实践的含义扩展，由此，知与行开始具有了现代意义，这在魏源、孙中山等的著作中体现得十分明显。而到了毛泽东，更是在充分借鉴和吸收马克思主义的基础上，结合中国革命的实际，将知与行提到一个全新的高度，"知"与"行"在此就与马克思的"理论"与"实践"的概念对接起来了。

三、对"知行合一"的理解

"知行合一"这个概念是明朝的王阳明提出来的，但在王阳明的观点里，"知"和"行"关涉的只是道德认识和道德实践问题，并不具有现代意义上的知和行的含义。从王阳明对知行合一的本意来看，它是指道德认识和道德实践不能割裂开，两者是一体的，知中有行，行中有知，甚至说，知即是行，行即是知。

从本门课程的角度看，我们讲知行合一，其实有两层含义：其一，我们所学的有关客观世界的知识，是在实践中来的，也要通过实践去印证和检验，当然实践活动和劳动并不是一回事，但劳动包含于实践活动之中，因此从这个意义上来讲，知行要统一。其二，劳动的目的并不仅仅是为了劳动而劳动，而是通过劳动培养我们形成正确的劳动态度、养成好的劳动习惯、深刻认识劳动对于个人和社会的意义等，这就牵涉到劳动中所蕴含的道德修养的意涵。习近平总书记说："要在学生中弘扬劳动精神，教育引导学生崇尚劳动、尊重劳动，懂得劳动最光荣、劳动最崇高、劳动最伟大、劳动最美丽的道理，长大后能够辛勤劳动、诚实劳动、创造性劳动。"②因此以劳树德也是开设劳动课的本意所在。那么如何通过劳动来树德呢？王阳明所提出的知行合一其实非常有启发和借鉴意义。当然我们讲的"知"和王阳明的"知"不是一回事，王阳明的所谓"知"，更多指的是仁义等封建道德观念，我们的知则是包含诸如劳动最伟大、劳动最光荣、热爱劳动、劳动能促进全面发展、劳动对社会具有重要意义、要养成好的劳动习惯等观念，行则是践行，知和行不能分离，而是要统一起来。

---

① 陆永胜．王阳明"知行合一"的理论效力与实践能力［J］．江淮论坛，2020（6）．
② 张烁．在学生中弘扬劳动精神［N］．人民日报，2020－04－02．

第二节 马克思主义的知行观

在马克思主义理论中，论述知行关系的是辩证唯物主义的认识论，不过在认识论中把知和行称作认识和实践。认识和实践的关系体现在以下几个方面：

一、实践是认识的基础，实践出真知

马克思主义认为，在认识和实践的关系上，实践是认识的基础和来源，是认识的出发点和归宿，对认识起决定作用，实践出真知。认识产生于实践的需要，在人类与客观世界相互作用的过程中，人类需要认识客观世界，把握它的规律性，由此认识得以不断地发展进步。而随着人类认识能力的提高，人类制造出了越来越多、越来越高级的生产工具，这些工具大大延伸了人的认识器官，反过来又大大促进了人类的认识能力的发展。

另外，我们都知道，实践是检验理论是否正确的唯一标准，只有通过实践检验的理论，才有资格称得上真正正确的理论。像我们的神舟飞船的宇航员，能不能真正飞上太空，光有理论的推理是不行的，最终得经过实践的检验。

20世纪60年代初，全球疟疾疫情高发，难以控制。时值越南战争，美、越两军均深受其害。焦虑中的越南求助于中国。党中央、国务院下令，集中全国科技力量，联合研发抗疟新药。一个代号为"523"的项目应运而生。作为该项目的一员，屠呦呦和她的团队随即开展研究。通过查阅本草文献，"青蒿"引起了屠呦呦的注意。早在公元前2世纪，先秦医方书《五十二病方》已经对植物青蒿有所记载；东晋葛洪的《肘后备急方》首次描述了青蒿的抗疟功能；明代李时珍的《本草纲目》则说它能"治疟疾寒热"。研究团队经过两年的艰辛实验都没有取得突破性进展，这不免让大家产生了困惑。屠呦呦再回过头仔细研读中医古籍，希望从中医古籍上面得到启迪。1971年下半年的一天，她从《肘后备急方》中"青蒿一握，以水二升渍，绞取汁，尽服之"的记载中受到启发。古人为何将青蒿"绞取汁"，而不用传统的水煎熬煮之法？屠呦呦意识到，高温煎煮可能破坏了其中的活性成分。于是，她重新设计了实验方案，改用沸点较低的乙醚来提取青蒿素。这个细节成了解决问题的关键。1971年10月4日，在经历了近200次实验的失败后，屠呦呦终于获得了对动物体内的疟原虫抑制率为100%的青蒿的近亲黄花蒿中的提取物。

青蒿素的发现来自实践的需要，事实上如果没有艰苦的探索和实验，也不会有这种重大的科学成果，屠呦呦也因在发现青蒿素过程中的突出贡献而获得诺贝尔奖。

二、在实践基础上形成的正确认识能更好地指导实践

对客观世界的认识，我们知道有公理、假说等，一种认识是否正确，只有经过实践的检验才能形成正确的理论。在当代，科学发展异常迅猛。而建立在实验基础上的科学知识则成为我们认识的主要来源。科学与实践形成了良好的互动，科学进一步指导着实践。比如，人们正是根据法拉第、赫兹和麦克斯韦等科学家创立的电磁理论发明了无线电报、电话、电视、卫星遥感技术及现代互联网技术等，这早已大大改变了人们的生活方式；又如，人们根据万有引力规律和宇宙速度理论将人造地球卫星、宇宙飞船、航天飞机等送上了太空，为人类探索宇宙的奥秘做出了巨大的贡献。这些案例都充分说明了以上的观点：只有在实践基础上形成的认识才是真正正确的认识，也只有这些正确的认识才能更好地指导实践。

三、认识是在实践基础上不断反复、不断深化的过程

辩证唯物主义的知行统一观认为：实践、认识、再实践、再认识，这种形式，循环往复以至无穷，而每一次实践和认识，都会进到更高一级的程度。

在理论发展的历史上常常出现这样的情况：有的理论虽然曾经被实践证明为真理，但由于实践的不断发展和深化，过十几年、几十年甚至几百年以后，现实新的实践又证明了曾经被过去的实践证明为真理的理论并不是或不完全是真理，而是谬误或包含谬误的成分。因此在对既有理论批判的基础上，又会产生新的理论。事实上，对客观事物的认识总是受主观因素和客观因素，比如技术水平、认识工具的限制，这就决定了对客观事物的认识不会是一帆风顺的，其间可能会经历诸多的困难和挫折，认识的过程会经历很多的反复，但总的来看，波浪式前进或螺旋式上升是认识过程的基本趋势。

比如，早在公元前400年，古希腊哲学家德谟克利特提出万物是由不可分割的原子构成的，这一结论在很长一段时期一直被认为是对的，但后来科学家通过研究发现，原子并非最小的粒子，原子由电子、质子和中子组成，而中子和质子又是由夸克组成。从原子到夸克，其实反映的就是认识的逐步深化过程。

李时珍，是我国明代医药学家，他在钻研古籍医书的过程中，发现诸多记载之间相互矛盾，也很不准确。为此，李时珍决定亲自调查验证。比如鲮鲤，即今天说的穿山甲，是常用的中药。陶弘景说它能水陆两栖，白天爬上岩来，张开鳞甲，装出死了的样子，引诱蚂蚁进入甲内，再闭上鳞甲，潜入水中，然后开甲让蚂蚁浮出，再吞食。为了了解陶弘景的说法是否对头，李时珍亲自上山去观察，并在樵夫、猎

人的帮助下，捉到了一只穿山甲。从它的胃里剖出了一升左右的蚂蚁，证实穿山甲吞食蚂蚁这点，陶弘景是说对了。不过，从观察中，他发现穿山甲食蚁时，是搔开蚁穴，进行舐食，而不是诱蚁入甲，下水吞食，李时珍肯定了陶弘景对的一面，纠正了其错误之处。就这样经过长期的艰苦的实地调查和反复研究，李时珍弄清了药物的许多疑难问题，最终他花费 27 年时间完成了一部科学巨著《本草纲目》。在 20 多年里，他不但阅读了 800 多部书籍，积累了上千万字的札记材料，而且历尽千辛万苦，亲自采集药物标本，收集民间单方、验方。全书共收集药物 1892 种，新增药物 374 种，记载药方 11 000 多个，附图 1000 多幅，52 卷 190 万字，这一皇皇巨著，就是李时珍通过亲自实践和学习，将一种种药物、一个个药方积累起来形成的。因此李时珍被后人尊称为"药神"。

李时珍通过实地研究去勘验药方和药物的过程，其实就是一个认识的反复和深化过程。正是靠着实践，靠着反复地验证，李时珍对于药物和药方的认识才大大深化了，而这也大大推动了我国古代医学的发展。

四、实践和认识是辩证统一的，认识与实践相结合是马克思主义的一个基本原则

认识和实践是辩证统一的，这是因为：一方面，实践只有在科学的认识的指导下，才能发挥它最大的作用；另一方面，科学的认识必须经过实践的检验，否则，认识的正确性便会受到质疑。

认识和实践相结合，必须坚持具体的、历史的统一。认识反映的是客观事物的本质和规律，而客观事物是千差万别的，所以必须对具体情况进行具体分析，把认识和具体的事物结合起来，以做到认识和实践的具体的统一。另外，认识具有局限性，因为认识是在一定的历史条件下产生的，而客观事物是不断发展变化的，因此认识也要随着实践的发展而发展，要做到和实践的历史的统一才行。

《史记·廉颇蔺相如列传》记载：战国时期，赵国大将赵奢有一个儿子叫赵括，从小熟读兵书，爱谈军事，别人往往说不过他。他因此很骄傲，自以为天下无敌。然而赵奢却很替他担忧，认为他不过是纸上谈兵。果然，公元前 259 年，秦军来犯，廉颇为统帅，使得秦军无法取胜。于是秦王施行了反间计，赵王上当受骗，派赵括替代了廉颇。赵括却死搬兵书上的条文，结果 40 多万赵军尽被歼灭，他自己也被秦军射杀而死。赵括懂得很多兵法，但是缺乏实践，只会夸夸其谈，不能做到认识和实践相结合，这个纸上谈兵的事例，就说明了坚持认识与实践相统一的重要性。

第三节　践履知行合一，收获劳动喜悦的方法

一、践履知行合一

(一) 践履知行合一的原因

第一，只有知行合一，才能真正提升道德修养；只有知行合一，才能达到对客观世界的科学认识。如前所述，从本门课程的角度出发，知行合一有两层含义：道德修养层面的知行合一和知识层面的知行合一。其实，无论从哪个层面看，知和行都不能分裂开来：从道德修养的层面看，只有知行合一，才能透彻地理解劳动的意涵，形成正确的劳动态度，养成良好的劳动习惯，在知行合一的过程中真正以劳树德；从知识层面看，只有知行合一才能达到对客观事物的真正了解。根据马克思辩证唯物主义认识论，实践出真知，真知也要通过实践来检验，实践和认识是辩证统一的。

伟大的革命家毛泽东不仅在理论上倡导知行合一，其本人更是践履知行合一的光辉典范。早在青年时期，毛泽东就很注意知行合一。毛泽东在他的读书笔记《讲堂录》中记下："闭门求学，其学无用，欲从天下国家万事万物而学之。"在这里他就特别强调了读书不仅要读有字之书，还要读无字之书，即社会和天下万事万物。要读懂这本书，就必须走出学校，到社会上亲自调查，体验民情。

毛泽东在湖南第一师范读书期间，曾几次和好友游学。据后来发现的史料记载，毛泽东的第一次游学应该是 1916 年 5 月，毛泽东步行数百里，从长沙到娄底市茶园山（今娄星区茶园镇东冲村）拜访刘且侯。刘且侯是毛泽东在一师的同班同学，他家在当地是一个大富户。当时，毛泽东在刘且侯家住了四五天，并走访了许多贫苦人家。在刘家，毛泽东不住好房间，不睡好床铺，坚持和长工王海文在侧屋睡一个床，屋里放着一个桐油灯，两人抵足而眠，无所不谈，得到许多珍贵的资料。毛泽东白天有时到外面调查，有时在房里看书，书是他自己带来的。离开刘家时正逢大雨，刘且侯因病重，就没去送毛泽东。

1917 年暑期，在一师读书的毛泽东邀了在楚怡小学教书的"学长"萧子升，各带一把雨伞、一个挎包，装着简单的换洗衣服和文房四宝，外出游学。游学是指离开自己熟悉的环境，到另外一个全新的环境学习和游玩。游学本来起源于春秋战国时的孔子"周游列国"，但湖南俗话称游学为"打秋风"，指穷知识分子靠作点诗、写几个字，送给乡里的土财东，换几个钱糊口，形同乞丐。此次毛泽东他们没带分

文，历时一个多月，走了九百多里路，游历了长沙、宁乡、安化、益阳、沅江五个县的不少乡镇。途中，结交了农民、船工、财主、县长、老翰林、劝学所所长、寺庙方丈各色人等，写了许多笔记。回到长沙后，为了纪念这次旅行，毛泽东和萧子升还换上游学时的草鞋短褂，到照相馆里拍了一张照片。

1927 年大革命失败以后，农民运动也走到了危急时刻，党内、党外对农民运动产生意见分歧，党内以陈独秀为代表的右倾机会主义与党外以地主、大资产阶级右翼为主的反对派，责难、打击农民运动，抹黑其历史作用。为了有力支持农民运动，毛泽东在湖南五县进行了为期二十三天的实践调查，根据当地农民运动的基本情况，撰写了《湖南农民运动考察报告》，在报告中毛泽东高度肯定了农民运动的历史作用以及革命功绩。

毛泽东同志领导秋收起义，建立了第一个农村革命根据地。为了巩固和扩大革命根据地，毛泽东同志坚持做社会调查，深入群众，并要求井冈山工农红军深入基地进行调查研究，并拟定调查提纲，取得第一手丰富材料，并在大量调查的基础上整理出调查报告，为解决当时革命中遇到的问题提供了客观依据。1930 年 5 月，毛泽东在寻乌县等进行为期十多天的调查，并以此材料为依据，发表《反对本本主义》。

1937 年 7 月，针对党内教条主义与经验主义，毛泽东撰写了著名的《实践论》。

这些就能充分说明，毛泽东思想的产生不是偶然的，它是理论与实践相结合的成果，是毛泽东知行合一的结果。

第二，知行合一对人生发展具有重要的意义。首先，人生发展的各种能力是在实践和认识循环往复的过程中不断锻炼提高的。人的能力从哪里来？事实上，有些能力是天生的，比如看、听、闻等，除了这些天生的能力之外，其实我们大部分的能力都是不断锻炼的结果。比如，人的记忆能力、想象能力、动手操作能力等。最近几年比较火的科学竞技真人秀节目《最强大脑》上面的很多选手的表演让人非常震惊，使人不得不感叹他们真是"超人"，我们看到里面不少选手在记忆、计算、音乐等方面具有异于常人的能力，但事实上有不少选手是现实生活中的普通人，他们的"特殊能力"是反复练习、不断锻炼的结果。

美国发明家爱迪生是铁路工人的孩子，小学未读完就辍学，在火车上卖报度日。爱迪生是一个异常勤奋的人，喜欢做各种实验，制做出许多巧妙的机械。他对电器特别感兴趣，自从法拉第发明电机后，爱迪生就决心制造电灯，为人类带来光明。爱迪生在认真总结了前人制造电灯的失败经验后，制订详细的试验计划，分别在两方面进行试验：一是分类试验 1600 多种不同耐热的材料；二是改进抽空设备，使灯泡有高真空度。他还对新型发电机和电路分路系统等进行了研究。爱迪生将1600多种耐热发光材料逐一地试验下来，唯独白金丝性能最好，但白金价格贵得惊人，必须找到更合适的材料来代替。1879年，几经实验，爱迪生最后决定用碳丝来做灯丝。他把一截棉丝撒满碳粉，弯成马蹄形，装到坩埚中加热，做成灯丝，放到灯泡中，再用抽气机抽去灯泡内的空气，电灯亮了，竟能连续使用45个小时。就这样，世界上第一批碳丝白炽灯问世了。

我们知道，爱迪生一生有诸如留声机、电影摄影机等2000多项发明，他之所以能成为伟大的发明家，不仅与他勤奋、刻苦的品质有关，更与他孜孜不倦的实践探索密切相关，正是通过不断的实践、总结，在知行合一中他才取得了如此伟大的成就。

胡双钱，上海飞机制造有限公司高级技师，数控机加车间钳工组组长，先后获得"上海市质量金奖""全国五一劳动奖章""全国劳动模范"等荣誉。他不仅亲身参与了中国人在民用航空领域的首次尝试——运-10飞机的研制，更在ARJ21新支线飞机及中国新一代大飞机C919的项目研制中做出了重大贡献。在30多年的从业生涯中，他加工的数十万个零部件竟没有一个次品，他也由此被人们称为"航空手艺人"。胡双钱不仅要按工作计划加工形状各异的零部件，有时还要临时"救急"。一次，厂里急需一个特殊零件，从原厂调配需要几天时间，为了不耽误工期，只能用钛合金毛坯在现场临时加工。胡双钱再一次临危受命。这个零件的精度要求是0.24毫米，不到一根头发丝直径的二分之一。这样的零件本来要靠先进的数控车床来完成，但当时厂里没有匹配的设备，胡双钱艺高人胆大，硬是靠着自己的双手和一台传统的铣钻床，用了一个多小时，打出36个孔。当这场"金属雕花"结束后，零件一次性通过检验。画线是钳工作业最基础的步骤，稍有不慎就会导致"差之毫厘、谬以千里"的结果。为此，胡双钱发明了自己的"对比检查法"：他从最简单的涂淡金水开始，把它当成是零件的初次画线，根据图纸零件形状涂在零件上，"好比在一张纸上先用毛笔写一个字，然后用钢笔再在这张纸上同一个地方写同样一个字，这样就可以增加一次复查的机会，减少事故的发生"。

以胡双钱为代表的这些大国工匠，正是在日复一日年复一年的实践中不断磨炼自己的技艺，精益求精，在劳动中不断总结经验，在"行"中求"知"，知行合一，练成一身让人惊叹的精湛技艺，不断提升自己的人生境界。

其次，提高人生发展的能力对实现成功人生具有重要作用。成功的人生需要具备相应的卓越的能力，一流的演员需要具备高超的表演能力，一流的画家需要具备高超的绘画表现能力，一流的作家需要具备极强的语言文字表达能力，一流的科学家需要具备精深的研究能力，一流的运动员需要具备顶尖的运动能力，成功的人生多种多样，"三百六十行，行行出状元"，但无论哪一行，要做到顶尖，做到一流，都得具备相应的能力。人的天赋会有差别，人所擅长的领域也有所不同，但如果人不努力，不去注意发展自己的能力，提升自己的素养，则很难有大的成就。反之，如果人能够在自己擅长的领域和行业不断努力，提升自己的能力，像那些大国工匠一样，精益求精，不断挑战自我、突破自我，将一件事情做到极致，则人生想不成功都难。

已故的布莱恩特·科比是 NBA 的著名球星，也是在全球具有广泛影响力的篮球运动员，有次采访中记者问他为何如此强大，科比微笑着说："你见过凌晨四点的洛杉矶吗？"这句话后来被广泛引用。科比具有异于常人的天赋，加上刻苦的训练，最终成为能够比肩乔丹的伟大球星。事实上，在 NBA 中有身体天赋的球员很多，但真正有成就的却不多，天赋是一个方面，努力是更重要的另一个方面，天赋加努力，不断提升自己的能力，才是科比成为巨星的奥秘。

齐白石是我国现代书画家和篆刻家。但他原是一位雕花木工，只在余暇学画和篆刻。27 岁那年，他的人生出现了重大转折。1889 年春节的一天，当地书画家给齐白石出了个画题让他完成。作完后，会琴棋书画、诗词歌赋又喜结交朋友的秀才胡沁园先生十分惊喜，遂收齐白石为徒。他教齐白石读唐宋诗，并引导他看书。齐白石非常珍惜这个机会，常常读到深夜。经过苦读，齐白石背熟了《唐诗三百首》，还研读了不少古文，浏览了许多古典名著。他作的诗也别具一格，具有唐风宋骨的韵味。胡沁园从"立意""用笔"等基本功入手教授齐白石，还把自己珍藏的古今名画借给他观摩。齐白石眼界大开，他揣摩"八大山人"的作品，临摹、领会其用笔之妙，吸取百家之长，绘画技艺突飞猛进，不足一年就掌握了山、水、人、物、花、鸟的基本画法和技巧。在老师的言传身教下，他苦练书法和刻印。短短几年时间，齐白石在绘画、篆刻、吟诗、书法、装裱等方面都取得了惊人的进展，后来成为名满天下的书画家。

齐白石的成功，来自他的不懈努力，来自他不断提升自己的能力，如果在绘画方面没有自己的独到之处，他能成为著名画家吗？独到之处的背后是付出、是勤奋、是不断磨炼自己的绘画技艺。

对于一个人来讲，不可能在所有的方面都能力突出，但总会有自己擅长的一个或若干个方面。美国心理学家加德纳提出了多元智能理论，影响巨大。该理论认为，智能是解决某一问题或创造某种产品的能力，而这一问题或这种产品在某一特定文化或特定环境中是被认为有价值的。就其基本结构来说，智能是多元的，每个人身上至少存在七项智能，即语言智能、数理逻辑智能、音乐智能、空间智能、身体运动智能、人际交往智能、自我认识智能；当然智能的分类也不仅仅局限于这七项，随着研究的深入，会鉴别出更多的智能类型或者对原有智能分类加以修改，如加德纳于1996年就提出了第八种智能——认识自然的智能。所以，对于个人来说，每个人身上可能都会具有独特的能力和潜力，智能也不仅仅局限于语言和思维。因此，我们要善于去发现自己，去找到自己的优势和特长，去最大限度地发挥自身的潜力，以达至自己人生的成功，这就需要我们在实践中锻炼，在实践中不断去完善自身。

（二）践履知行合一的方法

第一，思想上要重视。如上所述，知行合一无论对于人的道德修养还是能力发展都具有非常重要的意义，从劳动教育的角度来看，只有做到知行合一，才能真正理解劳动的意涵，把握劳动的真谛。所以，我们首先要从思想上真正重视，在行动中真正贯彻，唯有如此，知行合一才不至于流于形式，浮于表面。

第二，知与行不可偏废，既不可"知而不行"，亦不可"行而不知"。知行合一表达的是知与行要统一起来，两者皆不可偏废，只重视知，而轻视行，所得的知也不是真知，尤其在当今这样一个时代，离开了实践，所谓的知也就成了无源之水、无本之木，知很难经得起实践的检验。反之，重行轻知也不可取，正如马克思主义的认识论所阐明的，实践也离不开理论（知）的指导，脱离了"知"的"行"是冥行，只有两者真正结合起来，知行合一，我们的知才是真知，我们的行才会是有意义的行。

就当下来讲，"知而不行"或"重知轻行"的情况还是存在的，比如一提起劳动，尤其是体力劳动，有的人就很不屑，甚至认为那是有失身份的行为。其实，古人尚且有"一室之不扫，何以扫天下"的认识，作为新时代的大学生，应当对此有更深刻的理解。著名教育家南怀瑾就认为，"洒扫、应对、进退"六个字，是古人的教育，包括生活的教育、人格的教育，是中国文化三千年来一贯的传统，其中"洒扫"就是扫地、搞清洁卫生等。中国的古礼，六岁就读小学，小学就从这种生活规范学起。因此小学这个阶段，就是求做人的知识，先培养一个人，然后再讲高深的修养，才是大学之道。所以，看似不起眼的洒扫，其实包含着深意。当然，古人还是侧重于探讨劳动与道德修养的关系，期望通过劳动提高自我修养，这也给我们的劳动课以很大的启发。

第三，在实践中去感悟。马克思主义认为，我们的知识是从实践中来，因此实践（行）是首要的，是起点。通过行，我们验证知识；通过行，我们发现不足；通过行，来引发问题，然后我们带着问题去研究，我们就有可能得到新知，知与行就这样统一起来。

二、收获劳动喜悦

（一）在劳动过程中体验劳动快乐

劳动的过程可能是充满艰辛的，但与此同时，劳动能够带给人充实感。虽然在前面对劳动下定义时说过学习不属于劳动，但实际上学习的过程和劳动的过程在本质上具有相通性和一致性。正是通过劳动，自身的生命才得以彰显；通过劳动，自己的价值得以体现。因此，劳动也是人的本质需要，在没有强迫和适度的情况下，劳动会带来充实感和喜悦感。

李大钊说：我觉得人生求乐的方法，最好莫过于尊重劳动。一切乐境，都可由劳动得来；一切苦境，都可由劳动解脱。

高尔基则说：劳动是世界上一切欢乐和一切美好事情的源泉。

实际上，按照唯物辩证法的观点，世间任何事物都是有其两重性的，或者说，都是处于一种互相矛盾的统一体中。劳动也一样，既有其艰苦的属性，又有其快乐的属性。也就是说，每个人对劳动的感受，是艰苦与快乐的统一体。① 在这个统一体中，当艰苦的感受占主导时，工作就是一件痛苦的事，因为在工作中体验不到快乐，工作仅仅是工作，甚至是被迫和无奈的，工作只是养家糊口的工具而已。而当快乐的感受占主导时，工作则是有趣的，在工作中会有很多美好的体验，工作不仅是为了谋生，它更是实现个人价值的舞台。著名科学家丁肇中曾说过：仅仅为了拿诺贝尔奖来工作是危险的。因为科学包含着太多的不确定性，只有对工作本身的兴趣和热爱才是第一位的，否则就可能误入歧途。因此，劳动是快乐还是痛苦的，很大程度上其实取决于个人对劳动的态度。

（二）劳动成果丰富生活

劳动是人类的本质活动，是推动人类社会进步的根本力量。恩格斯明确提出"劳动创造人类"的著名论断，在他看来，在人类的进化过程中，劳动起着至关重要的作用。人类能够直立行走和人类语言的产生都受到劳动的影响。恩格斯在《自然辩证法》里说："人类社会区别于猿群的特征在我们看来又是什么呢？是劳动。"② 这里就明确提出了人区别于动物的本质，那就是劳动。马克思在《1844年经济学哲学手稿》里说："动物只是按照它所属的那个种的尺度和需要来构造，而人懂得按

---

① 施宗灿. 把劳动当成一种快乐——谈曹春晓院士的苦乐观 [J]. 军工文化, 2012（3）.

② 马克思，恩格斯. 马克思恩格斯选集：第42卷 [M]. 北京：人民出版社，1995：378.

照任何一个种的尺度来进行生产，并且懂得处处都把内在的尺度运用于对象；因此，人也按照美的规律来构造。"① 马克思这段话就进一步说明了人类的劳动是有意识、有思想的活动，有很强的主观能动性。

实际上，我们的衣食住行，我们所用的一切物品，几乎都是人们劳动的成果。比如手机、电脑、衣服、美食、房子、汽车等都是劳动创造的，正是劳动创造了世界；劳动，丰富了人类的生活；劳动，让我们的世界充满了美。

从某种意义上说，我们人类的文明成果就是劳动成果，假如没有人的劳动，我们这个世界很难想象会变成今天这个样子，如果没有人的劳动，我们的世界将和动物的世界没什么区别。

（三）劳动经验分享他人

古人云"独乐乐不如众乐乐"，用在劳动中也非常合适。人是一种社会性动物，学会合作、学会交流是对我们每一个人的基本要求。在劳动的过程中我们肯定有许多的感悟，也会总结出不少的经验。将这些有益的劳动经验与他人交流，我们本身也会从中得到莫大的快乐。劳动经验可以多种多样，比如怎么养花种草、如何操作机械、如何制作 PPT，怎么编辑视频、制作公众号，如何自制花篮、如何修理电器等。向同学展示自己的手工制作，展示自己的小发明、新创作等就是一种劳动经验的交流与分享，交流的过程是快乐的，劳动经验分享是令人愉悦的，因为在分享的过程中看到自己的劳动作品受到别人的称赞，看到自己的创意得到别人的欣赏，那种感受是幸福和自豪的。分享交流会涌现智慧的火花，会体现个人的修养，会散发独特的魅力。

劳动经验交流与分享也是一个相互促进、相互提高的过程，在交流和分享的过程中，我们同样会发现别人的智慧和优点，也会得到很多的启发，这反过来也会使自己获益良多。

（四）劳动感悟受益终身

从马克思主义的观点来看，所有的认识都来源于实践，但是获得认识的途径只有两条，即自己实践获得认识和通过别人或书本上的间接经验获得认识。虽然这里并非所有的实践都是劳动，但事实上，相当一部分的实践活动就是劳动。在劳动的过程中我们都会有许多的感悟，这种感悟只有亲自经历过才能体会得到，这种感悟既包含着我们对劳动对象、对客观世界的感性理解，又包含有对人生目的、价值和意义的理性认识和思考，比如劳动是什么？我们为什么要劳动？劳动对我们个人的

---

① 马克思.1844 年经济学哲学手稿［M］.北京：人民出版社，2000：38.

意义体现在哪里？对这些问题的理解和回答，都将成为个人思想的重要组成部分。这些感悟会从根本上改变个人对世界和社会的认识，更加明白劳动与个人价值之间的关系，会培养人尊重劳动、重视劳动、热爱劳动的情感和良好的品质，对于一个人的长远发展会起到重要作用，使人受益终身。正如休谟所说：正是劳动本身构成了你追求的幸福的主要因素，任何不是靠辛勤努力而获得的享受，很快就会变得枯燥无聊，索然无味。习近平总书记曾多次回忆起自己作为一名普通劳动者时的生活，从陕北高原建淤地坝，到福建宁德清淤修渠，青年时代的基层经历和劳动经验使他受益良多。习近平总书记说：劳动是财富的源泉，也是幸福的源泉。人世间的美好梦想，只有通过诚实劳动才能实现；发展中的各种难题，只有通过诚实劳动才能破解；生命里的一切辉煌，只有通过诚实劳动才能铸就。

简言之，劳动会培养一个人形成正确的世界观和价值观。

（五）劳动增强人生自信

在《庄子·逍遥游》中有这样一段话："水之积也不厚，则其负大舟也无力""风之积也不厚，则其负大翼也无力"，这段话形象、生动而又精辟地向我们说明了厚积薄发这个真理。没有平日辛勤的劳动，没有充分的准备与积累，是不可能取得成功的。只有通过劳动与个人的努力，我们才能不断完善自己，不断积蓄力量，进而取得成功，增强人生自信，实现人生的价值。

自信对一个人来讲非常重要，那什么是自信？自信其实是对自我能力的确信，是一种积极的自我评价，自信能使一个人在困境中承受挫折，自信也是成功的必备条件。那么人的自信从哪里来？心理学认为，人的自信要从实践中来、从劳动中来。正是在各种各样的实践和劳动中，人的各种能力才得以充分地发展和锻炼，人的自信才得以形成。

常言道："宝剑锋从磨砺出，梅花香自苦寒来。"没有辛勤的耕耘就不会有丰富的收获。在生活工作中，当我们看到别人取得成功，看到别人能力突出，自信满满的时候，"与其临渊羡鱼，不如退而结网"，思索自己该如何去做才能不断提升自己的能力，增强人生自信，才能不负这大好时光，才能使自己的生命不致虚度。

思考题

1. 谈谈中西方对知行合一的不同理解。

2. 谈谈马克思主义的知行观。

3. 有的同学说自己只要考试成绩高，考上好大学，将来就一定会取得事业上的成功。该同学的观点是否正确？为什么？

4. 参考本节课所学内容，查找自身在知行统一方面的不足，制订一份合理可行的行动计划并付诸实施。

参考文献

［1］刘金广．劳动教育与素质教育［M］．北京：中华工商联合出版社，1999.

［2］赵荣辉．劳动教育及其合理性研究［M］．北京：中央民族大学出版社，2012.

［3］邓佐君．劳动技术教育研究［M］．天津：天津科技翻译出版公司，1991.

［4］魏茂峰．学生劳动生存的教育［M］．合肥：安徽人民出版社，2012.

［5］高野夫．劳动创造幸福［M］．北京：中国青年出版社，1956.

［6］程凤山．劳动教育［M］．大连：大连理工大学出版社，1993.

［7］李化方．欧美劳作教育思想史［M］．北京：商务印书馆，1936.

［8］刘焕．论劳动教育［M］．长沙：湖南人民出版社，1954.

［9］李珂．嬗变与审视：劳动教育的历史逻辑与现实重构［M］．北京：社会科学文献出版社，2019.

［10］郭海龙．研究生劳动价值观教育研究［M］．重庆：西南交通大学出版社，2018.

［11］刘向兵．新时代高校劳动教育论纲［M］．北京：社会科学文献出版社，2019.

［12］刘向兵．劳动的名义［M］．北京：工人出版社，2018.

［13］李一凡．劳动教育经验选编［M］．郑州：河南教育出版社，1991.

［14］赵长安．劳动模范谈劳动［M］．合肥：安徽人民出版社，1984.

［15］董学文．美，就在你身边：谈劳动者的审美修养［M］．北京：工人出版社，1988.

［16］文阳，振瀛．劳动最光荣［M］．天津：新蕾出版社，1983．

［17］劳动和社会保障部教材办公室．劳动保护知识［M］．北京：中国劳动社会保障出版社，2007．

［18］冯小川．安全生产与劳动保护［M］．北京：中国环境科学出版社，2004．

［19］丛书编写组．安全生产事故预防［M］．北京：中国劳动社会保障出版社，2004．

［20］［苏］B．A．苏霍姆林斯基．苏霍姆林斯基论劳动教育［M］．北京：教育科学出版社，2019．

［21］赵荣辉．劳动教育及其合理性研究［M］．北京：中央民族大学出版社，2012．

［22］王琳．劳动教育与职业素养［M］．北京：外语教学与研究出版社，2019．

［23］刘铁芳．学校教育学［M］．北京：教育科学出版社，2011．

［24］檀传宝．劳动教育论要：现实畸变与起点回归［M］．北京：北京师范大学出版社，2020．

［25］檀传宝．劳动创造美好生活［M］．北京：中国劳动社会保障出版社，2020．

［26］曾天山，顾建军．劳动教育论［M］．北京：教育科学出版社有限公司，2020．

［27］中共中央国务院关于全面加强新时代大中小学劳动教育的意见［M］．北京：人民出版社，2020．

［28］赵鑫全，张勇．新时代大学生劳动教育［M］．北京：机械工业出版社，2020．

［29］徐国庆．劳动教育［M］．北京：高等教育出版社，2020．

［30］胡颖蔓，欧彦麟．大学生劳动教育［M］．长沙：中南大学出版社，2020．

［31］何卫华，林峰．大学生劳动教育理论与实践教程［M］．厦门：厦门大学出版社，2019．

［32］郑银凤．"95后"大学生劳动观教育研究［M］．北京：中国社会科学出版社，2020．

［33］曾天山，顾建军．劳动教育论［M］．北京：教育科学出版社有限公司，2020．

附　录

中共中央　国务院
关于全面加强新时代大中小学劳动教育的意见
（2020 年 3 月 20 日）

为构建德智体美劳全面培养的教育体系，现就加强新时代大中小学劳动教育提出如下意见。

一、充分认识新时代培养社会主义建设者和接班人对加强劳动教育的新要求

（一）重大意义。劳动教育是中国特色社会主义教育制度的重要内容，直接决定社会主义建设者和接班人的劳动精神面貌、劳动价值取向和劳动技能水平。长期以来，各地区和学校坚持教育与生产劳动相结合，在实践育人方面取得了一定成效。同时也要看到，近年来一些青少年中出现了不珍惜劳动成果、不想劳动、不会劳动的现象，劳动的独特育人价值在一定程度上被忽视，劳动教育正被淡化、弱化。对此，全党全社会必须高度重视，采取有效措施切实加强劳动教育。

（二）指导思想。以习近平新时代中国特色社会主义思想为指导，全面贯彻党的教育方针，落实全国教育大会精神，坚持立德树人，坚持培育和践行社会主义核心价值观，把劳动教育纳入人才培养全过程，贯通大中小学各学段，贯穿家庭、学校、社会各方面，与德育、智育、体育、美育相融合，紧密结合经济社会发展变化和学生生活实际，积极探索具有中国特色的劳动教育模式，创新体制机制，注重教育实效，实现知行合一，促进学生形成正确的世界观、人生观、价值观。

（三）基本原则

——把握育人导向。坚持党的领导，围绕培养担当民族复兴大任的时代新人，着力提升学生综合素质，促进学生全面发展、健康成长。把准劳动教育价值取向，引导学生树立正确的劳动观，崇尚劳动、尊重劳动，增强对劳动人民的感情，报效国家，奉献社会。

——遵循教育规律。符合学生年龄特点，以体力劳动为主，注意手脑并用、安全适度，强化实践体验，让学生亲历劳动过程，提升育人实效性。

——体现时代特征。适应科技发展和产业变革，针对劳动新形态，注重新兴技术支撑和社会服务新变化。深化产教融合，改进劳动教育方式。强化诚实合法劳动意识，培养科学精神，提高创造性劳动能力。

——强化综合实施。加强政府统筹，拓宽劳动教育途径，整合家庭、学校、社会各方面力量。家庭劳动教育要日常化，学校劳动教育要规范化，社会劳动教育要多样化，形成协同育人格局。

——坚持因地制宜。根据各地区和学校实际，结合当地在自然、经济、文化等方面条件，充分挖掘行业企业、职业院校等可利用资源，宜工则工、宜农则农，采取多种方式开展劳动教育，避免"一刀切"。

二、全面构建体现时代特征的劳动教育体系

（四）把握劳动教育基本内涵。劳动教育是国民教育体系的重要内容，是学生成长的必要途径，具有树德、增智、强体、育美的综合育人价值。实施劳动教育重点是在系统的文化知识学习之外，有目的、有计划地组织学生参加日常生活劳动、生产劳动和服务性劳动，让学生动手实践、出力流汗，接受锻炼、磨炼意志，培养学生正确劳动价值观和良好劳动品质。

（五）明确劳动教育总体目标。通过劳动教育，使学生能够理解和形成马克思主义劳动观，牢固树立劳动最光荣、劳动最崇高、劳动最伟大、劳动最美丽的观念；体会劳动创造美好生活，体认劳动不分贵贱，热爱劳动，尊重普通劳动者，培养勤俭、奋斗、创新、奉献的劳动精神；具备满足生存发展需要的基本劳动能力，形成良好劳动习惯。

（六）设置劳动教育课程。整体优化学校课程设置，将劳动教育纳入中小学国家课程方案和职业院校、普通高等学校人才培养方案，形成具有综合性、实践性、开放性、针对性的劳动教育课程体系。

根据各学段特点，在大中小学设立劳动教育必修课程，系统加强劳动教育。中小学劳动教育课每周不少于1课时，学校要对学生每天课外校外劳动时间做出规定。

职业院校以实习实训课为主要载体开展劳动教育，其中劳动精神、劳模精神、工匠精神专题教育不少于 16 学时。普通高等学校要明确劳动教育主要依托课程，其中本科阶段不少于 32 学时。除劳动教育必修课程外，其他课程结合学科、专业特点，有机融入劳动教育内容。大中小学每学年设立劳动周，可在学年内或寒暑假自主安排，以集体劳动为主。高等学校也可安排劳动月，集中落实各学年劳动周要求。

根据需要编写劳动实践指导手册，明确教学目标、活动设计、工具使用、考核评价、安全保护等劳动教育要求。

（七）确定劳动教育内容要求。根据教育目标，针对不同学段、类型学生特点，以日常生活劳动、生产劳动和服务性劳动为主要内容开展劳动教育。结合产业新业态、劳动新形态，注重选择新型服务性劳动的内容。

小学低年级要注重围绕劳动意识的启蒙，让学生学习日常生活自理，感知劳动乐趣，知道人人都要劳动。小学中高年级要注重围绕卫生、劳动习惯养成，让学生做好个人清洁卫生，主动分担家务，适当参加校内外公益劳动，学会与他人合作劳动，体会到劳动光荣。初中要注重围绕增加劳动知识、技能，加强家政学习，开展社区服务，适当参加生产劳动，使学生初步养成认真负责、吃苦耐劳的品质和职业意识。普通高中要注重围绕丰富职业体验，开展服务性劳动、参加生产劳动，使学生熟练掌握一定劳动技能，理解劳动创造价值，具有劳动自立意识和主动服务他人、服务社会的情怀。中等职业学校重点是结合专业人才培养，增强学生职业荣誉感，提高职业技能水平，培育学生精益求精的工匠精神和爱岗敬业的劳动态度。高等学校要注重围绕创新创业，结合学科和专业积极开展实习实训、专业服务、社会实践、勤工助学等，重视新知识、新技术、新工艺、新方法应用，创造性地解决实际问题，使学生增强诚实劳动意识，积累职业经验，提升就业创业能力，树立正确择业观，具有到艰苦地区和行业工作的奋斗精神，懂得空谈误国、实干兴邦的深刻道理；注重培育公共服务意识，使学生具有面对重大疫情、灾害等危机主动作为的奉献精神。

（八）健全劳动素养评价制度。将劳动素养纳入学生综合素质评价体系，制定评价标准，建立激励机制，组织开展劳动技能和劳动成果展示、劳动竞赛等活动，全面客观记录课内外劳动过程和结果，加强实际劳动技能和价值体认情况的考核。建立公示、审核制度，确保记录真实可靠。把劳动素养评价结果作为衡量学生全面发展情况的重要内容，作为评优评先的重要参考和毕业依据，作为高一级学校录取的重要参考或依据。

三、广泛开展劳动教育实践活动

（九）家庭要发挥在劳动教育中的基础作用。注重抓住衣食住行等日常生活中的劳动实践机会，鼓励孩子自觉参与、自己动手，随时随地、坚持不懈进行劳动，掌握洗衣做饭等必要的家务劳动技能，每年有针对性地学会 1 至 2 项生活技能。鼓励学校（家委会）和社区等组织开展学生生活技能展示活动。学生参加家务劳动和掌握生活技能的情况要按年度记入学生综合素质档案。鼓励孩子利用节假日参加各种社会劳动。家庭要树立崇尚劳动的良好家风，家长要通过日常生活的言传身教、潜移默化，让孩子养成从小爱劳动的好习惯。

（十）学校要发挥在劳动教育中的主导作用。学校要切实承担劳动教育主体责任，明确实施机构和人员，开齐开足劳动教育课程，不得挤占、挪用劳动实践时间。明确学校劳动教育要求，着重引导学生形成马克思主义劳动观，系统学习掌握必要的劳动技能。根据学生身体发育情况，科学设计课内外劳动项目，采取灵活多样形式，激发学生劳动的内在需求和动力。统筹安排课内外时间，可采用集中与分散相结合的方式。组织实施好劳动周，小学低中年级以校园劳动为主，小学高年级和中学可适当走向社会、参与集中劳动，高等学校要组织学生走向社会、以校外劳动锻炼为主。

（十一）社会要发挥在劳动教育中的支持作用。充分利用社会各方面资源，为劳动教育提供必要保障。各级政府部门要积极协调和引导企业公司、工厂农场等组织履行社会责任，开放实践场所，支持学校组织学生参加力所能及的生产劳动、参与新型服务性劳动，使学生与普通劳动者一起经历劳动过程。鼓励高新企业为学生体验现代科技条件下劳动实践新形态、新方式提供支持。工会、共青团、妇联等群团组织以及各类公益基金会、社会福利组织要组织动员相关力量、搭建活动平台，共同支持学生深入城乡社区、福利院和公共场所等参加志愿服务，开展公益劳动，参与社区治理。

（有删减）

ISBN 978-7-5731-0231-7

定价：35.00元